中外经典文库

梁启超文选

洪治纲　主编

上海大学出版社

·上海·

图书在版编目(CIP)数据

梁启超文选 / 洪治纲主编. —上海：上海大学
出版社，2023.11
（中外经典文库）
ISBN 978 - 7 - 5671 - 4663 - 1

Ⅰ.①梁… Ⅱ.①洪… Ⅲ.①梁启超(1873 - 1929)
—选集 Ⅳ.①B259.11

中国国家版本馆 CIP 数据核字(2023)第 114174 号

统　筹　刘　强
责任编辑　严　妙
封面设计　柯国富
技术编辑　金　鑫　钱宇坤

中外经典文库
梁启超文选
洪治纲　主编
上海大学出版社出版发行
（上海市上大路 99 号　邮政编码 200444）
（https://www.shupress.cn　发行热线 021 - 66135112）
出版人　戴骏豪
＊
南京展望文化发展有限公司排版
上海华业装潢印刷厂有限公司印刷　　各地新华书店经销
开本 890mm×1240mm　1/32　印张 9.75　字数 227 千字
2023 年 11 月第 1 版　2023 年 11 月第 1 次印刷
ISBN 978 - 7 - 5671 - 4663 - 1/B・144　定价 48.00 元

目录
CONTENTS

论不变法之害①

今有巨厦，更历千岁，瓦墁毁坏，榱栋崩折，非不枵然大也，风雨猝集，则倾圮必矣。而室中之人，犹然酣嬉鼾卧，漠然无所闻见；或则睹其危险，惟知痛哭，束手待毙，不思拯救；又其上者，补苴罅漏，弥缝蚁穴，苟安时日，以觊有功。此三人者，用心不同，漂摇一至，同归死亡。善居室者，去其废坏，廓清而更张之，鸠工庀材，以新厥构；图始虽艰，及其成也，轮焉奂焉，高枕无忧也。惟国亦然：由前之说罔不亡，由后之说罔不强。

印度大地最古之国也，守旧不变，夷为英藩矣；突厥地跨三洲，立国历千年，而守旧不变，为六大国执其权、分其地矣；非洲广袤，三倍欧土，内地除沙漠一带外，皆植物饶衍，畜牧繁盛，土人不能开化，拱手以让强敌矣；波兰为欧西名国，政事不修，内讧日起，俄、普、奥相约，择其肉而食矣；中亚洲回部，素号骁悍，善战斗而守旧不变，俄人鲸吞蚕食，殆将尽之矣；越南、缅甸、高丽，服属中土，渐染习气，因仍弊政，荼靡不变，汉官威仪，今无存矣。今夫俄宅苦寒之地，受蒙古钤辖，前皇残暴，民气凋丧，岌岌不可终日；自大彼得游历诸国，学习工艺，归而变政，后王受其方略，国势日盛，辟地数

① 选自《变法通议》，原载 1896 年 8 月 19 日《时务报》第 2 册。

万里也。今夫德列国分治，无所统纪，为法所役，有若奴隶；普人发愤，兴学练兵，遂蹶强法，霸中原也。今夫日本幕府专政，诸藩力征，受俄、德、美大创，国几不国；自明治维新，改弦更张，不三十年，而夺我琉球，割我台湾也。又如西班牙、荷兰，三百年前，属地遍天下；而内治稍弛，遂即陵弱，国度夷为四等。暹罗处缅、越之间，同一绵薄；而稍自振厉，则岿然尚存。记曰："不知来，视诸往。"又曰："前车覆，后车戒。"大地万国，上下百年间，强盛弱亡之故，不爽累黍，盖其几之可畏如此也！

中国立国之古等印度，土地之沃迈突厥，而因沿积敝，不能振变，亦伯仲于二国之间，以故地利不辟，人满为患。河北诸省，岁虽中收，犹道殣相望。京师一冬，死者千计。一有水旱，道路不通，运赈无术，任其填委，十室九空。滨海小民，无所得食，逃至南洋、美洲诸地，鬻身为奴，犹被驱迫，丧斧以归。驯者转于沟壑，黠者流为盗贼。教匪会匪，蔓延九州，伺隙而动。工艺不兴，商务不讲，土货日见减色；而他人投我所好，制造百物，畅销内地，漏卮日甚，脂膏将枯。学校不立，学子于帖括外，一物不知；其上者考据词章，破碎相尚，语以瀛海，瞠目不信；又得官甚难，治生无术，习于无耻，懵不知怪。兵学不讲，绿营防勇，老弱癖烟，凶悍骚扰，无所可用；一旦军兴，临事募集，半属流丐，器械窳苦，饟糈微薄，偏裨以上，流品猥杂，一字不识，无论读图，营例不谙，无论兵法；以此与他人学问之将、纪律之师相遇，百战百败，无待交绥。官制不善，习非所用，用非所习，委权胥吏，百弊蝟起；一官数人，一人数官，牵制推诿，一事不举；保奖蒙混，鬻爵充塞，朝为市侩，夕登显秩；宦途壅滞，候补窘悴，非钻营奔竞，不能疗饥，俸廉微薄，供亿繁浩，非贪污恶鄙，无以自给；限年绳格，虽有奇才，不能特达，必俟其筋力既衰，暮气将深，始任事，故肉食盈廷，而乏才为患。法敝如此，虽敌国外患，晏然无闻，君子犹或忧之，况于以一羊处群虎之间，抱火厝之积薪之下而寝其上者乎？

孟子曰："国必自伐，然后人伐之。"又曰："未闻以千里畏人者也。"又曰："能治其国家，谁敢侮之！"中国户口之众，冠于大地；幅员式廓，亦俄、英之亚也；矿产充溢，积数千年未经开采；土地沃衍，百植并宜；国处温带，其民材智；君权统一，欲有兴作，不患阻挠：此皆欧洲各国之所无也。夫以旧法之不可恃也如彼，新政之易为功也又如此，何舍何从，不待智者可以决矣。

难者曰：今日之法，匪今伊昔，五帝三王之所递嬗，三祖八宗之所诒谋，累代率由，历有年所，必谓易道乃可为治，非所敢闻。释之曰：不能创法，非圣人也；不能随时，非圣人也。上观百世，下观百世，经世大法，惟本朝为善变。入关之初，即下剃发之令，顶戴翎枝，端罩马褂，古无有也，则变服色矣。用达海创国书，借蒙古字以附满洲音，则变文字矣。用汤若望、罗雅谷作宪书，参用欧罗巴法，以改大统历，则变历法矣。圣祖皇帝，永免滋生人口之赋，并入地赋，自商鞅以来，计人之法，汉武以来，课丁之法，无有也，则变赋法矣。举一切城工河防，以及内廷营造，行在治跸，皆雇民给直，三王于农隙使民，用民三日，且无有也，则变役法矣。平民死刑，别为二等，曰情实，曰缓决，犹有情实而不予句者，仕者罪虽至死，而子孙考试入仕如故，如前代所沿，夷三族之刑，发乐籍之刑，言官受廷杖、下镇抚司狱之刑，更无有也，则变刑法矣。至于国本之说，历代所重，自理密亲王之废，世宗创为密缄之法，高宗至于九降纶音，编为《储贰金鉴》，为世法戒，而懵儒始知大计矣。巡幸之典，谏臣所争，而圣祖、高宗，皆数幸江南，木兰秋狝，岁岁举行；昧者或疑之，至仁宗贬谪松筠，宣示讲武习劳之意，而庸臣始识苦心矣。汉、魏、宋、明，由旁支入继大统者，辄议大礼，断断争讼；高宗援据《礼经》，定本生父母之称，取葬以士，祭以大夫之义，圣人制礼，万世不易，观于醇贤亲王之礼，而天下翕然称颂矣。凡此皆本朝变前代之法，善之又善者也。至于二百余年，重熙累洽，因时变制，未易缕数。数其荦荦大者：崇德以前，以八贝勒分治所部，太宗与诸兄弟，朝会则共坐，饷用则均出，俘虏则均分；世祖入关，始严天泽之分，裁抑诸王骄蹇之习，遂壹寰宇，诒谋至今矣。累朝用兵，拓地数万里，膺阃外之寄，多用满、蒙；逮文宗而兼用汉人，辅臣文庆，力赞成之，而曾、左诸公，遂称名将矣。八旗劲旅，天下无敌，既削平前三藩、后三藩，乾隆中屡次西征，犹复简调前往，朝驰羽檄，夕报捷书；逮宣宗时，而知索伦兵不可用，三十年来，歼荡流寇，半赖召募之勇以成功，而同治遂号中兴矣。内而治寇，始用坚壁清野之法，一变而为长江水师，再变而为防河圈禁矣；外而交邻，始用闭关绝市之法，一变而通商者十数国，再变而命使者十数国矣。此又以本朝变本朝之法者也。吾闻圣者虑时而动。使圣祖、世宗生于今日，吾知其变法之锐，必不在大彼得(俄皇名)、威廉第一(德皇名)、睦仁(日皇名)之下也。记曰："法先王者法其意。"今泥祖宗之法，而戾祖宗之意，是乌得为善法祖矣乎？

中国自古一统，环列皆小蛮夷，但虞内忧，不患外侮，故防弊之意多，而兴利之意少，怀安之念重，而虑危之念轻。秦后至今，垂二千年，时局匪有大殊，故治法亦可不改。国初因沿明制，稍加损益，税敛极薄，征役几绝。取士以科举，虽不讲经世，而足以飏太平；选将由行伍，虽未尝学问，然足以威萑苻；任官论资格，虽不得异材，而足以止奔竞。天潢外戚，不与政事，故无权奸僭恣之虞；督抚监司，互相牵制，故无藩镇跋扈之患。使能闭关画界，永绝外敌，终古为独立之国，则墨守斯法，世世仍之，稍加整顿，未尝不足以治天下；而无如其忽与泰西诸国相遇也。泰西诸国并立，大小以数十计，狃焉思启，互相猜忌，稍不自振，则灭亡随之矣。故广设学校，奖励学会，惧人才不足，而国无与立也；振兴工艺，保护商业，惧利源为人所夺，而国以穷蹙也；将必知学，兵必识字，日夜训练，如临大敌，船械新制，争相驾尚，惧兵力稍弱，一败而不可振也。自余庶政，罔不如是。日相比较，日相磨砺，故其人之才智，常乐于相师，而其国之盛强，常足以相敌。盖舍是不能图存也。而所谓独立之国者，目未见大敌，佟然自尊，谓莫己若；又欺其民之驯弱而凌轹之，虑其民之才智而束缚之，积弱凌夷，日甚一日。以此遇彼，犹以敝痈当千钧之弩，故印度、突厥（突厥居欧东，五十年前未与英、法诸国交涉，故亦为独立之国。）之覆辙，不绝于天壤也。

难者曰：法固因时而易，亦因地而行。今子所谓新法者，西人习而安之，故能有功，苟迁其地则弗良矣。释之曰：泰西治国之道，富强之原，非振古如兹也，盖自百年以来焉耳。举官新制，起于嘉庆十七年；（先是欧洲举议院及地方官，惟拥厚赀者能有此权。是年，拿破仑变西班牙之政，始令人人可以举官。）民兵之制，起于嘉庆十七年；工艺会所，起于道光四年；农学会，起于道光二十八年；国家拨款以兴学校，起于道光十三年；报纸免税之议，起于道光十六年；邮政售票，起于道光十七年；轻减刑律，起于嘉庆二十五年；汽机之制，起于乾隆三十四年；行海轮船，起于嘉庆十二年；铁路起于道光十年；电线起于道光十七年；自余一切保国之经，利民之策，相因而至，大率皆在中朝嘉、道之间。盖自法皇拿破仑倡祸以后，欧洲忽生动力，因以更新。至其前此之旧俗，则视今日之中国无以远过。（英人李提摩太近译《泰西新史揽要》，言之最详。）惟其幡然而变，不百年间，乃浡然而兴矣。然则吾所谓新法者，皆非西人所故有，而实为西人所改造。改而施之西方，与改而施之东方，其情形不殊，盖无疑矣。况蒸蒸然起于东土者，尚明有因变致强之日本乎？

难者曰：子言辩矣。然伊川被发，君子所叹，用彝变夏，究何取焉？释之曰：孔子曰："天子失官，学在四彝。"《春秋》之例，彝狄进至中国，则中国之。古之圣人，未尝以学于人为惭德也。然此不足以服吾子。请言中国：有土地焉，测之、绘之、化之、分之，审其土宜，教民树艺，神农、后稷，非西人也。度地居民，岁杪制用，夫家众寡，六畜牛羊，纤悉书之，《周礼·王制》，非西书也；八岁入小学，十五就大学，升造爵官，皆俟学成，庠序学校，非西名也；谋及卿士，谋及庶人，国疑则询，国迁则询，议郎博士，非西官也；(汉制，博士与议郎，议大夫同主论议，国有大事则承问，即今西人议院之意。)流宥五刑，疑狱众共，轻刑之法，陪审之员，非西律也；三老啬夫，由民自推，辟署功曹，不用他郡，乡亭之官，非西秩也；尔无我叛，我无强贾，商约之文，非西史也；交邻有道，不辱君命，绝域之使，非西政也；邦有六职，工与居一，国有九经，工在所劝，保护工艺，非西例也；当宁而立，当宸而立，礼无不答，旅揖士人，《礼经》所陈，非西制也；天子巡守，以观民风，皇王大典，非西仪也；地有四游，地动不止，日之所生为星，谶纬雅言，非西文也；腐水离木，均发均县，临鉴立景，蜕水谓气，电缘气生，墨翟、亢仓、关尹之徒，非西儒也。故夫法者天下之公器也。征之域外则如彼，考之前古则如此，而议者犹曰彝也彝也而弃之，必举吾所固有之物，不自有之，而甘心以让诸人，又何取耶？

难者曰：子论诚当。然中国当败衄之后，穷蹙之日，虑无余力克任此举；强敌交逼，眈眈思启，亦未必能吾待也。释之曰：日本败于三国，受迫通商，反以成维新之功。法败于普，为城下之盟，偿五千兆福兰格，割奥斯、鹿林两省，此其痛创，过于中国今日也；然不及十年，法之盛强，转逾畴昔。然则败衄非国之大患，患不能自强耳。孟子曰："国家闲暇，及是时明其政刑，虽大国必畏之矣。"又曰："国家闲暇,及是时般乐怠敖,是自求祸也。"泰西各国,磨牙吮血,伺于吾旁者固属有人;其顾惜商务,不欲发难者,亦未始无之。徒以我晦盲太甚,厉阶孔繁,用启戎心,亟思染指。及今早图,示万国以更新之端,作十年保太平之约,亡羊补牢,未为迟也。

天下之为说者,动曰一劳永逸,此误人家国之言也。今夫人一日三食,苟有持说者曰:一食永饱,虽愚者犹知其不能也,以饱之后历数时而必饥,饥而必更求食也。今夫立法以治天下,则亦若是矣。法行十年,或数十年,或百年而必敝,敝而必更求变,天之道也。故一食而求永饱者必死,一劳而求永逸者必亡。今之为不变之说者,实则非真有见于新法之为民害也,夸毗成风,惮于兴作,但求免过,不求有功;又经世之学,素所未讲,内无宗主,相从吠声。听其言论,则日日痛哭;读其词章,则字字孤愤;叩其所以图存之道,则眙然无所为,对曰:天心而已,国运而已,无可为而已,委心袖手,以待覆亡。噫,吾不解其用心何在也!

要而论之,法者天下之公器也,变者天下之公理也。大地既通,万国蒸蒸,日趋于上。大势相迫,非可阏制。变亦变,不变亦变。变而变者,变之权操诸己,可以保国,可以保种,可以保教;不变而变者,变之权让诸人,束缚之,驰骤之,呜呼!则非吾之所敢言矣。是故变之途有四:其一,如日本,自变者也;其二,如突厥,他人执其权而代变者也;(埃及、高丽等国皆是。)其三,如印度,见并于一国而代变者也;(越南、缅甸等国皆是。)其四,如波兰,见分于诸国而代变者也。吉凶之故,去就之间,其何择焉?《诗》曰:"嗟我兄弟,邦人诸友,莫肯念乱,谁无父母!"《传》曰:"嫠妇不恤其纬,而忧宗周之陨,为将及焉。"此固四万万人之所同也。彼犹太之种,迫逐于欧东;非洲之奴,充斥于大地。呜呼!夫非犹是人类也欤!

论变法不知本原之害①

　　难者曰：中国之法，非不变也。中兴以后，讲求洋务，三十余年，创行新政，不一而足，然屡见败衄，莫克振救，若是乎新法之果无益于人国也。释之曰：前此之言变者，非真能变也，即吾向者所谓补苴罅漏，弥缝蚁穴，漂摇一至，同归死亡；而于去陈用新，改弦更张之道，未始有合也。昔同治初年，德相毕士麻克语人曰："三十年后，日本其兴，中国其弱乎？日人之游欧洲者，讨论学业，讲求官制，归而行之；中人之游欧洲者，询某厂船炮之利，某厂价值之廉，购而用之。强弱之原，其在此乎？"呜呼！今虽不幸而言中矣，惩前毖后，亡羊补牢，有天下之责者，尚可以知所从也。

　　今之言变法者，其荦荦大端，必曰练兵也，开矿也，通商也，斯固然矣。然将率不由学校，能知兵乎？选兵不用医生，任意招募，半属流丐，体之羸壮所不知，识字与否所不计，能用命乎？将俸极薄，兵饷极微，伤废无养其终身之文，死亡无恤其家之典，能洁己效死乎？图学不兴，厄塞不知，能制胜乎？船械不能自造，仰息他人，能如志乎？海军不游弋他国，将卒不习风波，一旦临敌，能有功乎？

---

　　① 选自《变法通议》，原载 1896 年 8 月 29 日、1897 年 9 月 17 日《时务报》第 3 册、第 39 册。

如是则练兵如不练。矿务学堂不兴，矿师乏绝，重金延聘西人，尚不可信，能尽地利乎？机器不备，化分不精，能无弃材乎？道路不通，从矿地运至海口，其运费视原价或至数倍，能有利乎？如是则开矿如不开。商务学堂不立，罕明贸易之理，能保富乎？工艺不兴，制造不讲，土货销场，寥寥无几，能争利乎？道路梗塞，运费笨重，能广销乎？厘卡满地，抑勒逗留，朘膏削脂，有如虎狼，能劝商乎？领事不报外国商务，国家不护侨寓商民，能自立乎？如是则通商如不通。其稍进者曰："欲求新政，必兴学校。"可谓知本矣。然师学不讲，教习乏人，能育才乎？科举不改，聪明之士，皆务习帖括，以取富贵，趋舍异路，能俯就乎？官制不改，学成而无所用，投闲置散，如前者出洋学生故事，奇才异能，能自安乎？既欲省、府、州、县皆设学校，然立学诸务，责在有司，今之守令，能奉行尽善乎？如是则兴学如不兴。自余庶政，若铁路，若轮船，若银行，若邮政，若农务，若制造，莫不类是。盖事事皆有相因而至之端，而万事皆同出于一本原之地，不挈其领而握其枢，犹治丝而棼之，故百举而无一效也。

今之言变法者，其蔽有二：其一，欲以震古铄今之事，责成于肉食官吏之手；其二，则以为黄种之人，无一可语，委心异族，有终焉之志。夫当急则治标之时，吾固非谓西人之必不当用；虽然，则乌可以久也！中国之行新政也，用西人者，其事多成；不用西人者，其事多败。询其故，则曰西人明达，华人固陋；西人奉法，华人营私也。吾闻之：日本变法之始，客卿之多，过于中国也；十年以后，按年裁减；至今一切省署，皆日人自任其事，欧洲之人，百不一存矣。今中国之言变法，亦既数十年，而犹然借材异地，乃能图成，其可耻孰甚也！夫以西人而任中国之事，其爱中国与爱其国也孰愈？夫人而知之矣。况吾所用之西人，又未必其彼中之贤者乎！

若夫肉食官吏之不足任事，斯固然矣。虽然，吾固不尽为斯人咎也。帖括陋劣，国家本以此取之，一旦而责以经国之远猷，乌可得也！捐例猥杂，国家本以此市之，一旦而责以奉公之廉耻，乌可得也！一人之身，忽焉而责以治民，忽焉而责以理财，又忽焉而责以治兵，欲其条理明澈，措置悉宜，乌可得也！在在防弊，责任不专，一事必经数人，互相牵掣，互相推诿，欲其有成，乌可得也！学校不以此教，察计不以此取，任此者弗赏，弗任者弗罚，欲其振厉黾勉图功，乌可得也！途壅俸薄，长官层累，非奔竞末由得官，非贪污无以谋食，欲其忍饥寒，蠲身家，以从事于公义，自非圣者，乌可得也！今夫人之智愚贤不肖，不甚相远也。必谓西人皆智，而华人皆愚，西人皆贤，而华人皆不肖，虽五尺之童，犹知其非。然而西官之能任事也如彼，华官之不能任事也如此，故吾曰：不能尽为斯人咎也，法使然也。立法善者，中人之性可以贤，中人之才可以智；不善者反是，塞其耳目而使之愚，缚其手足而驱之为不肖，故一旦有事，而无一人可为用也。不此之变，而鳃鳃然效西人之一二事，以云自强，无惑乎言变法数十年，而利未一见，弊已百出，反为守旧之徒，抵其隙而肆其口也。

吾今为一言以蔽之曰：变法之本，在育人才；人才之兴，在开学校；学校之立，在变科举；而一切要其大成，在变官制。难者曰：子之论探本穷原，靡有遗矣。然兹事体大，非天下才，惧弗克任，恐闻者惊怖其言以为河汉，遂并向者一二西法而亦弃之而不敢道，奈何？子毋宁卑之无甚高论，令今可行矣。释之曰：不然。夫渡江者泛乎中流，暴风忽至，握舵击楫，虽极疲顿，无敢云者，以偷安一息，而死亡在其后也。庸医疑证，用药游移；精于审证者，得病源之所在，知非此方不愈此疾，三年畜艾，所弗辞已。虽曰难也，将焉避之？抑岂不闻东海之滨，区区三岛，外受劫盟，内逼藩镇，崎岖多难，濒于灭亡，而转圜之间，化弱为强，岂不由斯道矣乎？则又乌知乎今之必不可行也！有非常之才，则足以济非常之变。呜呼！是所望于大人君子者矣。

去岁李相国使欧洲，问治国之道于德故相俾士麦。俾士麦曰："我德所以强，练兵而已。今中国之大，患在兵少而不练，船械窳而乏也。若留意于此二者，中国不足强也。"（见去年七、八月间上海、香港各报所译西文报中。）今岁张侍郎使欧，与德国某爵员语，其言犹俾相言。（见七月上海某日报。）中国自数十年以来，士夫已寡论变法；即有一二，则亦惟兵之为务，以谓外人之长技，吾国之急图，只此而已。众口一词，不可胜辨。既闻此言也，则益自张大，谓西方之通人，其所论固亦如是。梁启超曰：嗟乎！亡天下者，必此言也。吾今持春秋无义战、墨翟非攻、宋钘寝兵之义以告中国，闻者必曰：以此屏国而陈高义以治之，是速其亡也。不知使有国于此，内治修，工商盛，学校昌，才智繁，虽无兵焉，犹之强也。彼美国是也。美国兵不过二万，其兵力于欧洲，不能比最小之国，而强邻眈眈，谁敢侮之？使有国于此，内治隳，工商窳，学校塞，才智希，虽举其国而兵焉，犹之亡也。彼土耳其是也。土耳其以陆军甲天下，俄、土之役，五战而土三胜焉，而卒不免于今日。若是乎国之强弱在兵，而所以强弱者不在兵，昭昭然矣。今有病者，其治之也，则必涤其滞积，养其荣卫，培其元气，使之与无病人等，然后可以及他事。此不易之理也。今授之以甲胄，予之以戈戟，而曰尔盍从事焉？吾见其舞蹈不终日，而死期已至也。彼西人之练兵也，其犹壮士之披甲胄而执戈铤也。若今日之中国，则病夫也，不务治病，而务壮士之所行。故吾曰：亡天下者，必此言也。

然则西人曷为为此言？曰：嗟乎！狡焉思启封疆以灭社稷者，何国蔑有？吾深惑乎吾国之所谓开新党者，何以于西人之言，辄深信谨奉，而不敢一致疑也。西人之政事，可以行于中国者，若练兵也，置械也，铁路也，轮船也，开矿也，西官之在中国者，内焉耶之于吾政府，外焉耶之于吾有司，非一日也；若变科举也，兴学校也，改官制也，兴工艺、开机器厂也，奖农事也，拓商务也，吾未见西人之为我一言也。是何也？练兵而将帅之才，必取于彼焉；置械而船舰枪炮之值，必归于彼焉；通轮船、铁路，而内地之商务，彼得流通焉；开矿而地中之蓄藏，彼得染指焉；且有一兴作，而一切工料，一切匠作，无不仰给之于彼，彼之士民，得以养焉。以故铁路、开矿诸事，其在中国，不得谓非急务也；然自西人言之，则其为中国谋者十之一，自为谋者十之九。若乃科举、学校、官制、工艺、农事、商务等，斯乃立国之元气，而致强之本原也。使西人而利吾之智且强也，宜其披肝沥胆，日日言之；今夫彼之所以得操大权、沾大利于中国者，以吾之弱也愚也，而乌肯举彼之所以智所以强之道，而一以畀我也？恫乎英士李提摩太之言也，曰：西官之为中国谋者，实以保护本国之权利耳。余于光绪十年回英，默念华人博习西学之期，必已不远，因拟谒见英、法、德等国学部大臣，请示振兴新学之道，以储异日传播中华之用。迨至某国，投刺晋谒其学部某大臣，叩问学校新规，并请给一文凭，俾得遍游全国大书院。大臣因问余考察本国新学之意，余实对曰："欲以传诸中华也。"语未竟，大臣艴然变色曰："汝教华人尽明西学，其如我国何？其如我各与国何？"文凭遂不可得。又曰："西人之见华官，每以谀词献媚，曰：贵国学问，实为各国之首。以骄其自以为是之心，而坚其藐视新学之志，必使无以自强而后已。"（并见李所自著《西铎》卷七。《西铎》以乙未年刻于京师。）今夫李君，亦西人也，其必非为谰言以污蔑西人，无可疑也。而其言若此，吾欲我政府有司之与西人酬酢者，一审此言也。李相国之过德也，德之官吏及各厂主人，盛设供帐，致敬尽礼，以相款宴，非有爱于相国也，以谓吾所欲购之船舰枪炮，利将不赀，而欲胁肩捷足以夺之也。及哭龙姆席间一语，咸始废然。英、法诸国，大哗笑之。（事见去年《万国公报》。）然则，德人之津津然以练兵置械相劝勉者，由他国视之，若见肺肝矣。且其心犹有叵测者。彼德人固欧洲新造之雄国也，又以为苟不得志于东方，则不能与俄、英、法诸国竞强弱也。中国之为俎上肉久矣，商务之权利握于英，铁路之权利握于俄，边防之权利握于法、日及诸国。德以后起，越国鄙远，择肥而噬，其道颇难，因思握吾邦之兵权，制全国之死命。故中国之练洋操、聘教习也，德廷必选知兵而有才者以相畀，令其以教习而兼统领之任。今岁鄂省武备学堂之聘某德弁也，改令只任教习，不充统领，而德廷乃至移书总署，反复力争。此其意欲何为也？使吾十八行省，各练一洋操，各统以德弁教之诲之，日与相习，月渐岁摩，一旦瓜分事起，吾国绿营、防勇，一无所恃，而其一二可用者，惟德人号令之是闻。如是，则德之所获利益，乃不在俄、英、法、日诸国下。此又德人隐忍之阴谋，而莫之或觉者也。当中、日订通商条约之际，德国某日报云：我国恒以制造机器等，售诸中国、日本。日本仿行西法，已得制造之要领。今若任其再流之中国，恐德国之商务，扫地尽矣。（亦见《西铎》卷七。）去岁《字林西报》载某白人来书云：昔上海西商，争请中国务须准将机器进口，欧格讷公使回国时，则谓此事非西国之福。今按英国所养水陆各军，专为扩充商务、保护工业起见，所费不赀。今若以我英向来制造之物，而令人皆能制造，以夺我利，是自作孽也。（见《时务报》第八册。）

　　呜呼！西人之言学校、商务也，则妒我如此；其言兵事也，则爱我如彼。虽负床之孙，亦可以察其故矣。一铁甲之费，可以支学堂十余年；一快船之费，可以译西书数百卷；克虏伯一尊之费，可以设小博物院三数所；洋操一营之费，可以遣出洋学生数十人。不此之务，而惟彼之图。吾甚惜乎以司农仰屋艰难罗掘所得之金币，而晏然馈于敌国，以易其用无可用之物，数年之后，又成盗粮，往车已折，来轸方遒。独至语以开民智、植人才之道，则咸以款项无出，玩日愒时，而曾不肯舍此一二，以就此千万也。吾又惑乎变通科举、工艺、专利等事，不劳国家铢金寸币之费者，而亦相率依违，坐视吾民失此生死肉骨之机会，而不肯一导之也。吾它无敢怼焉，吾不得不归罪于彼族设计之巧，而其言惑人之深也。《诗》曰："无信人之言，人实诳汝。"

十种德性相反相成义[①]

　　《中庸》曰："万物并育而不相害，道并行而不相悖。"大哉言乎！野蛮时代所谓道德者，其旨趣甚简单而常不相容；文明时代所谓道德者，其性质甚繁杂而各呈其用。而吾人所最当研究而受用者，则凡百之道德，皆有一种妙相，即自形质上观之，划然立于反对之两端；自精神上观之，纯然出于同体之一贯者。譬之数学，有正必有负；譬之电学，有阴必有阳；譬之冷热两暗潮，互冲而互调；譬之轻重两空气，相薄而相剂。善学道者，能备其繁杂之性质而利用之，如佛说华严宗所谓相是无碍、相入无碍。苟有得于是，则以之独善其身而一身善，以之兼善天下而天下善。

　　朱子曰："教学者如扶醉人，扶得东来西又倒。"凡我辈有志于自治，有志于觉天下者，不可不重念此言也。天下固有绝好之义理，绝好之名目，而提倡之者不得其法，遂以成绝大之流弊者。流弊犹可言也，而因此流弊之故，遂使流俗人口实之，以此义理、此名目为诟病；即热诚达识之士，亦或疑其害多利少而不敢复道，则其于公理之流行，反生阻力，而文明进化之机，为之大窒。庄子曰："其作始也简，其将毕也巨。"可不惧乎？可不慎乎？故我辈讨论公

理，必当平其心，公其量，不可徇俗以自画，不可惊世以自喜。徇俗以自画，是谓奴性；惊世以自喜，是谓客气。

吾今者以读书思索之所得，觉有十种德性，其形质相反，其精神相成，而凡为人类所当具有，缺一不可者。今试分别论之。

其一　独立与合群

独立者何？不倚赖他力，而常昂然独往独来于世界者也。《中庸》所谓"中立而不倚"，是其义也。人之所以异于禽兽者以此，文明人所以异于野蛮者以此。吾中国所以不成为独立国者，以国民乏独立之德而已：言学问则倚赖古人，言政术则倚赖外国；官吏倚赖君主，君主倚赖官吏，百姓倚赖政府，政府倚赖百姓；乃至一国之人，各各放弃其责任，而惟倚赖之是务。究其极也，实则无一人之可倚赖者。譬犹群盲偕行，甲扶乙肩，乙牵丙袂，究其极也，实不过盲者依赖盲者。一国腐败，皆根于是。故今日救治之策，惟有提倡独立。人人各断绝倚赖，如孤军陷重围，以人自为战之心，作背城借一之举，庶可以扫拔已往数千年奴性之壁垒，可以脱离此后四百兆奴种之沉沦。今世之言独立者，或曰"拒列强之干涉而独立"，或曰"脱满洲之羁轭而独立"；吾以为不患中国不为独立之国，特患中国今无独立之民。故今日欲言独立，当先言个人之独立，乃能言全体之独立；先言道德上之独立，乃能言形势上之独立。危哉微哉！独立之在我国乎！

合群云者，合多数之独而成群也。以物竞天择之公理衡之，则其合群之力愈坚而大者，愈能占优胜权于世界上，此稍学哲理者所能知也。吾中国谓之为无群乎？彼固庞然四百兆人，经数千年聚族而居者也。不宁惟是，其地方自治之发达颇早，各省中所含小群无数也；同业联盟之组织颇密，四民中所含小群无数也。然终不免一盘散沙之诮者,则以无合群之德故也。合群之德者,以一身对于一群,常肯绌身而就群;以小群对于大群,常肯绌小群而就大群。夫然后能合内部固有之群,以敌外部来侵之群。乃我中国之现状,则有异于是矣。彼不识群义者不必论,即有号称求新之士,日日以合群呼号于天下,而甲地设一会,乙徒立一党,始也互相轻,继也互相妒,终也互相残。其力薄者旋起旋灭,等于无有;其力强者且将酿成内讧,为世道忧。此其故亦非尽出于各人之私心焉,盖国民未有合群之德,欲集无数之不能群者强命为群,有其形质,无其精神也。故今日吾辈所最当讲求者,在养群德之一事。

独与群,对待之名词也。人人断绝倚赖,是倚群毋乃可耻?常绌身而就群,是主独无乃可羞?以此间隙,遂有误解者与托名者之二派出焉:其老朽腐败者,以和光同尘为合群之不二法门,驯致尽弃其独立,阉然以媚于世;其年少气锐者,避奴隶之徽号,乃专以尽排侪辈、惟我独尊为主义。由前之说,是合群为独立之贼;由后之说,是独立为合群之贼。若是乎二者之终不能并存也。今我辈所亟当说明者有二语,曰独立之反面,依赖也,非合群也;合群之反面,营私也,非独立也。虽人自为战,而军令自联络而整齐,不过以独而扶其群云尔;虽全机运动,而轮轴自分劳而赴节,不过以群而扶其独云尔。苟明此义,则无所容其托,亦不必用其避。譬之物质然,合无数"阿屯"而成一体,合群之义也;每一"阿屯"中皆具有本体所含原质之全分,独立之义也。若是者谓之合群之独立。

其二 自由与制裁

自由者,权利之表证也。凡人所以为人者有二大要件,一曰生命,二曰权利。二者缺一,时乃非人。故自由者亦精神界之生命也。文明国民每不惜掷多少形质界之生命,以易此精神界之生命,为其重也。我中国谓其无自由乎？则交通之自由，官吏不禁也；住居行动之自由，官吏不禁也；置管产业之自由，官吏不禁也；信教之自由，官吏不禁也；书信秘密之自由，官吏不禁也；集会、言论之自由，官吏不禁也。(近虽禁其一部分，然比之前世纪法、普、奥等国，相去远甚。)凡各国宪法所定形式上之自由，几皆有之。虽然，吾不敢谓之为自由者何也？有自由之俗，而无自由之德。自由之德者，非他人所能予夺，乃我自得之而自享之者也。故文明国之得享用自由也，其权非操诸官吏，而常采诸国民。中国则不然，今所以幸得此习俗之自由者，恃官吏之不禁耳；一旦有禁之者，则其自由可以忽消灭而无复踪影。而官吏之所以不禁者，亦非尊重人权而不敢禁也，不过其政术拙劣，其事务废弛，无暇及此云耳。官吏无日不可以禁，自由无日不可以亡，若是者谓之奴隶之自由。若夫思想自由，为凡百自由之母者，则政府不禁之，而社会自禁之。以故吾中国四万万人，无一可称完人者，以其仅有形质界之生命，而无精神界之生命也。故今日欲救精神界之中国，舍自由美德外，其道无由。

制裁云者，自由之对待也。有制裁之主体，则必有服从之客体。既曰服从，尚得为有自由乎？顾吾尝观万国之成例，凡最尊自由权之民族，恒即为最富于制裁力之民族。其故何哉？自由之公例曰："人人自由，而以不侵人之自由为界。"制裁者制此界也，服从者服此界也。故真自由之国民，其常要服从之点有三：一曰服从公理，二曰服从本群所自定之法律，三曰服从多数之决议。是故文明人最自由，野蛮人亦最自由，自由等也，而文野之别，全在其有制裁力与否。无制裁之自由，群之贼也；有制裁之自由，群之宝也。童子未及年，不许享有自由权者，为其不能自治也，无制裁也。国民亦然，苟欲享有完全之自由权，不可不先组织巩固之自治制。而文明程度愈高者，其法律常愈繁密，而其服从法律之义务亦常愈严整,几于见有制裁,不见有自由。而不知其一群之中,无一能侵他人自由之人,即无一被人侵我自由之人,是乃所谓真自由也。不然者,妄窃一二口头禅语,暴戾恣睢,不服公律,不顾公益,而漫然号于众曰:"吾自由也。"则自由之祸,将烈于洪水猛兽矣。昔美国一度建设共和政体,其基础遂确乎不拔,日益发达,继长增高,以迄今日;法国则自一七八九年大革命以后,君民两党,互起互仆,垂半世纪余,而至今民权之盛,犹不及英美者,则法兰西民族之制裁力,远出英吉利民族之下故也。然则自治之德不备,而徒漫言自由,是将欲急之,反以缓之,将欲利之,反以害之也。故自由与制裁二者,不惟不相悖而已,又乃相待而成,不可须臾离。言自由主义者,不可不于此三致意也。

其三　自信与虚心

自信力者,成就大业之原也。西哲有言曰:"凡人皆立于所欲立之地。"是故欲为豪杰,则豪杰矣;欲为奴隶,则奴隶矣。孟子曰:"自谓不能者,自贼者也。"又曰:"自暴者不可与有言也,自弃者不可与有为也。"天下人固有识想与议论过绝寻常,而所行事不能有益于大局者,必其自信力不足者也。有初时持一宗旨,任一事业,及为外界毁誉之所刺激,或半途变更废止,不能达其目的地者,必其自信力不足者也。居今日之中国,上之不可不冲破二千年顽谬之学理,内之不可不鏖战四百兆群盲之习俗,外之不可不对抗五洲万国猛烈侵略、温柔笼络之方策,非有绝大之气魄,绝大之胆量,岂能于此四面楚歌中,打开一条血路,以导我国民于新世界者乎?伊尹曰:"余天民之先觉者也,余将以斯道觉斯民也,非余觉之而谁也?"孟子曰:"夫天未欲平治天下也,如欲平治天下,当今之世,舍我其谁也?"抑何其言之大而夸欤?自信则然耳。故我国民而自以为国权不能保，斯不能保矣；若人人以自信力奠定国权，强邻孰得而侮之？国民而自以为民权不能兴，斯不能兴矣；若人人以自信力夺争民权，民贼孰得而压之？而欲求国民全体之自信力，必先自志士各人之自信力始！

或问曰：吾见有顽锢之辈，抱持中国一二经典古义，谓可以攘斥外国凌铄全球者，若是者非其自信力乎？吾见有少年学子，摭拾一二新理新说，遂自以为足，废学高谈，目空一切者，若是者非其自信力乎？由前之说，则中国人中富于自信力者，莫如端王、刚毅；由后之说，则如格兰斯顿之耄而向学，奈端之自视欿然，非其自信力之有不足乎？曰：恶，是何言欤！自信与虚心，相反而相成者也。人之能有自信力者，必其气象阔大，其胆识雄远，既注定一目的地，则必求贯达之而后已。而当其始之求此目的地也，必校群长以择之；其继之行此目的地也，必集群力以图之。故愈自重者愈不敢轻薄天下人，愈坚忍者愈不敢易视天下事。海纳百川，任重致远，殆其势所必然也。彼故见自封、一得自喜者，是表明其器小易盈之迹于天下。如河伯之见海若，终必望洋而气沮；如辽豕之到河东，卒乃怀惭而不前：未见其自信力之能全始全终者也。故自信与骄傲异：自信者常沉着，而骄傲者常浮扬；自信者在主权，而骄傲者在客气。故豪杰之士，其取于人者，常以三人行必有我师为心；其立己者，常以百世俟圣而不惑为鹄。夫是之谓虚心之自信。

其四　利己与爱他

为我也，利己也，私也，中国古义以为恶德者也。是果恶德乎？曰：恶，是何言！天下之道德法律，未有不自利己而立者也。对于禽兽而倡自贵知类之义，则利己而已，而人类之所以能主宰世界者赖是焉；对于他族而倡爱国保种之义，则利己而已，而国民之所以能进步繁荣者赖是焉。故人而无利己之思想者，则必放弃其权利，弛掷其责任，而终至于无以自立。彼芸芸万类，平等竞存于天演界中，其能利己者必优而胜，其不能利己者必劣而败，此实有生之公例矣。西语曰："天助自助者。"故生人之大患，莫甚于不自助而望人之助我，不自利而欲人之利我。夫既谓之人矣，则安有肯助我而利我者乎？又安有能助我而利我者乎？国不自强，而望列国之为我保全，民不自治，而望君相之为我兴革，若是者，皆缺利己之德而已。昔中国杨朱以"为我"立教，曰："人人不拔一毫，人人不利天下，天下治矣。"吾昔甚疑其言，甚恶其言，及观英德诸国哲学大家之书，其所标名义与杨朱吻合者，不一而足；而其理论之完备，实有足以助人群之发达，进国民之文明者。盖西国政治之基础，在于民权，而民权之巩固，由于国民竞争权利，寸步不肯稍让，即以人人不拔一毫之心，以自利者利天下。观于此，然后知中国人号称利己心重者，实则非真利己也。苟其真利己，何以他人剥夺己之权利，握制己之生命，而恬然安之，恬然让之，曾不以为意也？故今日不独发明墨翟之学足以救中国，即发明杨朱之学亦足以救中国。

问者曰：然则爱他之义，可以吐弃乎？曰：是不然。利己心与爱他心，一而非二者也。近世哲学家，谓人类皆有两种爱己心：一本来之爱己心，二变相之爱己心。变相之爱己心者，即爱他心是也。凡人不能以一身而独立于世界也，于是乎有群。其处于一群之中而与俦侣共营生存也，势不能独享利益，而不顾俦侣之有害与否；苟或尔尔，则己之利未见而害先睹矣。故善能利己者，必先利其群，而后己之利亦从而进焉。以一家论，则我之家兴，我必蒙其福，我之家替，我必受其祸；以一国论，则国之强也，生长于其国者罔不强，国之亡也，生长于其国者罔不亡。故真能爱己者，不得不推此心以爱家、爱国，不得不推此心以爱家人、爱国人，于是乎爱他之义生焉。凡所以爱他者，亦为我而已。故苟深明二者之异名同源，固不必侈谈"兼爱"以为名高，亦不必讳言"为我"以自欺蔽。但使举利己之实，自然成为爱他之行；充爱他之量，自然能收利己之效。

其五　破坏与成立

破坏亦可谓之德乎？破坏犹药也。药所以治病。无病而药，则药之害莫大；有病而药，则药之功莫大。故论药者，不能泛然论其性之良否，而必以其病之有无与病药二者相应与否提而并论，然后药性可得而言焉。破坏本非德也，而无如往古来今之世界，其蒙垢积污之时常多，非时时摧陷廓清之，则不足以进步，于是而破坏之效力显焉。今日之中国，又积数千年之沉疴，合四百兆之痼疾，盘踞膏肓，命在旦夕者也。非去其病，则一切调摄、滋补、荣卫之术，皆无所用。故破坏之药，遂成为今日第一要件，遂成为今日第一美德。世有深仁博爱之君子，惧破坏之剧且烈也，于是窃窃然欲补苴而幸免之。吾非不惧破坏，顾吾尤惧夫今日不破坏，而他日之破坏终不可免，且愈剧而愈烈也。故与其听彼自然之破坏而终不可救，无宁加以人为之破坏而尚可有为。自然之破坏者，即以病致死之喻也；人为之破坏者，即以药攻病之喻也。故破坏主义之在今日，实万无可避免也。《书》曰："若药不瞑眩，厥疾不瘳。"西谚曰："文明者非徒购之以价值而已，又购之以苦痛。"破坏主义者，实冲破文明进步之阻力，扫荡魑魅魍魉之巢穴，而救国救种之下手第一着也。处今日而犹惮言破坏者，是毕竟保守之心盛，欲布新而不欲除旧，未见其能济者也。

破坏之与成立，非不相容乎？曰：是不然。与成立不相容者，自然之破坏也；与成立两相济者，人为之破坏也。吾辈所以汲汲然倡人为之破坏者,惧夫委心任运听其自腐自败,而将终无成立之望也,故不得不用破坏之手段以成立之。凡所以破坏者为成立也,故持破坏主义者,不可不先认此目的。苟不尔,则满朝奴颜婢膝之官吏,举国醉生梦死之人民,其力自足以任破坏之役而有余,又何用我辈之汲汲为也?故今日而言破坏,当以不忍人之心,行不得已之事。彼法国十八世纪末叶之破坏,所以造十九世纪近年之成立也;彼日本明治七、八年以前之破坏,所以造明治二十三年以后之成立也。破坏乎,成立乎,一而二、二而一者也。虽然,天下事成难于登天,而败易于下海。故苟不案定目的,而惟以破坏为快心之具,为出气之端,恐不免为无成立之破坏。譬之药不治病,而徒以速死,将使天下人以药为诟,而此后讳疾忌医之风将益炽。是亦有志之士不可不戒者也。

结　　论

呜呼!老朽者不足道矣!今日以天下自任而为天下人所属望者,实惟中国之少年。我少年既以其所研究之新理新说公诸天下,将以一洗数千年之旧毒,甘心为四万万人安坐以待亡国者之公敌,则必毋以新毒代旧毒,毋使敌我者得所口实,毋使旁观者转生大惑,毋使后来同志者反因我而生阻力。然则其道何由?亦曰:知有合群之独立,则独立而不轧铄;知有制裁之自由,则自由而不乱暴;知有虚心之自信,则自信而不骄盈;知有爱他之利己,则利己而不偏私;知有成立之破坏,则破坏而不危险。所以治身之道在是,所以救国之道亦在是。天下大矣,前途远矣,行百里者半九十,是在少年!是在吾党!

释　革^①

　　"革"也者,含有英语之 Reform 与 Revolution 之二义。Reform 者,因其所固有而损益之以迁于善,如英国国会一千八百三十二年之 Revolution 是也。日本人译之曰改革、曰革新。Revolution 者,若转轮然,从根柢处掀翻之,而别造一新世界,如法国一千七百八十九年之 Revolution 是也。日本人译之曰革命。"革命"二字,非确译也。"革命"之名词,始见于中国者,其在《易》曰:"汤武革命,顺乎天而应乎人。"其在《书》曰:"革殷受命。"皆指王朝易姓而言,是不足以当 Revo.(省文,下仿此)之意也。人群中一切有形无形之事物,无不有其 Ref.,亦无不有其 Revo.,不独政治上为然也。即以政治论,则有不必易姓而不得不谓之 Revo.者,亦有屡经易姓而仍不得谓之 Revo.者,今以革命译 Revo.,遂使天下士君子拘墟于字面,以为谈及此义,则必与现在王朝一人一姓为敌,因避之若将浼己。而彼凭权借势者,亦将曰是不利于我也,相与窒遏之、摧锄之,使一国不能顺应于世界大势以自存。若是者皆名不正言不顺之为害也。故吾今欲与海内识者纵论革义。

　　Ref.主渐,Revo.主顿;Ref.主部分,Revo.主全体;Ref.为累进

---

　　①　原载 1902 年 12 月 14 日《新民丛报》第 22 号。

之比例，Revo. 为反对之比例。其事物本善，而体未完法未备，或行之久而失其本真，或经验少而未甚发达，若此者，利用 Ref；其事物本不善，有害于群，有窒于化，非芟夷蕴崇之，则不足以绝其患，非改弦更张之，则不足以致其理，若是者，利用 Revo.。此二者皆《大易》所谓"革"之时义也。其前者吾欲字之曰"改革"，其后者吾欲字之曰"变革"。

中国数年以前，仁人志士之所奔走所呼号，则曰改革而已。比年外患日益剧，内腐日益甚，民智程度亦渐增进，浸润于达哲之理想，逼迫于世界之大势，于是咸知非变革不足以救中国。其所谓变革云者，即英语 Revolution 之义也。而倡此论者多习于日本，以日人之译此语为革命也，因相沿而顺呼之曰"革命革命"。又见乎千七百八十九年法国之大变革，尝弑其王、刈其贵族流血遍国内也，益以为所谓 Revo. 者必当如是。于是近今泰西文明思想上所谓以仁易暴之 Revolution，与中国前古野蛮争阋界所谓以暴易暴之革命，遂变为同一之名词，深入人人之脑中而不可拔。然则朝贵之忌之，流俗之骇之，仁人君子之忧之也亦宜。

新民子曰：革也者，天演界中不可逃避之公例也。凡物适于外境界者存，不适于外境界者灭，一存一灭之间，学者谓之淘汰。淘汰复有二种：曰"天然淘汰"，曰"人事淘汰"。天然淘汰者，以始终不适之故，为外风潮所旋击，自澌自毙而莫能救者也。人事淘汰者，深察我之有不适焉者，从而易之使底于适，而因以自存者也。人事淘汰，即革之义也。外境界无时而不变，故人事淘汰无时而可停。其能早窥破于此风潮者，今日淘汰一部分焉，明日淘汰一部分焉，其进步能随时与外境界相应，如是，则不必变革，但改革焉可矣。而不然者，蛰处于一小天地之中，不与大局相关系，时势既奔轶绝尘，而我犹瞠乎其后，于此而甘自澌灭，则亦已耳，若不甘者，则诚不可不急起直追,务使一化今日之地位,而求可以与他人之适于天演者并立。夫我既受数千年之积痼,一切事物,无大无小,无上无下,而无不与时势相反,于此而欲易其不适者,以底于适,非从根柢处掀而翻之,廓清而辞辟之,呜呼可哉!呜呼可哉!此所以Revolution之事业,(即日人所谓革命,今我所谓变革。)为今日救中国独一无二之法门。不由此道而欲以图存、欲以图强,是磨砖作镜、炊沙为饭之类也。

夫淘汰也,变革也,岂惟政治上为然耳,凡群治中一切万事万物莫不有焉。以日人之译名言之,则宗教有宗教之革命,道德有道德之革命,学术有学术之革命,文学有文学之革命,风俗有风俗之革命,产业有产业之革命。即今日中国新学小生之恒言,固有所谓经学革命、史学革命、文界革命、诗界革命、曲界革命、小说界革命、音乐界革命、文字革命等种种名词矣。若此者,岂尝与朝廷政府有毫发之关系,而皆不得不谓之革命。闻"革命"二字则骇,而不知其本义实变革而已。革命可骇,则变革其亦可骇耶?呜呼!其亦不思而已。

朝贵之忌革也,流俗之骇革也,仁人君子之忧革也,以为是盖放巢流彘、悬首太白、系组东门之谓也;不知此何足以当革义。革之云者,必一变其群治之情状,而使幡然有以异于昔日。今如彼而可谓之革也,则中国数千年来,革者不啻百数十姓。而问两汉群治有以异于秦,六朝群治有以异于汉,三唐群治有以异于六朝,宋明群治有以异于唐,本朝群治有以异于宋明否也?若此者,只能谓之数十盗贼之争夺,不能谓之一国国民之变革,昭昭然矣。故泰西数千年来,各国王统变易者以百数,而史家未尝一予之以Revolution之名。其得此名者,实自千六百八十八年英国之役始,千七百七十五年美国之役次之,千七百八十九年法国之役又次之。而十九世纪,则史家乃称之为 Revolution 时代。盖今日立于世界上之各国,其经过此时代者,皆仅各一次而已,而岂如吾中国前此所谓"革命"者,一二竖子授受于上,百十狐兔冲突于下,而遂足以冒此文明崇贵高尚之美名也。故妄以革命译此义,而使天下读者,认仁为暴,认群为独,认公为私,则其言非徒误中国,而污辱此名词亦甚矣。

易姓者固不足为 Revolution,而 Revolution 又不必易姓。若十九世纪者,史学通称为 Revo. 时代者也,而除法国主权屡变外,自余欧洲诸国,王统依然。自皮相者观之,岂不以为是改革非变革乎?而询之稍明时务者,其谁谓然也。何也?变革云者,一国之民,举其前此之现象而尽变尽革之,所谓"从前种种,譬犹昨日死;从后种种,譬犹今日生"(曾文正语),其所关系者,非在一事一物、一姓一人。若仅以此为旧君与新君之交涉而已,则彼君主者何物?其在一国中所占之位置,不过亿万分中之一,其荣也于国何与?其枯也于国何与?一尧去而一桀来,一纣废而一武兴,皆所谓"此朕家事,卿勿与知",上下古今以观之,不过四大海水中之一微生物耳,其谁有此闲日月以挂诸齿牙余论也。故近百年来世界所谓变革者,其事业实与君主渺不相属,不过君主有顺此风潮者,则优而容之,有逆此风潮者,则锄而去之云尔。夫顺焉而优容,逆焉而锄去者,岂惟君主,凡一国之人,皆以此道遇之焉矣。若是乎,国民变革与王朝革命,其事固各不相蒙,较较然也。

闻者犹疑吾言乎?请更征诸日本。日本以皇统绵绵万世一系自夸耀,稍读东史者之所能知也;其天皇今安富尊荣神圣不可侵犯,又曾游东土者之所共闻也。曾亦知其所以有今日者,实食一度 Revolution 之赐乎?日人今语及庆应、明治之交,无不指为革命时代;语及尊王讨幕、废藩置县诸举动,无不指为革命事业;语及藤田东湖、吉田松阴、西乡南洲诸先辈,无不指为革命人物。此非吾之谰言也，旅其邦、读其书、接其人者所皆能征也。如必以中国之汤武、泰西之克林威尔、华盛顿者，而始谓之革命，则日本何以称焉？而乌知其明治以前为一天地，明治以后为一天地，彼其现象之前后相反，与十七世纪末之英、十八世纪末之法无以异。此乃真能举Revolution 之实者，而岂视乎万夫以上之一人也！

由此言之，彼忌革骇革忧革者，其亦可以释然矣。今日之中国，必非补苴掇拾一二小节，模拟欧美、日本现时所谓改革者，而遂可以善其后也。彼等皆曾经一度之大变革，举其前此最腐败之一大部分，忍苦痛而拔除之，其大体固已完善矣，而因以精益求精、备益求备。我则何有焉？以云改革也，如废八股为策论，可谓改革矣，而策论与八股何择焉？更进焉，他日或废科举为学堂，益可谓改革矣，而学堂与科举又何择焉？一事如此，他事可知。改革云，改革云，更阅十年，更阅百年，亦若是则已耳。毒蛇在手而惮断腕，豺狼当道而问狐狸，彼尸居余气者又何责焉？所最难堪者，我国民将被天然淘汰之祸，永沉沦于天演大圈之下，而万劫不复耳！夫国民沉沦，则于君主与当道官吏又何利焉？国民尊荣，则于君主与当道官吏又何损焉？吾故曰：国民如欲自存，必自力倡大变革，实行大变革始；君主官吏而欲附于国民以自存，必自勿畏大变革且赞成大变革始。

呜呼！中国之当大变革者岂惟政治；然政治上尚不得变不得革，又遑论其余哉！呜呼！

论自由①

　　"不自由毋宁死!"斯语也,实十八九两世纪中,欧美诸国民所以立国之本原也。

　　自由之义,适用于今日之中国乎? 曰:自由者,天下之公理,人生之要具,无往而不适用者也。虽然,有真自由,有伪自由;有全自由,有偏自由;有文明之自由,有野蛮之自由。今日自由云自由云之语,已渐成青年辈之口头禅矣。新民子曰:我国民如欲永享完全文明真自由之福也,不可不先知自由之为物,果何如矣。请论自由。

　　自由者,奴隶之对待也。综观欧美自由发达史,其所争者不出四端:一曰政治上之自由,二曰宗教上之自由,三曰民族上之自由,四曰生计上之自由(即日本所谓经济上自由)。政治上之自由者,人民对于政府而保其自由也。宗教上之自由者,教徒对于教会而保其自由也。民族上之自由者,本国对于外国而保其自由也。生计上之自由者,资本家与劳力者相互而保其自由也。而政治上之自由,复分为三:一曰平民对于贵族而保其自由,二曰国民全体对于政府而保其自由,三曰殖民地对于母国而保其自由是也。自由之

---

　　①　选自《新民说》,原载 1902 年 5 月 8 日—6 月 6 日《新民丛报》第 7—8 号。

征诸实行者,不外是矣。

以此精神,其所造出之结果,厥有六端:(一)四民平等问题:凡一国之中,无论何人不许有特权(特别之权利与齐民异者),是平民对于贵族所争得之自由也。(二)参政权问题:凡生息于一国中者,苟及岁而即有公民之资格,可以参与一国政事,是国民全体对于政府所争得之自由也。(三)属地自治问题:凡人民自殖于他土者,得任意自建政府,与其在本国时所享之权利相等,是殖民地对于母国所争得之自由也。(四)信仰问题:人民欲信何教,悉由自择,政府不得以国教束缚干涉之,是教徒对于教会所争得之自由也。(五)民族建国问题:一国之人,聚族而居,自立自治,不许他国若他族握其主权,并不许干涉其毫末之内治,侵夺其尺寸之土地,是本国人对于外国所争得之自由也。(六)工群问题(日本谓之劳动问题或社会问题):凡劳力者自食其力,地主与资本家不得以奴隶畜之,是贫民对于素封者所争得之自由也。试通览近世三四百年之史记,其智者敝口舌于庙堂,其勇者涂肝脑于原野,前者仆,后者兴,屡败而不悔,弗获而不措者,其所争岂不以此数端耶?其所得岂不在此数端耶?试一述其崖略:

昔在希腊罗马之初政,凡百设施,谋及庶人。共和自治之制,发达盖古。然希腊纯然贵族政体,所谓公民者,不过国民中一小部分,而其余农、工、商及奴隶,非能一视也。罗马所谓公民,不过其都会中之拉丁民族,而其攻取所得之属地,非能一视也。故政治上之自由,虽远滥觞于希、罗,然贵族之对平民也,母国之对属地也,本国人之对外国也,地主之对劳力者也,其种种侵夺自由之弊,亦自古然矣。及耶稣教兴,罗马帝国立,而宗教专制、政治专制乃大起。中世之始,蛮族猖披,文化蹂躏,不待言矣。及其末也,则罗马皇帝与罗马教皇,分司全欧人民之躯壳、灵魂两界,生息于肘下而不能自拔。故中世史者，实泰西之黑暗时代也。及十四五世纪以来，马丁·路得金，一抉旧教藩篱，思想自由之门开，而新天地始出现矣。尔后二三百年中，列国或内争，或外伐，原野胾肉，谿谷填血，天日惨淡，神鬼苍黄，皆为此一事而已。此为争宗教自由时代。及十七世纪，格林威尔起于英；十八世纪，华盛顿兴于美；未几而法国大革命起，狂风怒潮，震撼全欧。列国继之，云潏水涌，遂使地中海以西，亘于太平洋东岸，无一不为立宪之国，加拿大、澳洲诸殖民地，无一不为自治之政，直至今日，而其机未止。此为争政治自由时代。自十六世纪，荷兰人求脱西班牙之轭，奋战四十余年，其后诸国踵兴，至十九世纪，而民族主义磅礴于大地。意大利、匈牙利之于奥地利，爱尔兰之于英伦，波兰之于俄、普、奥三国，巴干半岛诸国之于土耳其，以至现今波亚之于英，菲律宾之于美，所以死亡相踵而不悔者，皆曰"非我种族不得有我主权"而已。虽其所向之目的，或达或不达，而其精神一也。此为争民族自由时代。（民族自由与否，大半原于政治，故此二者其界限常相混。）前世纪（十九）以来，美国布禁奴之令，俄国废农佣之制，生计界大受影响。而廿卅年来，同盟罢工之事，所在纷起，工厂条例，陆续发布，自今以往，此问题遂将为全地球第一大案。此为争生计自由时代。凡此诸端，皆泰西四百年来改革进步之大端，而其所欲以去者，亦十之八九矣。噫嘻！是遵何道哉？皆"不自由毋宁死"之一语，耸动之，鼓舞之，出诸壤而升诸霄，生其死而肉其骨也。於戏！璀璨哉，自由之花！於戏！庄严哉，自由之神！

今将近世史中争自由之大事，列一年表如下：

一五三二年　旧教徒与新教徒结条约许信教自由 ········· 宗教上之自由
一五二四年　瑞士信新教诸市府始联合行共和政 ····················· 同
一五三六年　丁抹国会始定新教为国教 ····························· 同

一五七〇年　　法国内讧暂熄，新教徒始自由　……………　同

一五九八年　　法国许新教徒以参政权　……………　同

一六四八年　　荷兰国与西班牙积四十年苦战始得自立

　　　　　　　　　　　　………………　民族上之自由亦因宗教

一六一八至　⎰西班牙、法兰西、瑞典、日耳曼、丁抹等国⎱
一六四八年　⎱连兵不止，卒定新旧教同享平等权利　⎰

　　　　　　　………………………　宗教上之自由

一六四九年　　英民弑其王查理士第一，行共和政　………　政治上之自由

一七七六年　　北美合众国布告独立　……………　同（殖民地之关系）

一七八九年　　法国大革命起　……………　同（贵族平民之关系）

一八二二年　　墨西哥独立　…………　政治上之自由（殖民地之关系）

一八一九至　⎰
一八三一年　⎱南美洲诸国独立　……………………　同

一八三二年　　英国改正选举法　………………………　同

一八三三年　　英国布禁奴令于殖民地　…………　生计上之自由

一八四八年　　法国第二次革命　………　政治上之自由

同　　　年　　奥国维也纳革命起　…………………　同

同　　　年　　匈牙利始立新政府，次年奥匈开战　………　民族上之自由

同　　　年　　意大利革命起　……………………　同

同　　　年　　日耳曼谋统一不成　………………　同

同　　　年　　意大利、瑞士、丁抹、荷兰发布宪法　………　政治上之自由

一八六一年　　俄国解放隶农　…………　生计上之自由

一八六三年　　希腊脱土耳其自立　…………　民族上之自由

同　　　年　　波兰人拒俄乱起　…………………　同

同　　　年　　美国因禁奴事南北相争　……………　同

一八六七年　　北德意志联邦成　………　民族上与政治上之自由

一八七〇年　　法国第三次革命　………　政治上之自由

一八七一年　　意大利统一功成　………　民族上与政治上之自由

一八七五至　⎰土耳其所属门的内哥、塞尔维亚、
一八七八年　⎱赫斯戈伟讷等国皆起倡独立

　　　　　　　………………………　民族上与宗教上之自由

一八八一年　　俄皇亚历山大第二将布宪法，旋为虚无党所弑

　　　　　　　………………………　政治上之自由

一八八二年　　美国大同盟罢工起，此后各国有之，岁岁不绝

　　由此观之,数百年来世界之大事,何一非以"自由"二字为之原动力者耶?彼民之求此自由也,其时不同,其国不同,其所需之种类不同,故其所求者亦往往不同,要其用诸实事而非虚谈,施诸公敌而非私利一也。试以前所列之六大问题,复按诸中国,其第一条四民平等问题,中国无有也,以吾自战国以来,即废世卿之制,而阶级陋习,早已消灭也。其第三条属地自治问题,中国无有也,以其无殖民地于境外也。其第四条信仰问题,中国更无有也,以吾国非宗教国,数千年无教争也。其第六条工群问题,他日或有之,而今则尚无有也,以其生计界尚沉滞,而竞争不剧烈也。然则今日吾中国所最急者,惟第二之参政问题,与第四之民族建国问题而已。此二者事本同源,苟得其乙,则甲不求而自来;苟得其甲,则乙虽弗获犹无害也。若是夫吾侪之所谓自由,与其所以求自由之道,可以见矣。

　　自由之界说曰:"人人自由,而以不侵人之自由为界。"夫既不许侵人自由,则其不自由亦甚矣。而顾谓此为自由之极则者何也?自由云者,团体之自由,非个人之自由也。野蛮时代,个人之自由胜,而团体之自由亡;文明时代,团体之自由强,而个人之自由减。斯二者盖有一定之比例,而分毫不容忒者焉。使其以个人之自由为自由也,则天下享自由之福者,宜莫今日之中国人若也。绅士武断于乡曲,受鱼肉者莫能抗也;驵商通债而不偿,受欺骗者莫能责也。夫人人皆可以为绅士,人人皆可以为驵商,则人人之自由亦甚矣。不宁惟是，首善之区，而男妇以官道为圊牏，何其自由也！市邑之间，而老稚以鸦片为菽粟，何其自由也！若在文明国，轻则罚锾，重则输城旦矣。诸类此者，若悉数之，则更十仆而不能尽。由是言之，中国人自由乎，他国人自由乎？顾识者楬橥自由之国，不于此而于彼者何也？野蛮自由，正文明自由之蟊贼也。文明自由者，自由于法律之下，其一举一动，如机器之节奏，其一进一退，如军队之步武。自野蛮人视之，则以为天下之不自由，莫此甚也。夫其所以必若是者何也？天下未有内不自整，而能与外为竞者。外界之竞争无已时，则内界之所以团其竞争之具者亦无已时。使滥用其自由，而侵他人之自由焉，而侵团体之自由焉，则其群固已不克自立，而将为他群之奴隶，夫复何自由之能几也？故真自由者必能服从。服从者何？服法律也。法律者，我所制定之，以保护我自由，而亦以钳束我自由者也。彼英人是已。天下民族中，最富于服从性质者莫如英人，其最享自由幸福者亦莫如英人。夫安知乎服从之即为自由母也。嗟夫！今世少年，莫不器器言自由矣，其言之者，固自谓有文明思想矣，曾不审夫泰西之所谓自由者，在前此之诸大问题，无一役非为团体公益计，而决非一私人之放恣桀骜者所可托以藏身也。今不用之向上以求宪法，不用之排外以伸国权，而徒耳食一二学说之半面，取便私图，破坏公德，自返于野蛮之野蛮，有规语之者，犹敢觍然抗说曰："吾自由，吾自由。"吾甚惧乎"自由"二字，不徒为专制党之口实，而实为中国前途之公敌也！

"爱"主义者，天下之良主义也。有人于此，汲汲务爱己，而曰我实行爱主义可乎？"利"主义者，天下之良主义也。有人于此，孳孳务利己，而曰我实行利主义可乎？"乐"主义者，亦天下之良主义也，有人于此，媞媞务乐己，而曰我实行乐主义可乎？故凡古贤今哲之标一宗旨以易天下者，皆非为一私人计也。身与群校，群大身小，诎身伸群，人治之大经也。当其二者不兼之际，往往不爱己、不利己、不乐己，以达其爱群、利群、乐群之实者有焉矣。佛言："我不入地狱，谁入地狱？"佛之说法，岂非欲使众生脱离地狱者耶？而其下手必自亲入地狱始。若是乎有志之士，其必悴其形焉，困衡其心焉，终身自栖息于不自由之天地，然后能举其所爱之群与国而自由之也明矣。今世之言自由者，不务所以进其群、其国于自由之道，而惟于薄物细故、日用饮食，断断然主张一己之自由，是何异箪豆见色，而曰我通功利派之哲学；饮博无赖，而曰我循快乐派之伦理也。《战国策》言："有学儒三年，归而名其母者。"吾见夫误解自由之义者，有类于是焉矣。

然则自由之义，竟不可行于个人乎？曰：恶，是何言！团体自由者，个人自由之积也。人不能离团体而自生存，团体不保其自由，则将有他团焉自外而侵之、压之、夺之，则个人之自由更何有也！譬之一身，任口之自由也，不择物而食焉，大病浸起，而口所固有之自由亦失矣；任手之自由也，持梃而杀人焉，大罚浸至，而手所固有之自由亦失矣。故夫一饮一食、一举一动，而皆若节制之师者，正百体所以各永保其自由之道也，此犹其与他人他体相交涉者。吾请更言一身自由之事。

一身自由云者，我之自由也。虽然，人莫不有两我焉：其一，与众生对待之我，昂昂七尺立于人间者是也；其二，则与七尺对待之我，莹莹一点存于灵台者是也。（孟子曰："物交物，则引之而已矣。"物者，我之对待也。上物指众生，下物指七尺（即耳目之官），要之皆物而非我也。我者何？心之官是已。先立乎其大者，则其小者不能夺也。惟我为大，而两界之物皆小也。小不夺大，则自由之极轨焉矣。）是故人之奴隶我，不足畏也，而莫痛于自奴隶于人；自奴隶于人，犹不足畏也，而莫惨于我奴隶于我。庄子曰："哀莫大于心死，而身死次之。"吾亦曰：辱莫大于心奴，而身奴斯为末矣。夫人强迫我以为奴隶者，吾不乐焉，可以一旦起而脱其绊也，十九世纪各国之民变是也。以身奴隶于人者，他人或触于慈祥焉，或迫于正义焉，犹可以出我水火而苏之也，美国之放黑奴是也。独至心中之奴隶，其成立也，非由他力之所得加；其解脱也，亦非由他力之所得助。如蚕在茧，著著自缚；如膏在釜，日日自煎。若有欲求真自由者乎，其必自除心中之奴隶始。

吾请言心奴隶之种类，而次论所以除之之道。

一曰，勿为古人之奴隶也。古圣贤也，古豪杰也，皆尝有大功德于一群，我辈爱而敬之宜也。虽然，古人自古人，我自我。彼古人之所以能为圣贤、为豪杰者，岂不以其能自有我乎哉？使不尔者，则有先圣无后圣，有一杰无再杰矣。譬诸孔子诵法尧舜，我辈诵法孔子，曾亦思孔子所以能为孔子，彼盖有立于尧舜之外者也。使孔子而为尧舜之奴隶，则百世后必无复有孔子者存也。闻者骇吾言乎？盍思乎世运者进而愈上，人智者浚而愈莹。虽有大哲，亦不过说法以匡一时之弊，规当世之利，而决不足以范围千百万年以后之人也。泰西之有景教也，其在中古，曷尝不为一世文明之中心点；逮夫末流，束缚驰骤，不胜其敝矣。非有路得、培根、笛卡儿、康德、达尔文、弥勒、赫胥黎诸贤，起而附益之，匡救之，夫彼中安得有今日也！中国不然，于古人之言论行事，非惟辨难之辞不敢出于口，抑且怀疑之念不敢萌于心。夫心固我有也，听一言，受一义，而曰我思之、我思之，若者我信之，若者我疑之，夫岂有刑戮之在其后也？然而举世之人，莫敢出此。吾无以譬之，譬之义和团。义和团法师之被发、仗剑、踽步、念念有词也，听者苟一用其思索焉，则其中自必有可疑者存。而信之者竟遍数省，是必其有所慑焉，而不敢涉他想者矣；否则有所假焉，自欺欺人以逞其狐威者矣。要之为奴隶于义和团一也。吾为此譬，非敢以古人比义和团也。要之四书六经之义理,其非一一可以适于今日之用,则虽临我以刀锯鼎镬,吾犹敢断言而不惮也。而世之委身以嫁古人,为之荐枕席而奉箕帚者,吾不知其与彼义和团之信徒果何择也。我有耳目,我物我格;我有心思,我理我穷。高高山顶立,深深海底行。其于古人也,吾时而师之,时而友之,时而敌之,无容心焉,以公理为衡而已。自由何如也!

二曰,勿为世俗之奴隶也。甚矣人性之弱也!"城中好高髻,四方高一尺;城中好广袖,四方全幅帛"。古人夫既谣之矣。然曰乡愚无知,犹可言也;至所谓士君子者,殆又甚焉。当晚明时,举国言心学,全学界皆野狐矣;当乾嘉间,举国言考证,全学界皆蠹鱼矣。然曰岁月渐迁,犹可言也;至如近数年来,丁戊之间,举国慕西学若膻,己庚之间,举国避西学若厉,今则厉又为膻矣。夫同一人也,同一学也,而数年间可以变异若此,无他,俯仰随人,不自由耳。吾见有为猴戏者,跳焉则群猴跳,掷焉则群猴掷,舞焉则群猴舞,笑焉则群猴笑,哄焉则群猴阅,怒焉则群猴骂。谚曰:"一犬吠影,百犬吠声。"悲哉!人秉天地清淑之气以生,所以异于群动者安在乎?胡自污蔑以与猴犬为伦也!夫能铸造新时代者上也,即不能而不为旧时代所吞噬所汩沉,抑其次也。狂澜滔滔,一柱屹立,醉乡梦梦,灵台昭然,丈夫之事也。自由何如也!

三曰,勿为境遇之奴隶也。人以一身立于物竞界,凡境遇之围绕吾旁者,皆日夜与吾相为斗而未尝息者也。故战境遇而胜之者则立,不战而为境遇所压者则亡。若是者,亦名曰天行之奴隶。天行之虐,逞于一群者有然,逞于一人者亦有然。谋国者而安于境遇也,则美利坚可无独立之战,匈牙利可无自治之师,日耳曼、意大利可以长此华离破碎,为虎狼奥之附庸也。使谋身者而安于境遇也,则贱族之的士礼立,(英前宰相,与格兰斯顿齐名者,本犹太人。犹太人在英,视为最贱之族。）何敢望挫俄之伟勋；蛋儿之林肯,（前美国大统领,渔人子也,少极贫。）何敢企放奴之大业；而西乡隆盛当以患难易节,玛志尼当以窜谪灰心也。吾见今日所谓识时之彦者,开口辄曰：阳九之厄,劫灰之运,天亡中国,无可如何。其所以自处者,非贫贱而移,则富贵而淫,其最上者,遇威武而亦屈也。一事之挫跌,一时之潦倒,而前此权奇磊落、不可一世之慨,消磨尽矣。咄！此区区者果何物,而顾使之操纵我心如转蓬哉？善夫,《墨子·非命》之言也,曰："执有命者,是覆天下之义,而说百姓之誶也。"天下善言命者,莫中国人若,而一国之人,奄奄待死矣。有力不庸,而惟命是从,然则人也者,亦天行之刍狗而已,自动之机器而已,曾无一毫自主之权,可以达己之所志,则人之生也奚为哉？奚乐哉？英儒赫胥黎曰："今者欲治道之有功,非与天争胜焉不可也。固将沈毅用壮,见大丈夫之锋颖,强立不反,可争可取而不可降。所遇善,固将宝而维之；所遇不善,亦无懅焉。"陆象山曰："利害毁誉,称讥苦乐,名曰八风。八风不动,入三摩地。"邵尧夫之诗曰："卷舒一代兴亡手,出入千重云水身。"眇兹境遇,曾不足以损豪杰之一脚指,而岂将入其笠也？自由何如也！

四曰,勿为情欲之奴隶也。人之丧其心也,岂由他人哉？孟子曰："向为身死而不受,今为宫室之美,妻妾之奉,所识穷乏者得我而为之,是亦不可以已乎？"夫诚可以已,而能已之者百无一焉,甚矣情欲之毒人深也！古人有言：心为形役。形而为役,犹可愈也；心而为役,将奈之何？心役于他,犹可拔也；心役于形,将奈之何？形无一日而不与心为缘,则将终其生趑趄瑟缩于六根六尘之下,而自由权之萌蘖俱断矣。吾常见有少年岳岳莘莘之士,志愿才气,皆可以开拓千古,推倒一时,乃阅数年而馁焉,更阅数年而益馁焉。无他,凡有过人之才者,必有过人之欲；有过人之才,有过人之欲,而无过人之道德心以自主之，则其才正为其欲之奴隶，曾几何时，而消磨尽矣。故夫泰西近数百年，其演出惊天动地之大事业者，往往在有宗教思想之人。夫迷信于宗教而为之奴隶，固非足贵；然其借此以克制情欲，使吾心不为顽躯浊壳之所困，然后有以独往独来，其得力固不可诬也。日本维新之役，其倡之成之者，非有得于王学，即有得于禅宗。其在中国近世，勋名赫赫在人耳目者，莫如曾文正。试一读其全集，观其困知勉行、厉志克己之功何如？天下固未有无所养而能定大艰成大业者。不然，日日恣言曰：吾自由，吾自由，而实为五贼（佛典亦以五贼名五官）所驱遣，劳苦奔走以借之兵而赍其粮耳，吾不知所谓自由者何在也？孔子曰："克己复礼为仁。"己者对于众生称为己，亦即对于本心而称为物者也。所克者己，而克之者又一己。以己克己，谓之自胜，自胜之谓强。自胜焉，强焉，其自由何如也！

吁！自由之义，泰西古今哲人，著书数十万言剖析之，犹不能尽也。浅学如余，而欲以区区片言单语发明之，乌知其可？虽然，精义大理，当世学者，既略有述焉。吾故就团体自由、个人自由两义，刺取其浅近直捷者，演之以献于我学界。世有爱自由者乎，其慎勿毒自由以毒天下也！

论进步[①]

　　泰西某说部，载有西人初航中国者，闻罗盘针之术之传自中国也，又闻中国二千年前即有之也，默忖此物入泰西，不过数纪，而改良如彼其屡，效用如彼其广，则夫母国数千年之所增长，更当何若！登岸后不遑他事，先入市购一具，乃问其所谓最新式者，则与历史读本中所载十二世纪时亚剌伯人传来之罗盘图，无累黍之异。其人乃废然而返云。此虽讽刺之寓言，实则描写中国群治濡滞之状，谈言微中矣。

　　吾昔读黄公度《日本国志》，好之，以为据此可以尽知东瀛新国之情状矣。入都见日使矢野龙溪，偶论及之。龙溪曰："是无异据《明史》以言今日中国之时局也。"余怫然，叩其说。龙溪曰："黄书成于明治十四年。我国自维新以来，每十年间之进步，虽前此百年不如也。然则二十年前之书，非《明史》之类如何？"吾当时犹疑其言，东游以来，证以所见，良信。斯密亚丹《原富》，称元代时有意大利人玛可波罗游支那，归而著书，述其国情，以较今人游记，殆无少异。吾以为岂惟玛氏之作，即《史记》《汉书》，二千年旧籍，其所记载，与今日相去能几何哉？夫同在东亚之地，同为黄族之民，而何

_____

　　①　原载 1902 年 6 月 20 日—7 月 5 日《新民丛报》10—11 号。

以一进一不进,霄壤若此?

中国人动言郅治之世在古昔,而近世则为浇末、为叔季。此其义与泰西哲学家进化之论最相反。虽然,非谰言也,中国之现状实然也。试观战国时代,学术蜂起,或明哲理,或阐技术,而后此则无有也。两汉时代,治具粲然,宰相有责任,地方有乡官,而后此则无有也。自余百端,类此者不可枚举。夫进化者天地之公例也。譬之流水,性必就下,譬之抛物,势必向心,苟非有他人焉从而搏之,有他物焉从而吸之,则未有易其故常者。然则吾中国之反于彼进化之大例,而演出此凝滞之现象者,殆必有故。求得其故而讨论焉发明焉,则知病而药,于是乎在矣。

论者必曰:由于保守性质之太强也。是固然也。虽然,吾中国人保守性质,何以独强?是亦一未解决之问题也。且英国人以善保守闻于天下,而万国进步之速,殆莫英若,又安见夫保守之必为群害也?吾思之,吾重思之,其原因之由于天然者有二,由于人事者有三。

一曰大一统而竞争绝也。竞争为进化之母,此义殆既成铁案矣。泰西当希腊列国之时,政学皆称极盛,洎罗马分裂,散为诸国,复成近世之治,以迄于今,皆竞争之明效也。夫列国并立,不竞争则无以自存。其所竞者,非徒在国家也,而兼在个人;非徒在强力也,而尤在德智。分途并趋,人自为战,而进化遂沛然莫之能御。故夫一国有新式枪炮出,则他国弃其旧者恐后焉,非是不足以操胜于疆场也;一厂有新式机器出,则他厂亦弃其旧者恐后焉,非是不足以求赢于阛阓也。惟其然也,故不徒耻下人,而常求上人。昨日乙优于甲,今日丙驾于乙,明日甲还胜丙,互相傲,互相妒,互相师,如赛马然,如斗走然,如竞漕然。有横于前,则后焉者自不敢不勉;有蹑于后,则前焉者亦不敢即安;此实进步之原动力所由生也。

中国惟春秋、战国数百年间，分立之运最久，而群治之进，实以彼时为极点。自秦以后，一统局成，而为退化之状者，千余年于今矣。岂有他哉？竞争力销乏使然也。

二曰环蛮族而交通难也。凡一社会与他社会相接触，则必产出新现象，而文明遂进一步。上古之希腊殖民，近世之十字军东征，皆其成例也。然则统一非必为进步之障也，使统一之于内，而交通之于外，则其飞跃或有更速者也。中国环列皆小蛮夷，其文明程度，无一不下我数等，一与相遇，如汤沃雪，纵横四顾，常觉有上天下地惟我独尊之概。始而自信，继而自大，终而自画，至于自画，而进步之途绝矣。不宁惟是，所谓诸蛮族者，常以其牛羊之力，水草之性，来破坏我文明，于是所以抵抗之者，莫急于保守我所固有。中原文献，汉官威仪，实我黄族数千年来战胜群裔之精神也。夫外之既无可师法，以为损益之资，内之复不可不兢兢保持，以为自守之具，则其长此终古也亦宜。

以上由于天然者。

三曰言文分而人智局也。文字为发明道器第一要件，其繁简难易，常与民族文明程度之高下为比例差。列国文字，皆起于衍形，及其进也，则变而衍声。夫人类之语言，递相差异，经千数百年后，而必大远于其朔者，势使然也。故衍声之国，言文常可以相合；衍形之国，言文必日以相离。社会之变迁日繁，其新现象、新名词必日出，或从积累而得，或从交换而来，故数千年前一乡、一国之文字，必不能举数千年后万流汇沓、群族纷拏时代之名物、意境而尽载之，尽描之，此无可如何者也。言文合，则言增而文与之俱增，一新名物、新意境出，而即有一新文字以应之。新新相引，而日进焉。言文分，则言日增而文不增，或受其新者而不能解，或解矣而不能达，故虽有方新之机，亦不得不窒，其为害一也。言文合，则但能通今文者,已可得普通之智识,其古文之学(如泰西之希腊、罗马文字),待诸专门名家者之讨求而已。故能操语者即能读书,而人生必需之常识,可以普及。言文分,则非多读古书、通古义,不足以语于学问,故近数百年来,学者往往瘁毕生精力于《说文》《尔雅》之学,无余裕以从事于实用,夫亦有不得不然者也,其为害二也。且言文合而主衍声音,识其二三十之字母,通其连缀之法,则望文而可得其音,闻音而可解其义。言文分而主衍形者,则《苍颉篇》三千字,斯为字母者三千;《说文》九千字,斯为字母者九千;《康熙字典》四万字,斯为字母者四万。夫学二三十之字母,与学三千、九千、四万之字母,其难易相去何如?故泰西、日本,妇孺可以操笔札,车夫可以读新闻,而吾中国或有就学十年,而冬烘之头脑如故也,其为害三也。夫群治之进,非一人所能为也,相摩而迁善,相引而弥长,得一二之特识者,不如得百千万亿之常识者,其力逾大,而效逾彰也。我国民既不得不疲精力以学难学之文字,学成者固不及什一;即成矣,而犹于当世应用之新事物、新学理,多所隔阂:此性灵之浚发所以不锐,而思想之传播所以独迟也。

四曰专制久而民性漓也。天生人而赋之以权利,且赋之以扩充此权利之智识,保护此权利之能力,故听民之自由焉,自治焉,则群治必蒸蒸日上;有桎梏之、戕贼之者,始焉窒其生机,继焉失其本性,而人道乃几乎息矣。故当野蛮时代,团体未固,人智未完,有一二豪杰起而代其责,任其劳,群之利也;过是以往,久假不归,则利岂足以偿其弊哉!譬之一家一廛之中,家长之待其子弟,廛主之待其伴佣,皆各还其权利而不相侵,自能各勉其义务而不相侪,如是而不浮焉以兴,吾未之闻也。不然者,役之如奴隶,防之如盗贼,则彼亦以奴隶盗贼自居,有可以自逸、可以自利者,虽牺牲其家其廛之公益以为之,所不辞也,如是而不萎焉以衰,吾未之闻也。故夫中国群治不进，由人民不顾公益使然也；人民不顾公益，由自居于奴隶盗贼使然也；其自居于奴隶盗贼，由霸者私天下为一姓之产而奴隶盗贼吾民使然也。善夫，立宪国之政党政治也。彼其党人，固非必皆秉公心、禀公德也，固未尝不自为私名私利计也。虽然，专制国之求势利者，则媚于一人；立宪国之求势利者，则媚于庶人。媚一也，而民益之进不进，于此判焉。政党之治，凡国必有两党以上，其一在朝，其他在野。在野党欲倾在朝党而代之也，于是自布其政策，以掊击在朝党之政策，曰：使吾党得政，则吾所施设者如是如是，某事为民除公害，某事为民增公益。民悦之也，而得占多数于议院，而果与前此之在朝党易位，则不得不实行其所布之政策，以副民望而保大权，而群治进一级焉矣。前此之在朝党，既幡而在野，欲恢复其已失之权力也，又不得不勤察民隐，悉心布画，求更新更美之政策而布之曰：彼党之所谓除公害、增公益者，犹未尽也，使吾党而再为之，则将如是如是，然后国家之前途愈益向上。民悦之也，而复占多数于议院，复与代兴之在朝党易位，而亦不得不实行其所布之政策，以副民望而保大权，而群治又进一级焉矣。如是相竞相轧，相增相长，以至无穷，其竞愈烈者，则其进愈速。欧美各国政治迁移之大势，大率由此也。是故无论其为公也，即为私焉，而其有造于国民固已大矣。若夫专制之国，虽有一二圣君贤相，徇公废私，为国民全体谋利益，而一国之大，鞭长难及，其泽之真能遍逮者，固已希矣。就令能之，而所谓圣君贤相者，旷百世不一遇，而桓、灵、京、桧，项背相望于历史。故中国常语称"一治一乱"；又曰"治日少而乱日多"。岂无萌蘖，其奈此连番之狂风横雨何哉！进也以寸，而退也以尺；进也以一，而退也以十，所以历千百年而每下愈况也。

五曰学说隘而思想窒也。凡一国之进步，必以学术思想为之母,而风俗、政治皆其子孙也。中国惟战国时代,九流杂兴,道术最广。自有史以来,黄族之名誉,未有盛于彼时者也。秦汉而还,孔教统一。夫孔教之良,固也;虽然,必强一国人之思想使出于一途,其害于进化也莫大。自汉武表章六艺,罢黜百家,凡非在六艺之科者绝勿进,尔后束缚驰骤,日甚一日。虎皮羊质,霸者假之以为护符;社鼠城狐,贱儒缘之以谋口腹;变本加厉,而全国之思想界消沉极矣!叙欧洲史者,莫不以中世史为黑暗时代。夫中世史则罗马教权最盛之时也,举全欧人民,其躯壳界则糜烂于专制君主之暴威,其灵魂界则匍伏于专制教主之缚轭,故非惟不进,而以较希腊、罗马之盛时,已一落千丈强矣。今试读吾中国秦汉以后之历史,其视欧洲中世史何如?吾不敢怨孔教,而不得不深恶痛绝夫缘饰孔教、利用孔教、诬罔孔教者之自贼而贼国民也。

以上由于人事者。

夫天然之障,非人力所能为也,而世界风潮之所簸荡、所冲激,已能使吾国一变其数千年来之旧状。进步乎!进步乎!当在今日矣。虽然,所变者外界也,非内界也。内界不变,虽曰烘动之、鞭策之于外,其进无由。天下事无无果之因,亦无无因之果。我辈积数千年之恶因,以受恶果于今日。有志世道者,其勿遽责后此之果,而先改良今日之因而已。

新民子曰:吾不欲复作门面语,吾请以古今万国求进步者独一无二、不可逃避之公例,正告我国民。其例维何?曰破坏而已。

不祥哉!破坏之事也;不仁哉!破坏之言也。古今万国之仁人志士,苟非有所万不得已,岂其好为傀诡凉薄,愤世嫉俗,快一时之意气,以事此事而言此言哉?盖当夫破坏之运之相迫也,破坏亦破坏,不破坏亦破坏。破坏既终不可免,早一日则受一日之福,迟一日则重一日之害。早破坏者,其所破坏可以较少,而所保全者自多;迟破坏者,其所破坏不得不益甚,而所保全者弥寡。用人力以破坏者,为有意识之破坏,则随破坏随建设,一度破坏,而可以永绝第二次破坏之根,故将来之乐利,可以偿目前之苦痛而有余;听自然而破坏者,为无意识之破坏,则有破坏无建设,一度破坏之不已而至于再,再度不已而至于三,如是者可以历数百年、千年,而国与民交受其病,至于鱼烂而自亡。呜呼!痛矣哉破坏!呜呼!难矣哉不破坏!

闻者疑吾言乎?吾请与读中外之历史。中古以前之世界,一脓血世界也。英国号称近世文明先进国,自一千六百六十年以后,至今二百余年无破坏,其所以然者,实自长期国会之一度大破坏来也。使其惮破坏,则安知乎后此之英国,不为十八世纪末之法兰西也?美国自一千八百六十五年以后,至今五十余年无破坏,其所以然者,实自抗英独立、放奴战争之两度大破坏来也。使其惮破坏,则安知乎后此之美国,不为今日之秘鲁、智利、委内瑞拉、亚尔然丁也?欧洲大陆列国,自一千八百七十年以后,至今三十余年无破坏,其所以然者,实自法国大革命以来绵亘七八十年空前绝后之大破坏来也。使其惮破坏,则安知乎今日之日耳曼、意大利不为波兰?今日之匈牙利及巴干半岛诸国不为印度?今日之奥地利不为埃及?今日之法兰西不为畴昔之罗马也?日本自明治元年以后,至今三十余年无破坏,其所以然者,实自勤王讨幕、废藩置县之一度大破坏来也。使其惮破坏,则安知乎今日之日本不为朝鲜也?夫吾所谓二百年来、五十年来、三十年来无破坏云者,不过断自今日言之耳,其实则此诸国者,自今以往,虽数百年、千年无破坏,吾所敢断言也。何也?凡破坏必有破坏之根原。孟德斯鸠曰:"专制之国,其君相动曰辑和万民,实则国中常隐然含有扰乱之种子,是苟安也,非辑和也。"故扰乱之种子不除,则蝉联往复之破坏,终不可得免。而此诸国者，实以人力之一度大破坏，取此种子芟夷蕴崇之，绝其本根而勿使能殖也。故夫诸国者，自今以往，苟其有金革流血之事，则亦惟以国权之故，构兵于域外，容或有之耳；若夫国内相阋，糜烂鼎沸之惨剧，吾敢决其永绝而与天地长久也。今我国所号称识时俊杰，莫不艳羡乎彼诸国者，其群治之光华美满也如彼，其人民之和亲康乐也如彼，其政府之安富尊荣也如彼，而乌知乎皆由前此之仁人志士，挥破坏之泪，绞破坏之脑，敝破坏之舌，秃破坏之笔，沥破坏之血，填破坏之尸，以易之者也！呜呼！快矣哉破坏！呜呼！仁矣哉破坏！

此犹仅就政治一端言之耳。实则人群中一切事事物物，大而宗教、学术、思想、人心、风俗，小而文艺、技术、名物，何一不经过破坏之阶级以上于进步之途也！故路得破坏旧宗教而新宗教乃兴，培根、笛卡儿破坏旧哲学而新哲学乃兴，斯密破坏旧生计学而新生计学乃兴，卢梭破坏旧政治学而新政治学乃兴，孟德斯鸠破坏旧法律学而新法律学乃兴，哥白尼破坏旧历学而新历学乃兴，推诸凡百诸学，莫不皆然。而路得、培根、笛卡儿、斯密、卢梭、孟德斯鸠、哥白尼之后，复有破坏路得、培根、笛卡儿、斯密、卢梭、孟德斯鸠、哥白尼者。其破坏者，复有踵起而破坏之者。随破坏，随建设，甲乙相引，而进化之运，乃递衍于无穷。（凡以铁以血而行破坏者，破坏一次，则伤元气一次，故真能破坏者，则一度之后，不复再见矣。以脑以舌而行破坏者，虽屡摧弃旧观，只受其利而不蒙其害，故破坏之事无穷，进步之事亦无穷。）又如机器兴而手民之利益不得不破坏；轮舶兴而帆樯之利益不得不破坏；铁路、电车兴而车马之利益不得不破坏；公司兴而小资本家之利益不得不破坏；"托辣士特"（Trust）兴而寻常小公司之利益不得不破坏。当其过渡迭代之顷，非不酿妇叹童号之惨，极梦乱杌陧之观也；及建设之新局既定，食其利者乃在国家，乃在天下，乃在百年，而前此蒙破坏之损害者，亦往往于直接间接上得意外之新益。善夫西人之恒言曰："求文明者，非徒须偿其价值而已，而又须忍其苦痛。"夫全国国民之生计，为根本上不可轻摇动者，而当夫破坏之运之相代乎前也，犹且不能恤小害以掷大利，而况于害有百而利无一者耶！故夫欧洲各国自宗教改革后，而教会教士之利益被破坏也；自民立议会后，而暴君豪族之利益被破坏也；英国改正选举法（千八百三十二年），而旧选举区之特别利益被破坏也；美国布禁奴令（千八百六十五年），而南部素封家之利益被破坏也。此与吾中国之废八股而八股家之利益破坏，革胥吏而胥吏之利益破坏，改官制而宦场之利益破坏，其事正相等。彼其所谓利者，乃偏毗于最少数人之私利，而实则陷溺大多数人之公敌也。谚有之："一家哭何如一路哭。"于此而犹曰不破坏不破坏，吾谓其无人心矣。夫中国今日之事，何一非蠹大多数人而陷溺之者耶？而八股、胥吏、官制其小焉者也。

欲行远者，不可不弃其故步，欲登高者，不可不离其初级。若终日沾滞呆立于一地，而徒望远而歔，仰高而羡，吾知其终无济也。若此者，其在毫无阻力之时，毫无阻力之地，而进步之公例，固既当如是矣。若夫有阻之者，则凿榛莽以辟之，烈山泽而焚之，固非得已；苟不尔，则虽欲进而无其路也。谚曰："螫蛇在手，壮士断腕。"此语至矣！不观乎善医者乎？肠胃症结，非投以剧烈吐泻之剂，而决不能治也；疮痈肿毒，非施以割剖洗涤之功，而决不能疗也。若是者，所谓破坏也。苟其惮之，而日日进参苓以谋滋补，涂珠珀以求消毒，病未有不日增而月剧者也。夫其所以不敢下吐泻者，虑其耗亏耳；所以不敢施割剖者，畏其苦痛耳。而岂知不吐泻而后此耗亏将益多，不割剖而后此之苦痛将益剧，循是以往，非至死亡不止，夫孰与忍片刻而保百年，苦一部而养全体也！且等是耗亏也，等是苦痛也，早治一日，则其创夷必较轻；缓治一日，则其创夷必较重，此又理之至浅而易见者也。而谋国者乃昧焉，此吾之所不解也。大抵今日谈维新者有两种：其下焉者，则拾牙慧、蒙虎皮，借此以为阶进之路，西学一八股也，洋务一苞苴也，游历一暮夜也，若是者固不足道矣。其上焉者，则固尝悴其容焉，焦其心焉，规规然思所以长国家而兴乐利者，至叩其术，最初则外交也、练兵也、购械也、制械也；稍进焉则商务也、开矿也、铁路也；进而至于最近，则练将也、警察也、教育也。此荦荦诸大端者，是非当今文明国所最要不可缺之事耶？虽然，枝枝节节而行焉，步步趋趋而摹仿焉，其遂可以进于文明乎？其遂可以置国家于不败之地乎？吾知其必不能也。何也？披绮罗于嫫母，只增其丑；施金鞍于驽骀，只重其负；刻山龙于朽木，只驱其腐；筑高楼于松壤，只速其倾：未有能济者也。今勿一一具论，请专言教育。夫一国之有公共教育也，所以养成将来之国民也。而今之言教育者何如？各省纷纷设学堂矣，而学堂之总办提调，大率皆最工于钻营奔竞、能仰承长吏鼻息之候补人员也。学堂之教员，大率皆八股名家弋窃甲第、武断乡曲之巨绅也。其学生之往就学也，亦不过曰此时世妆耳，此终南径耳，与其从事于闭房退院之诗云子曰，何如从事于当时得令之 ABCD。考选入校，则张红然爆以示宠荣；（吾粤近考取大学堂学生者皆如是。）资派游学，则苞苴请托以求中选。若此者，皆今日教育事业开宗明义第一章，而将来为一国教育之源泉者也。试问循此以往，其所养成之人物，可以成一国国民之资格乎？可以任为将来一国之主人翁乎？可以立于今日民族主义竞争之潮涡乎？吾有以知其必不能也。不能，则有教育如无教育，而于中国前途何救也？请更征诸商务。生计界之竞争，是今日地球上一最大问题也。各国所以亡我者在此，我国之所以争自存者亦当在此。商务之当整顿，夫人而知矣。虽然，振兴商务，不可不保护本国工商业之权利；欲保护权利，不可不颁定商法;仅一商法不足以独立也,则不可不颁定各种法律以相辅;有法而不行,与无法等,则不可不定司法官之权限;立法而不善,弊更甚于无法,则不可不定立法权之所属;坏法者而无所惩,法旋立而旋废,则不可不定行法官之责任。推其极也,非制宪法,开议会,立责任政府,而商务终不可得兴。今之言商务者,漫然曰:"吾兴之、吾兴之而已,吾不知其所以兴之者持何术也。"夫就一二端言之,既已如是矣,推诸凡百,莫不皆然。吾故有以知今日所谓新法者之必无效也。何也? 不破坏之建设,未有能建设者也。夫今之朝野上下,所以汲汲然崇拜新法者,岂不以非如是则国将危亡乎哉? 而新法之无救于危亡也若此,有国家之责任者当何择矣?

然则救危亡求进步之道将奈何? 曰:必取数千年横暴混浊之政体,破碎而齑粉之,使数千万如虎、如狼、如蝗、如蛹、如蚁、如蛆之官吏,失其社鼠城狐之凭借,然后能涤荡肠胃以上于进步之途也;必取数千年腐败柔媚之学说,廓清而辞辟之,使数百万如蠹鱼、如鹦鹉、如水母、如畜犬之学子,毋得摇笔弄舌,舞文嚼字,为民贼之后援,然后能一新耳目,以行进步之实也。而其所以达此目的之方法有二:一曰无血之破坏,二曰有血之破坏。无血之破坏者,如日本之类是也;有血之破坏者,如法国之类是也。中国如能为无血之破坏乎,吾馨香而祝之;中国如不得不为有血之破坏乎,吾衰绖而哀之。虽然,哀则哀矣,然欲使吾于此二者之外,而别求一可以救国之途,吾苦无以为对也。呜呼! 吾中国而果能行第一义也,则今日其行之矣;而竟不能,则吾所谓第二义者遂终不可免。呜呼! 吾又安忍言哉! 呜呼! 吾又安忍不言哉!

吾读宗教改革之历史,见夫二百年干戈云扰,全欧无宁宇,吾未尝不颔蹙。吾读一千七百八十九年之历史,见夫杀人如麻,一日死者以十数万计,吾未尝不股栗。虽然,吾思之,吾重思之,国中如无破坏之种子，则亦已耳，苟其有之，夫安可得避？中国数千年以来历史，以天然之破坏相终始者也。远者勿具论，请言百年以来之事。乾隆中叶，山东有所谓教匪者王伦之徒起，三十九年平。同时有甘肃马明心之乱，踞河州、兰州，四十六年平。五十一年，台湾林爽文起，诸将出征，皆不有功，历二年（五十二年）而福康安、海兰察督师乃平。而安南之役又起，五十三年乃平。廓尔喀又内犯，五十九年乃平。而五十八年，诏天下大索白莲教首领不获，官吏以搜捕教匪为名，恣行暴虐，乱机满天下。五十九年，贵州苗族之乱遂作。嘉庆元年，白莲教遂大起于湖北，蔓延河南、四川、陕西、甘肃，而四川之徐天德、王三槐等，又各拥众数万起事，至七年乃平。八年，浙江海盗蔡牵又起，九年，与粤之朱溃合，十三年乃平。十四年，粤之郑乙又起，十五年乃平。同年，天理教徒李文成又起，十八年乃平。不数年，而回部之乱又起，凡历十余年至道光十一年乃平。同时湖南之赵金龙又起，十二年平。天下凋敝之既极，始稍苏息，而鸦片战役又起矣。道光十九年，英舰始入广东；二十年，旋逼乍浦、犯宁波；廿一年，取舟山、厦门、定海、宁波、乍浦，遂攻吴淞、下镇江；廿二年，结南京条约乃平。而两广之伏莽，已遍地出没无宁岁。至咸丰元年，洪、杨遂乘之而起，蹂躏天下之半。而咸丰七年，复有英人入广东掳总督之事。九年，复有英法联军犯北京之事。而洪氏据金陵凡十二年，至同治二年始平。而捻党犹逼京畿，危在一发，七年始平。而回部、苗疆之乱犹未已，复血刃者数载，及其全平，已光绪三年矣。自同治九年天津教案起，尔后民教之哄，连绵不绝。光绪八年，遂有法国安南之役，十一年始平。二十年，日本战役起，廿一年始平。廿四年，广西李立亭、四川余蛮子起，廿五年始平。同年，山东义和团起，蔓延直隶，几至亡国，为十一国所挟，廿七年始平。今者二十八年之过去者，不过一百五十日耳，而广宗、巨鹿之难,以袁军全力,历两月乃始平之;广西之难,至今犹蔓延三省,未知所届;而四川又见告矣。由此言之,此百余年间,我十八行省之公地,何处非以血为染;我四百余兆之同胞,何日非以肉为縻。前此既有然,而况乎继此以往,其剧烈将仟佰而未有艾也。昔人云:"一惭之不忍,而终身惭乎?"吾亦欲曰:一破坏之不忍,而终古以破坏乎?我国民试矫首一望,见夫欧美日本之以破坏治破坏而永绝内乱之萌蘖也,不识亦曾有动于其心,而为临渊之羡焉否也?

且夫惧破坏者,抑岂不以爱惜民命哉?姑无论天然无意识之破坏,如前所历举内乱诸祸,必非煦煦孑孑之所能弭也;即使弭矣,而以今日之国体,今日之政治,今日之官吏,其以直接间接杀人者,每岁之数,又岂让法国大革命时代哉?十年前山西一旱,而死者百余万矣。郑州一决,而死者十余万矣。冬春之交,北地之民,死于冻馁者,每岁以十万计。近十年来,广东人死于疫疠者,每岁以数十万计。而死于盗贼,与迫于饥寒自为盗贼而死者,举国之大,每岁亦何啻十万。夫此等虽大半关于天灾乎,然人之乐有群也,乐有政府也,岂不欲以人治胜天行哉?有政府而不能为民捍灾患,然则何取此政府为也?(天灾之事,关系政府责任,余别有论。)呜呼!中国人之为戮民久矣。天戮之、人戮之、暴君戮之、污吏戮之、异族戮之。其所以戮之之具,则饥戮之、寒戮之、夭戮之、疠戮之、刑狱戮之、盗贼戮之、干戈戮之。文明国中有一人横死者,无论为冤惨、为当罪,而死者之名,必出现于新闻纸中三数次乃至百数十次。所谓贵人道重民命者,不当如是耶?若中国则何有焉?草薙耳,禽狝耳,虽日死千人焉万人焉,其谁知之!其谁殣之!亦幸而此传种学最精之国民,野火烧不尽,春风吹又生,其林林总总者如故也。使稍矜贵者,吾恐周余子遗之诗,早实见于今日矣。然此犹在无外竞之时代为然耳。自今以往,十数国之饥鹰饿虎,张牙舞爪,呐喊蹴踏,以入我阌而择我肉，数年数十年后，能使我如埃及然，将口中未下咽之饭，挖而献之，犹不足以偿债主；能使我如印度然，日日行三跪九叩首礼于他族之膝下，乃仅得半腹之饱。不知爱惜民命者，何以待之？何以救之？我国民一念及此，当能信吾所谓"破坏亦破坏，不破坏亦破坏"者之非过言矣。而二者吉凶去从之间，我国民其何择焉，其何择焉？昔日本维新主动力之第一人曰吉田松阴者，尝语其徒曰："今之号称正义人，观望持重者，比比皆是，是为最大下策。何如轻快捷速，打破局面，然后徐图占地布石之为愈乎！"日本之所以有今日，皆恃此精神也，皆遵此方略也。（吉田松阴，日本长门藩士，以抗幕府被逮死。维新元勋山县、伊藤、井上等，皆其门下士也。）今日中国之敝，视四十年前之日本又数倍焉，而国中号称有志之士，舍松阴所谓最大下策者，无敢思之，无敢道之，无敢行之，吾又乌知其前途之所终极也？

虽然，破坏亦岂易言哉？玛志尼曰："破坏也者，为建设而破坏，非为破坏而破坏。使为破坏而破坏者，则何取乎破坏，且亦将并破坏之业而不能就也。"吾请更下一解曰：非有不忍破坏之仁贤者，不可以言破坏之言；非有能回破坏之手段者，不可以事破坏之事。而不然者，率其牢骚不平之气，小有才而未闻道，取天下之事事物物，不论精粗美恶，欲一举而碎之灭之，以供其快心一笑之具，寻至自起楼而自烧弃，自莳花而自斩刈，嚣嚣然号于众曰，吾能割舍也，吾能决断也。若是者，直人妖耳。故夫破坏者，仁人君子不得已之所为也。孔明挥泪于街亭，子胥泣血于关塞，彼岂忍死其友而遗其父哉！

论尚武[①]

世人之恒言曰：野蛮人尚力，文明人尚智。呜呼！此知二五而不知一十之言，迂偏而不切于事势者也。罗马文化，灿烁大地，车辙马迹，蹂躏全欧，乃一遇日耳曼森林中之蛮族，遂踯躅而不能自立，而帝国于以解纲。夫当日罗马之智识程度，岂不高出于蛮族万万哉？然柔弱之文明，卒不能抵野蛮之武力。然则尚武者国民之元气，国家所恃以成立，而文明所赖以维持者也。卑斯麦之言曰："天下所可恃者非公法，黑铁而已，赤血而已。"宁独公法之无足恃，立国者苟无尚武之国民，铁血之主义，则虽有文明，虽有智识，虽有众民，虽有广土，必无以自立于竞争剧烈之舞台。

而独不见斯巴达乎？斯巴达之教育，一干涉严酷之军人教育也。婴儿之生，必由官验其体格，不及格者，扑灭之。生及七岁，即使入幼年军队，教以体育，跣足裸体，恶衣菲食，以养成其任受劳苦凌犯寒暑忍耐饥渴之习惯，饮食教诲，皆国家专司其事。成年结婚而后，亦不许私处家中，日则会食于公堂，夜则共寝于营幕。乃至妇人女子，亦与男子同受严峻之训练。虽老妇少女，亦皆有剽悍勇侠之风。其母之送子从军也，命之曰："祝汝负楯而归，否则以楯负

---

① 原载 1903 年 3 月 27 日—4 月 11 日《新民丛报》28—29 号。

汝而归。"举国之男女老少,莫不轻死好胜,习以成性。故其从征赴敌,如习体操,如赴宴会,冒死喋血,曾不知有畏怯退缩之一事。彼斯巴达一弹丸之国耳,举国民族,寥寥不及万人,顾乃能内制数十万之异族,外挫十余万之波军,雄霸希腊,与雅典狎主齐盟也,曰惟尚武故。而独不见德意志乎?十九世纪之中叶,日耳曼民族,分国散立,萎靡不振,受拿破仑之蹂躏。既不胜其屈辱,乃改革兵制,首创举国皆兵之法。国民岁及二十,悉隶兵籍,是以举国之人,无不受军人之教育,具军人之资格。卑斯麦复以铁血之政略,达民族之主义,日讨国人而训之,划涤其涣漫荼靡之旧习,养成其英锐不屈之精神。今皇继起,以雄武之英姿,力扩其民族帝国之主义。其视学之敕语曰:务当训练一国之少年,使其资格可以辅朕雄飞于世界。故其国民,勇健奋发,而德意志遂为世界惟一之武国。彼德新造之邦,至今乃仅三十年,顾乃能摧奥仆法,伟然雄视于欧洲也,曰惟尚武故。而独不见俄罗斯乎?俄国国于绝北苦寒之地,拥旷漠硗确之平原,以农为国,习于劳苦,故其民犷悍坚毅,富于野蛮之力,触冒风暑,忍耐艰苦,坚朴雄鸷,习为风气,而又全体一致服从命令,其性质最宜于军队。且其先皇彼德遗训,以侵略为宗旨,其主义深入于国民心脑,人人皆有蹴踏全球蹂躏欧亚之雄心。彼其顽犷之蛮力,鸷忍之天性,虽有万众当前,必不足遏其锋而慑其气。夫俄罗斯半开之国耳,文化程度,不及欧美之半,顾乃西驰东突,能寒欧人之胆,论者且谓斯拉夫民族,势力日盛,将夺条顿人之统绪,代为世界之主人翁。若是者何也?曰惟尚武故。且非独欧洲诸国为然也,我东邻之日本,其人数仅当我十分之一耳,然其人剽疾轻死,日取其所谓武士道大和魂者,发挥而光大之。故当其征兵之始,尚有哭泣逃亡,曲求避免者;今则入队之旗,祈其战死,从军之什,祝勿生还,好武雄风,举国一致。且庚子之役,其军队之勇锐,战斗之强力,且冠绝联军,使白人颊首倾倒。近且汲汲于体育之事,务使国民皆具军人之本领,皆蓄军人之精神。彼日本区区三岛,兴立仅三十年耳,顾乃能一战胜我,取威定霸,屹然雄立于东洋之上也,曰惟尚武故。乃至脱兰士哇尔,独立不成而可谓失败者矣。然方其隐谋独立之初,已阴厚蓄其武力。儿童就学,授以猎枪,使弋途过森林之飞鸟,至学则殿最其多少以为赏罚,预养挽强命中之才,使皆可以执干戈而卫社稷。是以战事一起,精锐莫当,乃至少女妇人,亦且改易装服,荷戟从戎。彼脱兰士哇尔弹丸黑子,不能当英之一县,胜兵者数万人耳;顾乃能抗天下莫强之英,英人縻千百万之巨费,调三十万之精兵,血战数年,仅乃克服。若是者何也?亦曰惟尚武故。此数国者,其文化之浅深不一辙,其民族之多寡不一途,其国土之广狭不一致,要其能驰骋中原,屹立地球者,无不恃此尚武之精神。抟抟大地,莽莽万国,盛衰之数,胥视此矣。

恫夫中国民族之不武也!神明华胄,开化最先,然二千年来,出而与他族相遇,无不挫折败北,受其窘屈,此实中国历史之一大污点,而我国民百世弥天之大辱也。自周以来,即被戎祸,一见迫于猃狁,再见辱于犬戎。秦汉而还,匈奴凶悍。以始皇之雄鸷,仅乃拒之于长城之外;以汉高之豪武,卒至围窘于白登之间。汉武雄才大略,大张兵力于国外,卫、霍之伦,络绎出塞,然收定南粤,威震西域,卒不能犁庭扫穴,组系单于。匈奴之患,遂与汉代相终始。降及魏晋,五胡煽乱,犬羊奔突于上国,豕蛇横噬于中原,江山无界,宇宙腥膻。匈奴、鲜卑,羌、氐、胡、羯,迭兴递盛,纵横于黄河以北者二百五十有余年。李唐定乱,兵气方新,李靖败突厥于阴山,遂俘颉利,此实为汉族破败外族之创举。然屡征高丽,师卒无功,且突厥、契丹,吐蕃、回纥,迭为西北之边患,以终唐世。五季之间,石晋割燕云十六州以赂契丹，衣冠之沦于异类者数十年，且至称臣称男，称侄称孙，汉族之死命，遂为异族所轭制。宋之兴也，始受辽患；徽钦之世，女真跳梁当是时也，谋臣如云，猛将如雨，然极韩、岳、张、吴诸武臣之力，卒不能制幺麽小丑兀术之横行。金势既衰，蒙古继起，遂屋宋社而墟之。泱泱之神州，穰穰之贵种，颊首受轭于游牧异族威权之下，垂及百年。明兴而后，势更弱矣，一遇也先而帝见房，再遇满洲而国遂亡。呜呼！由秦迄今，二千余岁耳，然黄帝之子孙，屈伏于他族者三百余年；北方之同胞，屈伏于他族者且七百余年。至于边塞之患，烽燧之警，乃更无一宁岁，而卒不能赫怒震击以摧其凶焰，发愤挞伐以戢其淫威。呜呼！我神明之华胄，聪秀之人种，开明之文化，何一为蛮族所敢望？顾乃践蹴于铁骑之下，不能一仰首伸眉以之抗者，岂不以武力脆弱，民气懦怯，一动而辄为力屈也。藐兹小丑，且不能抗，况今日迫我之白人，挟文明之利器，受完备之训练，以帝国之主义，为民族之运动，其雄武坚劲，绝非匈奴、突厥、女真、蒙古之比，曷怪其一败再败而卒无以自立也。中国以文弱闻于天下，柔懦之病，深入膏肓。乃至强悍性成驰突无前之蛮族，及其同化于我，亦且传染此病，筋弛力脆，尽失其强悍之本性。呜呼！强者非一日而强也，弱者非一日而弱也，履霜坚冰，由来渐矣。吾尝察其受病之源，约有四事：

一由于国势之一统。人者多欲而好胜之动物也。衣服、饮食、货物、土地，皆生人所借以自养，而为人人所欲望之事。人人同此欲望，即人人皆思多取。故人与人相处，必求伸张其权利，侵他人之界而无所餍；国与国角立，亦必求伸张其权利，侵他人之界而无所餍。然彼之欲望权利之心，固无以异于此也，则必竭力抗争，奋腕力以自卫；稍一惬怯，稍一退让，即失败而无以自存。是故列国并立，首重国防，人鹜于勇力，士竞于武功。苟求保此权利，虽流漂杵之血，枯万人之骨而不之悔。而其时人士，亦复习于武风，眦睚失欢，挺身而斗，杯酒失意，白刃相仇，借躯报仇，恬不为怪，尚气任侠，靡国不然。远观之战国，近验之欧洲，往事亦可观矣。若夫一统之世，则养欲给求而无所与竞，闭关高枕而无所与争。向者之勇力武功，无所复用，其心渐弛，其气渐柔，其骨渐脆，其力渐弱。战国尊武，一统右文，固事势所必至，有不自知其然者矣。我中国自秦以来，久大一统，虽间有南北分割，不过二三百年，则旋归于统合。土地辽广，物产丰饶，虽有异种他族环于其外，然谓得其地不足郡县，得其人不足臣民，遂鄙为蛮夷而不屑与争，但使其羁縻勿绝、拒杜勿来而已，必不肯萃全力而与之竞胜。太平歌舞，四海晏然，则习为礼乐揖让，而相尚以文雅，好为文词诗赋训诂考据，以奇耗其材力。即有材武桀勇者，亦闲置而无所用武，且以粗鲁莽悍，见屏于上流社会之外。重文轻武之习既成，于是武事废堕，民气柔靡。二千年之腐气败习，深入于国民之脑，遂使群国之人，奄奄如病夫，冉冉如弱女，温温如菩萨，戢戢如驯羊。呜呼！人孰不恶争乱而乐和平，而乌知和平之弱我毒我乃如是之酷也！

二由于儒教之流失。宗教家之言论，类皆偏于世界主义者也。彼本至仁之热心，发高尚之哲理，故所持论，皆谋人类全体之幸福。故西方之教，曰太平天国，曰视敌如己；天竺之教，曰冤亲平等，曰一切众生：无不破蛮触之争战，以黄金世界为归墟。儒教者固切近于人事者也，然孔子之作《春秋》，则务使诸夏夷狄，远近若一，以文致太平；《礼运》之述圣言，则力言不独亲亲，不独子子，以靳至大同：亦莫不破除国界，以至仁博爱为宗旨。斯固皆悬至善以为的，可为理论而未能见之实行者也。然奉耶教之民，皆有坚悍好战之风；奉佛教之民，亦有轻视生死之性；独儒教之国，奄然怯弱者何也？《中庸》之言曰："宽柔以教，不报无道。"《孝经》之言曰："身体发肤，不敢毁伤。"故儒教当战国之时，已有儒懦儒缓之诮。然孔子固非专以懦缓为教者也，见义不为，谓之无勇；战阵无勇，斥为非孝：曷尝不以刚强剽劲耸发民气哉！后世贱儒，便于藏身，摭拾其悲悯涂炭、矫枉过正之言，以为口实，不法其刚而法其柔，不法其阳而法其阴，阴取老氏雌柔无动之旨，夺孔学之正统而篡之，以莠乱苗，习非成是。以强勇为喜事，以冒险为轻躁，以任侠为大戒，以柔弱为善人，惟以"忍"为无上法门。虽他人之凌逼欺胁，异族之蹂践斩刈，攫其权利，侮其国家，乃至掠其财产，辱其妻女，亦能俯首顺受，忍奴隶所不能忍之耻辱，忍牛马所不能忍之痛苦，曾不敢怒目攘臂而一与之争。呜呼！犯而不校，诚昔贤盛德之事，然以此道处生存竞争、弱肉强食之世，以此道对鸷悍剽疾、虎视鹰击之人，是犹强盗入室，加刃其颈，而犹与之高谈道德，岂惟不适于生存，不亦更增其耻辱邪？法昔贤盛德之事，乃养成此柔脆无骨、颓惫无气、刀刺不伤、火热不痛之民族，是岂昔贤所及料也！

三由霸者之摧荡。霸者之有天下也，定鼎之初，即莫不以偃武修文为第一要义。夫振兴文学，宁非有国之急务？乃必先取其所谓武者而偃之，彼岂果谓马上得者，必不能马上治之哉？又岂必欲销兵甲，兴礼乐，文致太平以为美观也哉？霸者之取天下，类皆崛起草泽，间关汗马，奋强悍之腕力，屈服群雄而攫夺之。彼知天下之可以力征经营，我可以武力夺之他人者，他人亦将可以武力夺之我也，则日讲朕缄扃鐍之策，务使有力者不能负之而趋。故辇毂之下，有骁雄之士，强武有力之人，以睥睨其卧榻之侧，则霸者有所不利；草泽之下，有游侠任气之风，萃材桀不驯之徒，相与上指天，下画地，嚣然以材武相竞，则霸者尤有不利。既所不利，则不能不之以自安。去之之术有二：其先曰"锄"。一人刚而万夫皆柔，一人强而天下皆弱，此霸有天下者之恒情也。其敢不柔弱者杀无赦。

虽昔日所视为功狗，倚为长城者，不惜翦薙芟荑，以绝子孙之患。其敢有暗呜叱咤、慷慨悲歌于田间陇畔者，则尤触犯忌讳，必当严刑重诛，无俾易种。秦皇之销铸锋镝，汉景之弥艾游侠，汉高、明太之淟醲功臣，殆皆用锄之一术矣。然前者僵仆，后者愤踊，锄之力亦将有所穷也，乃变计而用"柔"之一术。柔之以律令制策，柔之以诗赋词章，柔之以帖括楷法，柔之以簿书期会。柔其材力，柔其筋骨，柔其言论，乃至柔其思想，柔其精神。尽天下之人士，虽间有桀骜枭雄者，皆使之敝精疲神、缠绵歌泣于讽诵揣摩、患得患失之中，无复精神材力以相竞于材武，不必僇以斧钺，威以刀锯，而天下英雄尽入彀中，无复向者暗呜叱咤、慷慨悲歌之豪气。一霸者起，用此术以摧荡之；他霸者起，亦用此术以摧荡之。经二十四朝之摧陷廓清，士气索矣，人心死矣，霸者之术售矣。呜呼！又岂料承吾敝者别有此狞猛枭鸷之异族也！

四由习俗之濡染。天下移人之力，未有大于习惯者也。西秦首功，而女子亦知敌忾；斯巴达重武，而妇人亦能轻死。夫秦与斯巴达之人，岂必生而人人有此美性哉？风气之所薰，见闻之所染，日积月累，久之遂形为第二之天性。我中国轻武之习，自古然矣。鄙谚有之曰："好铁不打钉，好人不当兵。"故其所谓军人者，直不啻恶少无赖之代名词；其号称武士者，直视为不足齿之伧父。夫东西诸国之待军人也，尊之重之，敬之礼之，馨香尸祝之；一入军籍，则父母以为荣，邻里以为幸，宗族交游以为光宠，皆视此为人生第一名誉之事。惟东西人之重视之也如此，故举国人之精神，莫不萃于此点，一切文学、诗歌、剧戏、小说、音乐，无不激扬蹈厉，务激发国民之勇气，以养为国魂。惟我中国之轻视之也如彼，故举国皆不屑措意，学人之议论，词客所讴吟，且皆以好武喜功为讽刺，拓边开衅为大戒，其所谓名篇佳什，类皆描荷戟从军之苦况，咏战争流血之惨态，读之令人垂首丧志，气夺神沮。至其小说、戏剧，则惟描写才子佳人旖旎冶猭之柔情；其管弦音乐，则惟谱演柔荡靡曼亡国哀思之郑声。一群之中，凡所接触于耳目者，无一不颓损人之雄心，消磨人之豪气。恶风潮之所漂荡，无人不中此恶毒，如疫症之传染，如肺病之遗种。虽有雄姿英发之青年，日摩而月刓之，不数年间遂颓然如老翁，靡然如弱女。呜呼！群俗者冶铸国民之炉火，安见颓废腐败之群俗，而能铸成雄鸷沉毅之国民也？

凡此数者之恶因，皆种之千年以前，至今日结此一大恶果者也。且夫人之所以为生，国之所以能立，莫不视其自主之权。然其自主权之所以保全，则莫不恃自卫权为之后盾。人以恶声加我，我能以恶声返之，人以强力凌我，我能以强力抗之，此所以能排御外侮，屹然自立于群虎眈眈、万鬼眈眈之场也。然返人恶声，抗人强力，必非援据公法、樽俎折冲之所能为功，必内有坚强之武力，然后能行用自卫之实权。我以病夫闻于世界，手足瘫痪，已尽失防护之机能，东西诸国，莫不磨刀霍霍，内向而鱼肉我矣。我不速拔文弱之恶根，一雪不武之积耻，二十世纪竞争之场，宁复有支那人种立足之地哉！然吾闻吾国之讲求武事，数十年矣。购舰练兵，置厂制械，整军经武，至勤且久；然卒一熸而尽者何也？曰：彼所谓武，形式也；吾所谓武，精神也。无精神而徒有形式，是蒙羊质以虎皮，驱而与猛兽相搏击，适足供其攫啖而已。诚欲养尚武之精神，则不可不备具三力：

一曰心力。西儒有言曰："女子弱也，而为母则强。"夫弱女何以忽为强母，盖其精神爱恋，咸萃于子之一身。子而有急，则挺身赴之，虽极人生艰险畏怖之境，壮夫健男之所却顾者，彼独挥手直前，尽变其娇怯嬛娜、弱不胜衣之故态。彼其目中心中，止见有子而已，不见有身，更安见所谓艰险，更安见所谓畏怖！盖心力散涣，勇者亦怯；心力专凝，弱者亦强。是故报大仇，雪大耻，革大难，定大计，任大事，智士所不能谋，鬼神所不能通者，莫不成于至人之心力。张子房以文弱书生而椎秦，申包胥以漂泊逋臣而存楚，心力之驱迫而成之也；越之沼吴，楚之亡秦，希腊破波斯王之大军，荷兰却西班牙之舰队，亦莫非心力之驱迫而成之也。呜呼！境不迫者心不奋，情不急者力不挚。曾文正之论兵也，曰："官军击贼，条条皆是生路，惟向前一条是死路；贼御官军，条条皆是死路，惟向前一条是生路。官军之不能敌贼者以此。"今外人逼我，其圈日狭，其势日促，直不啻以百万铁骑，蹙我孤军于重围之中矣，舍突围向前之一策，更无所谓生路。虎逐于后，则懦夫可蓦绝涧；火发于室，则弱女可越重檐。吾望我同胞激其热诚，鼓其勇气，无奄奄敛手以待毙也！

一曰胆力。天下无往非难境，惟有胆力者无难境；天下无往非畏途，惟有胆力者无畏途。天岂必除此难境畏途以独私之哉？人间世一切之境界，无非人心所自造。我自以为难以为畏，则其心先馁，其气先慑，斯外境得乘其虚怯而窘之。若悍然不顾，其气足以相胜，则置之死地而能生，置之亡地而能存。项羽沉舟破釜以击秦，韩侯背水结阵以败楚，彼其众寡悬殊，岂无兵力不敌之危境哉？然奋其胆力，卒以成功。讷尔逊曰："吾不识畏为何物。"彼其平生阅历，岂无危疑震撼之险象哉？然奋其胆力，卒以成功。自古英雄豪杰，立不世之奇功，成建国之伟业，何一非冒大险，夷大难，由此胆力而来者哉？然胆力者，由自信力而发生者也。孟子曰："自反而不缩，虽褐宽博，吾不惴焉；自反而缩，虽千万人，吾往矣。"国之兴亡亦然。不信之人而信之己，国民自信其兴则国兴，国民自信其亡则国亡。昔英将威士勒之言曰："中国人有可以蹂躏全球之资格。"我负此资格而不能自信，不能奋其勇力，完此资格，以兴列强相见于竞争之战场，惟是日惧外人之分割，日畏外人之干涉，不思自奋，徒为悭怯，彼狞猛枭鸷之异族，宁以我之悭怯而辍其分割干涉邪？呜呼！怯者召侮之媒，畏战者必受战祸，惧死者卒蹈死机，悭怯岂有幸也！孟子曰："未闻以千里畏人。"吾望我同胞奋其雄心，鼓其勇气，无畏首畏尾以自馁也！

一曰体力。体魄者，与精神有切密之关系者也。有健康强固之体魄，然后有坚忍不屈之精神。是以古之伟人，其能负荷艰钜，开拓世界者，类皆负绝人之异质，耐非常之艰苦。陶侃之习劳，运甓不间朝夕；史可法之督师，七日目不交睫；拿破仑之治军，日睡仅四小时；格兰斯顿之垂老，步行能逾百里；俾斯麦之体格，重至二百八十余磅，其筋骸坚固，故能凌风雨，冒寒暑，撄患难劳苦，而贯彻初终。彼鞑靼之种人，斯拉夫之民族，亦皆恃此野蛮体力，而遂能钳制他族者也。德皇威廉第二之视学于柏林小学校，其敕训曰："凡我德国臣民，皆当留意体育。苟体育不讲，则男子不能担负兵役，女子不能孕产魁梧雄伟之婴儿。人种不强，国将何赖？"故欧洲诸国，靡不汲汲从事于体育。体操而外，凡击剑、驰马、蹴踘、角抵、习射、击枪、游泳、竞渡诸戏，无不加意奖励，务使举国之人，皆具军国民之资格。昔仅一斯巴达者，今且举欧洲而为斯巴达矣。中人不讲卫生，婚期太早，以是传种，种已孱弱；及其就傅之后，终日伏案，闭置一室，绝无运动，耗目力而昏眊，未黄耇而骀背；且复习为娇惰，绝无自营自活之风，衣食举动，一切需人；以文弱为美称，以嬴怯为娇贵，翩翩年少，弱不禁风，名曰丈夫，弱于少女；弱冠而后，则又缠绵床第以耗其精力，吸食鸦片以戕其身体，鬼躁鬼幽，趑步欹跌，血不华色，面有死容，病体奄奄，气息才属：合四万万人，而不能得一完备之体格。呜呼！其人皆为病夫，其国安得不为病国也！以此而出与狞猛枭鸷之异族遇，是犹驱侏儒以斗巨无霸，彼虽不持一械，一挥手而我已倾跌矣。呜呼！生存竞争，优胜劣败，吾望我同胞练其筋骨，习于勇力，无奄然颓惫以坐废也！

呜呼！今日之世界固所谓"武装和平"之世界也。列强会议，日言弭兵，然左订媾和修好之条约，右修扩张军备之议案。盖强权之世，惟能战者乃能和。故美国独立他洲，素不与闻外事者也，然近年以来，日增军备，且尽易其门罗主义，一变而为帝国主义。盖欧洲霸气横决四溢，苟渡大西洋而西注，则美国难保其和平，故不能不先事预防，厚内力以御之境外。夫欧洲诸国，势均力敌，欧洲以内，既无用武之地矣，然内力膨胀，郁勃磅礴而必求一泄，挟其民族帝国主义，日求灌而泄之他洲。我以膏腴沃壤，适当其冲，于是万马齐足，万流汇力，一泄其尾闾于亚东大陆。今日群盗入室，白刃环门，我不一易其文弱之旧习，奋其勇力，以固其国防，则立赢羊于群虎之间，更何术以免其吞噬也！呜呼！甲午以来，一败再败，形见势绌，外人咸以无战斗力轻我矣。然语不云乎：一人致死，万夫莫当。彼十九世纪之初期，法兰西何尝不以一国而受全欧之敌，然拿破仑率其剽悍之国民，东征西击，卒能取威定霸，奋扬国威。彼四十余万之法人，乃能蹴踏全欧；我以十倍法人之民族，顾不能攘外而立国，何衰惫若斯之甚也？《诗》曰："天之方蹶，无为夸毗。"柔脆无骨之人，岂能一日立于天演之界？我国民纵阙于文明之智识，奈何并野蛮之武力而亦同此消乏也？呜呼噫嘻！

少年中国说^①

日本人之称我中国也，一则曰老大帝国，再则曰老大帝国。是语也，盖袭译欧西人之言也。呜呼！我中国其果老大矣乎？任公曰：恶，是何言！是何言！吾心目中有一少年中国在。

欲言国之老少，请先言人之老少。老年人常思既往，少年人常思将来。惟思既往也故生留恋心，惟思将来也故生希望心；惟留恋也故保守，惟希望也故进取；惟保守也故永旧，惟进取也故日新。惟思既往也，事事皆其所已经者，故惟知照例；惟思将来也，事事皆其所未经者，故常敢破格。老年人常多忧虑，少年人常好行乐。惟多忧也故灰心，惟行乐也故盛气；惟灰心也故怯懦，惟盛气也故豪壮；惟怯懦也故苟且，惟豪壮也故冒险；惟苟且也故能灭世界，惟冒险也故能造世界。老年人常厌事，少年人常喜事。惟厌事也，故常觉一切事无可为者；惟好事也，故常觉一切事无不可为者。老年人如夕照，少年人如朝阳；老年人如瘠牛，少年人如乳虎；老年人如僧，少年人如侠；老年人如字典，少年人如戏文；老年人如鸦片烟，少年人如白兰地酒；老年人如别行星之陨石，少年人如大洋海之珊瑚岛；老年人如埃及沙漠之金字塔，少年人如西伯利亚之铁路；老

---

① 原载1900年2月10日《清议报》第35册。

年人如秋后之柳，少年人如春前之草；老年人如死海之潴为泽，少年人如长江之初发源。此老年与少年性格不同之大略也。任公曰：人固有之，国亦宜然。

任公曰：伤哉老大也。浔阳江头琵琶妇，当明月绕船，枫叶瑟瑟，衾寒于铁，似梦非梦之时，追想洛阳尘中春花秋月之佳趣。西宫南内，白发宫娥，一灯如穗，三五对坐，谈开元、天宝间遗事，谱《霓裳羽衣曲》。青门种瓜人，左对孺人，顾弄孺子，忆侯门似海珠履杂遝之盛事。拿破仑之流于厄蔑，阿剌飞之幽于锡兰，与三两监守吏或过访之好事者，道当年短刀匹马驰骋中原，席卷欧洲，血战海楼，一声叱咤，万国震恐之丰功伟烈，初而拍案，继而抚髀，终而揽镜，呜呼！面皴齿尽，白发盈把，颓然老矣。若是者，舍幽郁之外无心事，舍悲惨之外无天地，舍颓唐之外无日月，舍叹息之外无音声，舍待死之外无事业。美人豪杰且然，而况于寻常碌碌者耶！生平亲友，皆在墟墓，起居饮食，待命于人；今日且过，遑知他日，今年且过，遑恤明年。普天下灰心短气之事，未有甚于老大者。于此人也，而欲望以拏云之手段，回天之事功，挟山超海之意气，能乎不能？

呜呼！我中国其果老大矣乎！立乎今日以指畴昔，唐虞三代，若何之郅治；秦皇汉武，若何之雄杰；汉唐来之文学，若何之隆盛；康乾间之武功，若何之烜赫！历史家所铺叙，词章家所讴歌，何一非我国民少年时代良辰美景、赏心乐事之陈迹哉！而今颓然老矣。昨日割五城，明日割十城；处处雀鼠尽，夜夜鸡犬惊。十八省之土地财产，已为人怀中之肉；四百兆之父兄子弟，已为人注籍之奴。岂所谓"老大嫁作商人妇"者耶？呜呼！凭君莫话当年事，蕉萃韶光不忍看。楚囚相对，岌岌顾影；人命危浅，朝不虑夕。国为待死之国，一国之民为待死之民，万事付之奈何，一切凭人作弄，亦何足怪!

任公曰：我中国其果老大矣乎？是今日全地球之一大问题也。如其老大也，则是中国为过去之国，即地球上昔本有此国，而今渐渐灭，他日之命运殆将尽也；如其非老大也，则是中国为未来之国，即地球上昔未现此国，而今渐发达，他日之前程且方长也。欲断今日之中国为老大耶，为少年耶？则不可不先明"国"字之意义。夫国也者何物也？有土地，有人民，以居于其土地之人民，而治其所居之土地之事，自制法律而自守之；有主权，有服从，人人皆主权者，人人皆服从者。夫如是，斯谓之完全成立之国。地球上之有完全成立之国也，自百年以来也。完全成立者，壮年之事也；未能完全成立而渐进于完全成立者，少年之事也。故吾得一言以断之曰：欧洲列邦在今日为壮年国，而我中国在今日为少年国。

夫古昔之中国者，虽有国之名，而未成国之形也，或为家族之国，或为酋长之国，或为诸侯封建之国，或为一王专制之国。虽种类不一，要之其于国家之体质也，有其一部而缺其一部，正如婴儿自胚胎以迄成童，其身体之一二官支，先行长成，此外则全体虽粗具，然未能得其用。故唐虞以前为胚胎时代，殷周之际为乳哺时代，由孔子而来至于今为童子时代，逐渐发达，而今乃始将入成童以上少年之界焉。其长成所以若是之迟者，而历代之民贼有窒其生机者也。譬犹童年多病，转类老态，或且疑其死期之将至焉，而不知皆由未完全、未成立也，非过去之谓，而未来之谓也。

且我中国畴昔，岂尝有国家哉？不过有朝廷耳。我黄帝子孙，聚族而居，立于此地球之上者既数千年，而问其国之为何名，则无有也。夫所谓唐、虞、夏、商、周、秦、汉、魏、晋、宋、齐、梁、陈、隋、唐、宋、元、明、清者，则皆朝名耳。朝也者，一家之私产也；国也者，人民之公产也。朝有朝之老少，国有国之老少。朝与国既异物，则不能以朝之老少而指为国之老少明矣。文、武、成、康，周朝之少年时代也，幽、厉、桓、赧，则其老年时代也；高、文、景、武，汉朝之少年时代也，元、平、桓、灵，则其老年时代也。自余历朝，莫不有之。凡此者谓为一朝廷之老也则可，谓为一国之老也则不可。一朝廷之老且死，犹一人之老且死也，于吾所谓中国者何与焉？然则吾中国者，前此尚未出现于世界，而今乃始萌芽云尔。天地大矣，前途辽矣，美哉我少年中国乎！

玛志尼者，意大利三杰之魁也，以国事被罪，逃窜异邦，乃创立一会，名曰"少年意大利"。举国志士，云涌雾集以应之，卒乃光复旧物，使意大利为欧洲之一雄邦。夫意大利者，欧洲第一之老大国也。自罗马亡后，土地隶于教皇，政权归于墺国，殆所谓老而濒于死者矣。而得一玛志尼，且能举全国而少年之，况我中国之实为少年时代者耶？堂堂四百余州之国土，凛凛四百余兆之国民，岂遂无一玛志尼其人者！

龚自珍氏之集有诗一章，题曰《能令公少年行》。吾尝爱读之，而有味乎其用意之所存。我国民而自谓其国之老大也，斯果老大矣；我国民而自知其国之少年也，斯乃少年矣。西谚有之曰：有三岁之翁，有百岁之童。然则国之老少，又无定形，而实随国民之心力以为消长者也。吾见乎玛志尼之能令国少年也，吾又见乎我国之官吏士民能令国老大也，吾为此惧。夫以如此壮丽浓郁、翩翩绝世之少年中国，而使欧西、日本人谓我为老大者何也？则以握国权者皆老朽之人也。非哦几十年八股，非写几十年白折，非当几十年差，非捱几十年俸，非递几十年手本，非唱几十年喏，非磕几十年头，非请几十年安，则必不能得一官，进一职。其内任卿贰以上、外任监司以上者，百人之中，其五官不备者，殆九十六七人也，非眼盲，则耳聋，非手颤，则足跛，否则半身不遂也。彼其一身饮食、步履、视听、言语,尚且不能自了,须三四人在左右扶之捉之,乃能度日,于此而乃欲责之以国事,是何异立无数木偶而使之治天下也!且彼辈者,自其少壮之时,既已不知亚细、欧罗为何处地方,汉祖、唐宗是那朝皇帝,犹嫌其顽钝腐败之未臻其极,又必搓磨之、陶冶之;待其脑髓已涸,血管已塞,气息奄奄,与鬼为邻之时,然后将我二万里山河,四万万人命,一举而界于其手。呜呼!老大帝国,诚哉其老大也!而彼辈者,积其数十年之八股、白折、当差、捱俸、手本、唱喏、磕头、请安,千辛万苦,千苦万辛,乃始得此红顶花翎之服色,中堂大人之名号,乃出其全副精神,竭其毕生力量,以保持之。如彼乞儿,拾金一锭,虽轰雷盘旋其顶上,而两手犹紧抱其荷包,他事非所顾也,非所知也,非所闻也。于此而告之以亡国也,瓜分也,彼乌从而听之? 乌从而信之? 即使果亡矣,果分矣,而吾今年既七十矣八十矣,但求其一两年内,洋人不来,强盗不起,我已快活过了一世矣。若不得已,则割三头两省之土地奉申贺敬,以换我几个衙门;卖三几百万之人民作仆为奴,以赎我一条老命,有何不可? 有何难办? 呜呼! 今之所谓老后、老臣、老将、老吏者,其修身、齐家、治国、平天下之手段,皆具于是矣。西风一夜催人老,凋尽朱颜白尽头。使走无常当医生,携催命符以祝寿。嗟乎痛哉! 以此为国,是安得不老且死? 且吾恐其未及岁而殇也。

任公曰:造成今日之老大中国者,则中国老朽之冤业也;制出将来之少年中国者,则中国少年之责任也。彼老朽者何足道,彼与此世界作别之日不远矣,而我少年乃新来而与世界为缘。如做屋者然,彼明日将迁居他方,而我今日始入此室处。将迁居者,不爱护其窗棂,不洁治其庭庑,俗人恒情,亦何足怪。若我少年者前程浩浩,后顾茫茫。中国而为牛为马、为奴为隶,则烹脔鞭箠之惨酷,惟我少年当之;中国如称霸宇内、主盟地球,则指挥顾盼之尊荣,惟我少年享之。于彼气息奄奄、与鬼为邻者何与焉？彼而漠然置之，犹可言也；我而漠然置之，不可言也。使举国之少年而果为少年也，则吾中国为未来之国，其进步未可量也；使举国之少年而亦为老大也，则吾中国为过去之国，其澌亡可翘足而待也。故今日之责任，不在他人，而全在我少年。少年智则国智，少年富则国富，少年强则国强，少年独立则国独立，少年自由则国自由，少年进步则国进步，少年胜于欧洲，则国胜于欧洲，少年雄于地球，则国雄于地球。红日初升，其道大光；河出伏流，一泻汪洋；潜龙腾渊，鳞爪飞扬；乳虎啸谷，百兽震惶；鹰隼试翼，风尘吸张；奇花初胎，矞矞皇皇；干将发硎，有作其芒；天戴其苍，地履其黄；纵有千古，横有八荒；前途似海，来日方长。美哉我少年中国，与天不老！壮哉我中国少年，与国无疆！

"三十功名尘与土，八千里路云和月。莫等闲白了少年头，空悲切！"此岳武穆《满江红》词句也。作者自六岁时即口受记忆，至今喜诵之不衰。自今以往，弃"哀时客"之名，更自名曰"少年中国之少年"。　　作者附识。

呵旁观者文^①

天下最可厌可憎可鄙之人，莫过于旁观者。

旁观者，如立于东岸，观西岸之火灾，而望其红光以为乐；如立于此船，观彼船之沉溺，而睹其凫浴以为欢。若是者，谓之阴险也不可，谓之狠毒也不可。此种人无以名之，名之曰无血性。嗟乎！血性者人类之所以生，世界之所以立也；无血性则是无人类、无世界也。故旁观者，人类之蟊贼，世界之仇敌也。

人生于天地之间，各有责任。知责任者大丈夫之始也，行责任者大丈夫之终也；自放弃其责任，则是自放弃其所以为人之具也。是故人也者，对于一家而有一家之责任，对于一国而有一国之责任，对于世界而有世界之责任。一家之人各各自放弃其责任，则家必落；一国之人各各自放弃其责任，则国必亡；全世界之人各各自放弃其责任，则世界必毁。旁观云者，放弃责任之谓也。

中国词章家有警语二句，曰："济人利物非吾事，自有周公孔圣人。"中国寻常人有熟语二句，曰："各人自扫门前雪，不管他人瓦上霜。"此数语者实旁观派之经典也，口号也。而此种经典、口号，深入于全国人之脑中，拂之不去，涤之不净。质而言之，即"旁观"二

---

① 原载 1900 年 2 月 20 日《清议报》第 36 册。

字，代表吾全国人之性质也，是即"无血性"三字，为吾全国人所专有物也。呜呼！吾为此惧。

旁观者，立于客位之意义也。天下事不能有客而无主，譬之一家，大而教训其子弟，综核其财产，小而启闭其门户，洒扫其庭除，皆主人之事也。主人为谁？即一家之人是也。一家之人，各尽其主人之职，而家以成。若一家之人各自立于客位，父诿之于子，子诿之于父；兄诿之于弟，弟诿之于兄；夫诿之于妇，妇诿之于夫：是之谓无主之家。无主之家，其败亡可立而待也。惟国亦然。一国之主人为谁？即一国之人是也。西国之所以强者无他焉，一国之人各尽其主人之职而已。中国则不然，入其国，问其主人为谁，莫之承也。将谓百姓为主人欤？百姓曰：此官吏之事也，我何与焉。将谓官吏为主人欤？官吏曰：我之尸此位也，为吾威势耳，为吾利源耳，其他我何知焉。若是乎一国虽大，竟无一主人也。无主人之国，则奴仆从而弄之，盗贼从而夺之，固宜。《诗》曰："子有庭内，弗洒弗扫。子有钟鼓，弗鼓弗考。宛其死矣，他人是保。"此天理所必至也，于人乎何尤？

夫对于他人之家、他人之国而旁观焉，犹可言也。何也？我固客也。（侠者之义，虽对于他国、他家，亦不当旁观。今姑置勿论。）对于吾家、吾国而旁观焉，不可言也。何也？我固主人也。我尚旁观，而更望谁之代吾责也？大抵家国之盛衰兴亡，恒以其家中、国中旁观者之有无多少为差。国人无一旁观者，国虽小而必兴；国人尽为旁观者，国虽大而必亡。今吾观中国四万万人，皆旁观者也。谓余不信，请征其流派：

一曰浑沌派。此派者，可谓之无脑筋之动物也。彼等不知有所谓世界，不知有所谓国，不知何者为可忧，不知何者为可惧。质而论之，即不知人世间有应做之事也。饥而食，饱而游，困而睡，觉而起，户以内即其小天地，争一钱可以陨身命。彼等既不知有事，何所谓办与不办？既不知有国，何所谓亡与不亡？譬之游鱼居将沸之鼎，犹误为水暖之春江；巢燕处半火之堂，犹疑为照屋之出日。彼等之生也，如以机器制成者，能运动而不能知觉；其死也，如以电气殛毙者，有堕落而不有苦痛，蠕蠕然度数十寒暑而已。彼等虽为旁观者，然曾不自知其为旁观者，吾命之为旁观派中之天民。四万万人中属于此派者，殆不止三万五千万人。然此又非徒不识字、不治生之人而已。天下固有不识字、不治生之人而不浑沌者，亦有号称能识字、能治生之人而实大浑沌者。大抵京外大小数十万之官吏，应乡、会、岁、科试数百万之士子，满天下之商人，皆于其中十有九属于此派者。

二曰为我派。此派者，俗语所谓遇雷打尚按住荷包者也。事之当办，彼非不知；国之将亡，彼非不知。虽然，办此事而无益于我，则我惟旁观而已；亡此国而无损于我，则我惟旁观而已。若冯道当五季鼎沸之际，朝梁夕晋，犹以五朝元老自夸；张之洞自言瓜分之后，尚不失为小朝廷大臣，皆此类也。彼等在世界中，似是常立于主位而非立于客位者。虽然，不过以公众之事业，而计其一己之利害；若夫公众之利害，则彼始终旁观者也。吾昔见日本报纸中有一段，最能摹写此辈情形者。其言曰：

> 吾尝游辽东半岛，见其沿道人民，察其情态，彼等于国家存亡危机，如不自知者。彼等之待日本军队，不见为敌人，而见为商店之主顾客；彼等心目中不知有辽东半岛割归日本与否之问题，惟知有日本银色与纹银兑换补水几何之问题。

此实写出魑魅魍魉之情状，如禹鼎铸奸矣。推为我之敝，割数千里之地，赔数百兆之款，以易其衙门咫尺之地，而曾无所顾惜，何也？吾今者既已六七十矣，但求目前数年无事，至一瞑之后，虽天翻地覆非所问也。明知官场积习之当改而必不肯改，吾衣领饭碗之所在也；明知学校科举之当变而不肯变，吾子孙出身之所由也。此派者，以老聃为先圣，以杨朱为先师。一国中无论为官、为绅、为士、为商，其据要津、握重权者皆此辈也，故此派有左右世界之力量。一国聪明才智之士，皆走集于其旗下；而方在萌芽卵孵之少年子弟，转率仿效之。如麻疯、肺病者传其种于子孙，故遗毒遍于天下。此为旁观派中之最有魔力者。

三曰呜呼派。何谓呜呼派？彼辈以咨嗟太息、痛哭流涕为独一无二之事业者也。其面常有忧国之容，其口不少哀时之语。告以事之当办，彼则曰诚当办也，奈无从办起何；告以国之已危，彼则曰诚极危也，奈已无可救何；再穷诘之，彼则曰国运而已，天心而已。"无可奈何"四字是其口诀，"束手待毙"一语是其真传。如见火之起，不务扑灭，而太息于火势之炽炎；如见人之溺，不思拯援，而痛恨于波涛之澎湃。此派者，彼固自谓非旁观者也，然他人之旁观也以目，彼辈之旁观也以口。彼辈非不关心国事，然以国事为诗料；非不好言时务，然以时务为谈资者也。吾人读波兰灭亡之记，埃及惨状之史，何尝不为之感叹；然无益于波兰、埃及者，以吾固旁观也。吾人见非律宾与美血战，何尝不为之起敬；然无助于非律宾者，以吾固旁观也。所谓呜呼派者，何以异是！此派似无补于世界，亦无害于世界者；虽然，灰国民之志气，阻将来之进步，其罪实不薄也。此派者，一国中号称名士者皆归之。

四曰笑骂派。此派者，谓之旁观，宁谓之后观。以其常立于人之背后，而以冷言热语批评人者也。彼辈不惟自为旁观者，又欲逼人使不得不为旁观者：既骂守旧，亦骂维新；既骂小人，亦骂君子；对老辈则骂其暮气已深，对青年则骂其躁进喜事；事之成也，则曰竖子成名,事之败也,则曰吾早料及。彼辈常自立于无可指摘之地,何也? 不办事故无可指摘,旁观故无可指摘。己不办事,而立于办事者之后,引绳批根以嘲讽掊击,此最巧黠之术,而使勇者所以短气,怯者所以灰心也。岂直使人灰心短气而已,而将成之事,彼辈必以笑骂沮之;已成之事,彼辈能以笑骂败之。故彼辈者世界之阴人也。夫排斥人未尝不可,己有主义欲伸之,而排斥他人之主义,此西国政党所不讳也。然彼笑骂派果何主义乎? 譬之孤舟遇风于大洋,彼辈骂风、骂波、骂大洋、骂孤舟,乃至遍骂同舟之人;若问此船当以何术可达彼岸乎,彼等瞠然无对也。何也? 彼辈借旁观以行笑骂,失旁观之地位,则无笑骂也。

五曰暴弃派。呜呼派者,以天下为无可为之事;暴弃派者,以我为无可为之人也。笑骂派者,常责人而不责己;暴弃派者,常望人而不望己也。彼辈之意,以为一国四百兆人,其三百九十九兆九亿九万九千九百九十九人中,才智不知几许,英杰不知几许,我之一人岂足轻重。推此派之极弊,必至四百兆人,人人皆除出自己,而以国事望诸其余之三百九十九兆九亿九万九千九百九十九人。统计而互消之,则是四百兆人,卒至实无一人也。夫国事者,国民人人各自有其责任者也,愈贤智则其责任愈大,即愚不肖亦不过责任稍小而已,不能谓之无也。他人虽有绝大智慧、绝大能力,只能尽其本身分内之责任,岂能有分毫之代我? 譬之欲不食而使善饭者为我代食,欲不寝而使善睡者为我代寝,能乎否乎? 且我虽愚不肖,然既为人矣,即为人类之一分子也;既生此国矣,即为国民之一阿屯也。我暴弃己之一身,犹可言也;污蔑人类之资格,灭损国民之体面,不可言也。故暴弃者实人道之罪人也。

六曰待时派。此派者,有旁观之实而不自居其名者也。夫待之云者,得不得未可必之词也。吾待至可以办事之时然后办之,若终无其时,则是终不办也。寻常之旁观则旁观人事,彼辈之旁观则旁观天时也。且必如何然后为可以办事之时,岂有定形哉?办事者,无时而非可办之时;不办事者,无时而非不可办之时。故有志之士,惟造时势而已,未闻有待时势者也。待时云者,欲觇风潮之所向,而从旁拾其余利,向于东则随之而东,向于西则随之而西,是乡愿之本色,而旁观派之最巧者也。

以上六派,吾中国人之性质尽于是矣。其为派不同,而其为旁观者则同。若是乎,吾中国四万万人,果无一非旁观者也;吾中国虽有四万万人,果无一主人也。以无一主人之国,而立于世界生存竞争最剧最烈、万鬼环瞰、百虎眈视之大舞台,吾不知其如何而可也。六派之中,第一派为不知责任之人,以下五派为不行责任之人,知而不行,与不知等耳。且彼不知者犹有冀焉,冀其他日之知而即行也。若知而不行,则是自绝于天地也。故吾责第一派之人犹浅,责以下五派之人最深。

虽然,以阳明学知行合一之说论之,彼知而不行者,终是未知而已。苟知之极明,则行之必极勇。猛虎在于后,虽跛者或能跃数丈之涧;燎火及于邻,虽弱者或能运千钧之力。何也?彼确知猛虎、大火之一至,而吾之性命必无幸也。夫国亡种灭之惨酷,又岂止猛虎、大火而已。吾以为举国之旁观者直未知之耳,或知其一二而未知其究竟耳。若真知之,若究竟知之,吾意虽箝其手、缄其口,犹不能使之默然而息,块然而坐也。安有悠悠日月,歌舞太平,如此江山,坐付他族,袖手而作壁上之观,面缚以待死期之至,如今日者耶?嗟乎!今之拥高位,秩厚禄,与夫号称先达名士有闻于时者,皆一国中过去之人也。如已退院之僧,如已闭房之妇,彼自顾此身之寄居此世界,不知尚有几年。故其于国也有过客之观,其苟且以偷逸乐,袖手以终余年,固无足怪焉。若我辈青年,正一国将来之主人也，与此国为缘之日正长。前途茫茫，未知所届。国之兴也，我辈实躬享其荣；国之亡也，我辈实亲尝其惨。欲避无可避，欲逃无可逃，其荣也非他人之所得攘，其惨也非他人之所得代。言念及此，夫宁可旁观耶？夫宁可旁观耶？吾岂好为深文刻薄之言以骂尽天下哉？毋亦发于不忍旁观区区之苦心，不得不大声疾呼，以为我同胞四万万人告也。

旁观之反对曰任。孔子曰："天下有道，丘不与易也。"孟子曰："如欲平治天下，当今之世，舍我其谁也！"任之谓也。

论小说与群治之关系[①]

欲新一国之民，不可不先新一国之小说。故欲新道德，必新小说；欲新宗教，必新小说；欲新政治，必新小说；欲新风俗，必新小说；欲新学艺，必新小说；乃至欲新人心、欲新人格，必新小说。何以故？小说有不可思议之力支配人道故。

吾今且发一问：人类之普通性，何以嗜他书不如其嗜小说？答者必曰：以其浅而易解故，以其乐而多趣故。是固然；虽然，未足以尽其情也。文之浅而易解者，不必小说；寻常妇孺之函札，官样之文牍，亦非有艰深难读者存也，顾谁则嗜之？不宁惟是，彼高才赡学之士，能读《坟》《典》《索》《邱》，能注虫鱼草木，彼其视渊古之文，与平易之文，应无所择，而何以独嗜小说？是第一说有所未尽也。小说之以赏心乐事为目的者固多，然此等顾不甚为世所重；其最受欢迎者，则必其可惊、可愕、可悲、可感，读之而生出无量噩梦，抹出无量眼泪者也。夫使以欲乐故而嗜此也，而何为偏取此反比例之物而自苦也？是第二说有所未尽也。吾冥思之，穷鞫之，殆有两因：凡人之性，常非能以现境界而自满足者也。而此蠢蠢躯壳，其所能触能受之境界，又顽狭短局而至有限也。故常欲于其直

---

① 原载 1902 年 11 月 14 日《新小说》第 1 号。

接以触以受之外，而间接有所触有所受，所谓身外之身，世界外之世界也。此等识想，不独利根众生有之，即钝根众生亦有焉。而导其根器使日趋于钝、日趋于利者，其力量无大于小说。小说者，常导人游于他境界，而变换其常触常受之空气者也。此其一。人之恒情，于其所怀抱之想象，所经阅之境界，往往有行之不知、习矣不察者；无论为哀、为乐、为怨、为怒、为恋、为骇、为忧、为惭，常若知其然而不知其所以然。欲摹写其情状，而心不能自喻，口不能自宣，笔不能自传。有人焉和盘托出，澈底而发露之，则拍案叫绝曰：善哉善哉，如是如是。所谓"夫子言之，于我心有戚戚焉"。感人之深，莫此为甚。此其二。此二者实文章之真谛，笔舌之能事。苟能批此窾、导此窍，则无论为何等之文，皆足以移人。而诸文之中能极其妙而神其技者，莫小说若，故曰小说为文学之最上乘也。由前之说，则理想派小说尚焉；由后之说，则写实派小说尚焉。小说种目虽多，未有能出此两派范围外者也。

抑小说之支配人道也，复有四种力：一曰熏。熏也者，如入云烟中而为其所烘，如近墨朱处而为其所染。《楞伽经》所谓"迷智为识，转识成智"者，皆恃此力。人之读一小说也，不知不觉之间，而眼识为之迷漾，而脑筋为之摇飏，而神经为之营注；今日变一二焉，明日变一二焉，刹那刹那，相断相续；久之而此小说之境界，遂入其灵台而据之，成为一特别之原质之种子。有此种子故，他日又更有所触所受者，旦旦而熏之，种子愈盛，而又以之熏他人，故此种子遂可以遍世界。一切器世间、有情世间之所以成、所以住，皆此为因缘也。而小说则巍巍焉具此威德以操纵众生者也。二曰浸。熏以空间言，故其力之大小，存其界之广狭；浸以时间言，故其力之大小，存其界之长短。浸也者，入而与之俱化者也。人之读一小说也，往往既终卷后数日或数旬而终不能释然。读《红楼》竟者必有余恋有余悲，读《水浒》竟者必有余快有余怒。何也？浸之力使然也。等是佳作也，而其卷帙愈繁事实愈多者，则其浸人也亦愈甚。如酒焉，作十日饮，则作百日醉。我佛从菩提树下起，便说偌大一部《华严》，正以此也。三曰刺。刺也者，刺激之义也。熏浸之力利用渐，刺之力利用顿：熏浸之力在使感受者不觉，刺之力在使感受者骤觉。刺也者，能使人于一刹那顷，忽起异感而不能自制者也。我本蔼然和也，乃读林冲雪天三限，武松飞云浦厄，何以忽然发指？我本愉然乐也，乃读晴雯出大观园，黛玉死潇湘馆，何以忽然泪流？我本肃然庄也，乃读实甫之《琴心》《酬简》，东塘之《眠香》《访翠》，何以忽然情动？若是者，皆所谓刺激也。大抵脑筋愈敏之人，则其受刺激力也愈速且剧，而要之必以其书所含刺激力之大小为比例。禅宗之一棒一喝，皆利用此刺激力以度人者也。此力之为用也，文字不如语言。然语言力所被不能广不能久也，于是不得不乞灵于文字。在文字中，则文言不如其俗语，庄论不如其寓言。故具此力最大者，非小说末由。四曰提。前三者之力，自外而灌之使入；提之力，自内而脱之使出，实佛法之最上乘也。凡读小说者，必常若自化其身焉，入于书中，而为其书之主人翁。读《野叟曝言》者必自拟文素臣，读《石头记》者必自拟贾宝玉，读《花月痕》者必自拟韩荷生若韦痴珠，读《梁山泊》者必自拟黑旋风若花和尚。虽读者自辩其无是心焉，吾不信也。夫既化其身以入书中矣，则当其读此书时，此身已非我有，截然去此界以入于彼界，所谓华严楼阁，帝网重重，一毛孔中万亿莲花，一弹指顷百千浩劫，文字移人，至此而极。然则吾书中主人翁而华盛顿，则读者将化身为华盛顿；主人翁而拿破仑，则读者将化身为拿破仑；主人翁而释迦、孔子，则读者将化身为释迦、孔子，有断然也。度世之不二法门，岂有过此！此四力者，可以卢牟一世，亭毒群伦，教主之所以能立教门，政治家所以能组织政党,莫不赖是。文家能得其一,则为文豪;能兼其四,则为文圣。有此四力而用之于善,则可以福亿兆人;有此四力而用之于恶,则可以毒万千载。而此四力所最易寄者惟小说。可爱哉小说!可畏哉小说!

小说之为体其易入人也既如彼,其为用之易感人也又如此,故人类之普通性,嗜他文终不如其嗜小说。此殆心理学自然之作用,非人力之所得而易也;此天下万国凡有血气者莫不皆然,非直吾赤县神州之民也。夫既已嗜之矣,且遍嗜之矣,则小说之在一群也,既已如空气如菽粟,欲避不得避,欲屏不得屏,而日日相与呼吸之餐嚼之矣。于此其空气而苟含有秽质也,其菽粟而苟含有毒性也,则其人之食息于此间者,必憔悴,必萎病,必惨死,必堕落,此不待蓍龟而决也。于此而不洁净其空气,不别择其菽粟,则虽日饵以参苓,日施以刀圭,而此群中人之老病死苦,终不可得救。知此义,则吾中国群治腐败之总根原,可以识矣。吾中国人状元宰相之思想何自来乎?小说也。吾中国人佳人才子之思想何自来乎?小说也。吾中国人江湖盗贼之思想何自来乎?小说也。吾中国人妖巫狐鬼之思想何自来乎?小说也。若是者,岂尝有人焉提其耳而诲之,传诸钵而授之也?而下自屠爨贩卒、妪娃童稚,上至大人先生、高才硕学,凡此诸思想必居一于是,莫或使之,若或使之,盖百数十种小说之力,直接间接以毒人,如此其甚也。(即有不好读小说者,而此等小说,既已渐渍社会,成为风气,其未出胎也,固已承此遗传焉,其既入世也,又复受此感染焉,虽有贤智,亦不能自拔,故谓之间接。)今我国民惑堪舆,惑相命,惑卜筮,惑祈禳,因风水而阻止铁路、阻止开矿,争坟墓而阖族械斗、杀人如草,因迎神赛会而岁耗百万金钱、废时生事、消耗国力者,曰惟小说之故。今我国民慕科第若膻,趋爵禄若鹜,奴颜婢膝,寡廉鲜耻,惟思以十年萤雪、暮夜苞苴,易其归骄妻妾、武断乡曲一日之快,遂至名节大防,扫地以尽者,曰惟小说之故。今我国民轻弃信义,权谋诡诈,云翻雨覆,苛刻凉薄,驯至尽人皆机心,举国皆荆棘者,曰惟小说之故。今我国民轻薄无行,沉溺声色,绻恋床笫,缠绵歌泣于春花秋月,销磨其少壮活泼之气,青年子弟,自十五岁至三十岁,惟以多情多感、多愁多病为一大事业,儿女情多,风云气少,甚者为伤风败俗之行,毒遍社会,曰惟小说之故。今我国民绿林豪杰,遍地皆是,日日有桃园之拜,处处为梁山之盟,所谓"大碗酒,大块肉,分秤称金银,论套穿衣服"等思想,充塞于下等社会之脑中,遂成为哥老、大刀等会,卒至有如义和拳者起,沦陷京国,启召外戎,曰惟小说之故。呜呼!小说之陷溺人群,乃至如是,乃至如是!大圣鸿哲数万言谆诲之而不足者,华士坊贾一二书败坏之而有余。斯事既愈为大雅君子所不屑道,则愈不得专归于华士坊贾之手。而其性质其位置,又如空气然,如菽粟然,为一社会中不可得避、不可得屏之物,于是华士坊贾,遂至握一国之主权而操纵之矣。呜呼!使长此而终古也,则吾国前途,尚可问耶,尚可问耶!故今日欲改良群治,必自小说界革命始;欲新民,必自新小说始。

蕴藉的表情法^①

这回讲的，是含蓄蕴藉的表情法。这种表情法，向来批评家认为文学正宗；或者可以说是中华民族特性的最真表现。这种表情法，和前两种不同：前两种是热的，这种是温的；前两种是有光芒的火焰，这种是拿灰盖着的炉炭。这种表情法也可以分三类：第一类是，情感正在很强的时候，他却用很有节制的样子去表现他；不是用电气来震，却是用温泉来浸；令人在极平淡之中，慢慢的领略出极渊永的情趣。这类作品，自然以《三百篇》为绝唱。如：

> 瞻彼日月，悠悠我思，道之云远，曷云能来。

如：

> 昔我往矣，杨柳依依；今我来思，雨雪霏霏。行路迟迟，载渴载饥。

如：

> 君子于役，不知其期。曷至哉？鸡栖于埘；日之夕矣，牛

———————————

① 选自《中国韵文里头所表现的情感》，见《（乙丑重编）饮冰室文集》卷七十一，中华书局 1926 年 9 月版。

羊①下来。君子于役,如之何勿思?

拿这类诗和前头几回所引的相比校:前头的像外国人吃咖啡,炖到极浓,还搀上白糖牛奶;这类诗像用虎跑泉泡出的雨前龙井,望过去连颜色也没有,但吃下去几点钟,还有余香留在舌上。他是把情感收敛到十足,微微发放点出来;藏着不发放的还有许多,但发放出来的,确是全部的灵影,所以神妙。

汉魏五言诗,以这一类为正声。如李陵的:

> 携手上河梁,游子暮何之。徘徊蹊路侧,恨恨不能辞。行人难久留,各言长相思。安知非日月,弦望自有时。努力崇明德,皓首以为期。

那神味和"瞻彼日月"一章完全相同,真算得"含毫邈然"。又如《古诗十九首》里头的:

> 迢迢牵牛星,皎皎河汉女。纤纤擢素手,札札弄机杼。终日不成章,泣涕零如雨。河汉清且浅,相去复几许。盈盈一水间,脉脉不得语。

> 涉江采芙蓉,兰泽多芳草。采之欲遗谁,所思在远道。还顾望旧乡,长路漫浩浩。同心而离居,忧伤以终老。

这类诗都是用淡笔写浓情,算得汉人诗格的代表。后来如曹子建的:

> 高台多悲风,朝日照北林。之子在万里,江湖迥且深。……

阮嗣宗的:

---

① "牛羊"原作"羊牛"。

嘉时在今辰,零雨洒尘埃。临路望所思,日夕复不来。……

陶渊明的:

　　……情通万里外,形迹滞江山。君其爱体素,来会在何年。

谢玄晖的:

　　大江流日夜,客心悲未央。徒念关山近,终知返路长。……

都是这一派。汉魏六朝诗,这一类的好作品很多。

这一派,到初唐时,变了样子:他们把这类诗改作"长言永叹"的形式,很有些长篇。但着墨虽多,依然是以淡写浓;我譬喻他,好像一桌极讲究的素菜全席。有张若虚一首,可算代表作品:

　　春江潮水连海平,海上明月共潮生;滟滟随波千万里,何处春江无月明。江流宛转绕芳甸,月照花林皆如霰①;空里流霜不觉飞,汀上白沙看不见。江天一色无纤尘,皎皎空中孤月轮;江畔何时②初见月,江月何年初照人。人生代代无穷已,江月年年望相似;不知江月待何人,但见长江送流水。白云一片去悠悠,青枫江上不胜愁;谁家今夜扁舟子,何处相思明月楼。可怜楼上月徘徊,应照离人妆镜台;玉户帘中卷不去,捣衣砧上拂还来。此时相望不相闻,愿逐月华流照君;鸿雁长飞光不度,鱼龙潜跃水成纹。昨夜闲潭梦落花,可怜春半不还家;江水流天③去欲尽,江潭落月复西斜。斜月沈沈藏海雾,碣石潇湘无限路;不知乘月几人归,落月摇情满江树。(《春江花月夜》)

----

① "皆如霰"原作"皆似霰"。
② "江畔何时"原作"江畔何人"。
③ "江水流天"原作"江水流春"。

这首诗读起来,令人飘飘有出尘之想。"江畔何人初见月,江月何年初照人""谁家今夜扁舟子,何处相思明月楼",这类话,真是诗家最空灵的境界。全首读来,固然回肠荡气;但那音节,既不是哀丝豪竹一路,也不是急管促板一路;专用和平中声,出以摇曳;确是《三百篇》正脉。

初唐佳作,都是这一路;虽然悲慨的情感,总用极和平的音节表他。如李峤的:

> ……自从天子去秦关①,玉辇金舆②不复还;珠帘羽帐长寂寞,鼎湖龙髯安可攀。千龄人事一朝空,四海为家此路穷;雄豪意气今何在,坛场宫馆尽蒿蓬。道旁③故老长叹息,世事回环不可测;昔时青楼对歌舞,今日黄埃聚荆棘。山川满目泪沾衣,富贵荣华能几时;不见只今汾水上,惟有年年秋雁飞。(《汾阴行》)

相传唐明皇幸蜀时候,听人背这首诗,泪数行下,叹道:"李峤真才子!"这种诗的品格高下,别一问题;但确是初唐代表,确是中国诗界传统的正声。后来白香山从这里一转手,吴梅村再从这里一转手,但可惜越转越卑弱。

盛唐以后,这一派自然也不断,好的作品自然也不少;但在古体里头,已经不很通用,因为五古很难出汉魏范围,七古很难出初唐范围。倒是近体很从这方面开拓境界,因为近体篇幅短,非用含蓄之笔,取弦外之音,便站不住。内中五律七绝为尤甚。唐人著名的七绝,和孟王韦柳的五律,都是这一派。杜工部诗虽以热烈见

---

① "去秦关"原作"向秦关"。
② "金舆"原作"金车"。
③ "道旁"原作"路逢"。

长,他的五律,如"凉风起天末""今夜鄜州月""幽意忽不惬"等篇,也都是这一派。

王渔洋专提倡神韵,他所标举的话,是"不着一字,尽得风流""羚羊挂角,无迹可寻",虽然太偏了些,但总不能不认为诗中高调。我想:他这种主张是对的,但这类诗做得好不好,全问意境如何。我们若依然仅有《三百篇》汉、魏、初唐人的意境,任凭你运笔怎样灵妙,也不能出他们的范围;只有变成打油派,令人讨厌。我们生当今日,新意境是比较容易取得的;那么,这一派诗,我们还是要尽力的提倡。

第二类的蕴藉表情法,不直写自己的情感,乃用环境或别人的情感烘托出来。用别人情感烘托的,例如《诗经》:

> 陟彼冈兮,瞻望兄兮。兄曰"嗟!予弟行役,夙夜必偕;上慎旃哉,犹来无死!"……(《陟岵》)

这篇诗三章,第一章父,第二章母,第三章兄。不说他怎样的想念爷妈哥哥,却说爷妈哥哥怎样的想念他。写相互间的情感,自然加一层浓厚。

用环境烘托的,例如《诗经》:

> 我徂东山,慆慆不归;我来自东,零雨其濛。鹳鸣于垤,妇叹于室;洒扫穹窒,我征聿至。有敦瓜苦,烝在栗薪;自我不见,于今三年。(《东山》)

且不说回家会着家人的情况,但对一件极琐碎的事物——柴堆上头一棚瓜说:"咱们违教三年了。"言外的感慨,不知有多少。

古乐府《孔雀东南飞》,最得此中三昧。兰芝和焦仲卿言别,该篇中最悲惨的一段,他却悲呀泪呀……不见一个字。但说:

> 妾有绣腰襦,葳蕤自生光;红罗复斗帐,四角垂香囊;箱奁

六七十,绿碧青丝绳;物物各自异,种种在其中。人贱物亦鄙,不足迎新人①;留待作遗施,于今无会因。……(《古诗为焦仲卿妻作》)

专从纪念物上讲,用物来做人的象征;不说悲,不说泪,倒比说出来的还深刻几倍。到别小姑时,却把悲情尽地发泄了。

却与小姑别,泪落连珠子:"新妇初来时,小姑始扶床;今日被驱遣,小姑如我长。勤心养公姥,好自相扶将。初七及下九,嬉戏莫相忘。"……(同上)

兰芝的眼泪,不向丈夫落,却向小姑落。和小姑说话,不说现时的凄惨,只叙过去的情爱;没有怨恨话,只有宽慰和劝勉的话。只这一段,便能把兰芝极高的人格极浓厚的爱情,全盘涌现出来。

后来用这类表情法,也是杜工部最好。如他的《羌村》三首:

峥嵘赤云西,日脚下平地。柴门鸟雀噪,归客千里至。妻孥怪我在,惊定还拭泪。世乱遭飘荡,生还偶然遂。邻人满墙头,感叹亦歔欷②。夜阑更秉烛,相对如梦寐。

晚岁迫偷生,还家少欢趣。娇儿不离膝,畏我复却去。忆昔好追凉,故绕池边树。萧萧北风劲,抚事煎百虑。赖知禾黍收,已觉糟床注。如今足斟酌,且用慰迟暮。

群鸡正乱叫,客至鸡斗争。驱鸡上树木,始闻叩柴荆。父老四五人,问我久远行。手中各有携,倾榼浊复清。苦辞"酒味薄,黍地无人耕;兵革既未息,儿童尽东征。"请为父老歌,艰难愧深情。歌罢仰天叹,四座泪纵横。

---

① "新人"原作"后人"。
② "歔欷"原作"歐欷"。

这三首实写自己情感的地方很少；（第二首有少欢趣、煎百虑等语，在三首中这首却是次一等。）只是说日怎么样，云怎么样，鸟怎么样，鸡怎么样，老妻怎么样，儿子怎么样，邻居怎么样；合起来，他所谓"死去凭谁报，归来始自怜"的情感，都表现出了。还有《北征》里头的一段，也是这种笔法：

> ……况我堕胡尘，及归尽华发。经年至茆屋，妻子衣百结。……平生所娇儿，颜色白胜雪；见耶背面啼，垢腻脚不袜。床前两小女，补绽才过膝；海图坼波涛，旧绣移曲折；天吴及紫凤，颠倒在裋褐。……那无囊中帛，救汝寒凛栗？粉黛亦解苞，衾裯稍罗列。瘦妻面复光，痴女头自栉；学母无不为，晓妆随手抹；移时施朱铅，狼籍画眉阔。……问事竞挽须，谁能即嗔喝。……

这种诗所用表情技术，可以说和《陟岵》同一样。不写自己情感，专写别人情感。写别人情感，专从极琐末的实境表出，这一点又是和《东山》同样。这一类诗，我想给他一个名字，叫做"半写实派"：他所写的事实，是用来做烘出自己情感的手段，所以不算纯写实；他所写的事实，全用客观的态度观察出来，专从断片的表出全相，正是写实派所用技术，所以可算得半写实。

第三类蕴藉表情法，索性把情感完全藏起不露，专写眼前实景（或是虚构之景），把情感从实景上浮现出来。这种写法，《三百篇》中很少；勉强举个例，如：

> 春日载阳，有鸣仓庚，女执懿筐，遵彼微行，爰求柔桑。春日迟迟，采蘩祁祁。女心伤悲，殆及公子同归。（《七月》）

这是专从节物上写那种和乐融泄的景象，作者的情绪，自然跟着表现出来。

但这首还有人在里头，带着写别人的情感，不能纯粹属于此类。此类的真正代表，可以举出几首。其一，曹孟德的：

> 东临碣石，以观沧海。水何澹澹，山岛竦峙。树木丛生，百草丰茂。秋风萧瑟，洪波涌起。日月之行，若出其中，星汉粲烂，若出其里。（《观沧海》）

这首诗仅仅写映在他眼中的海景，他自己对着这景有什么感触，一个字未尝道及。但我们读起来，觉得他那宽阔的胸襟，豪迈的气概，一齐流露。

北齐有一位名将斛律光①，是不识字的，有一天皇帝在殿上要各人做诗，他冲口做了一首，便成千古绝唱。那诗是：

> 敕勒川，阴山下，天似穹庐，笼盖四野。天苍苍，野茫茫，风吹草低见牛羊。（《敕勒歌》）

这诗是独自一个人骑匹马在万里平沙中所看见的宇宙。他并没说出有什么感想，我们读过去，觉得有一个粗豪沉郁的人格活跳出来。

阮嗣宗《咏怀》里头有一首：

> 独坐空堂上，谁可与欢者。出门临永路，不见行车马。登高望九州，悠悠分旷野，孤鸟西北飞，离兽东南下。日暮思亲友，晤言用自写。

这首诗一起一结，虽然也轻轻的点出他的情感，但主要处全在中间几句，从环境上写出那种百无聊赖哀乐万端的情绪，把那位哭穷途的先生全副面孔活现出来。

---

① 应作"斛律金"。

杜工部用这种表情法也用得最好。试举他两首：

> 竹凉侵卧内，野月满庭隅，重露成涓滴，稀星乍有无。暗飞萤自照，水宿鸟相呼。万事干戈里，空悲清夜徂。(《倦夜》)

这首诗题目是"倦夜"，看他前面仅仅三十个字，从初夜到中夜到后夜，初时看见月看见露，月落了看见星看见萤，天差不多亮了听见水鸟，写的全是自然界很微细的现象，却是通宵睡不着很疲倦的人才能看出。那"倦"的情绪，自在言外，末两句一点便够。又：

> 风急天高猿啸哀，渚清沙白鸟飞回，无边落木萧萧下，不尽长江滚滚来。……(《登高》)

这首是工部最有名的七律，小孩子都读过的，假令我们当作没有读过，掩住下半首，闭眼想一想情形，谁也该想得到是在长江上游——四川湖北交界地方秋天一个独客登高时候所见的景物。底下"万里悲秋常作客，百年多病独登台"那两句，不过章法结构上顺手一点，其实不用下半首，已经能把全部情绪表出。

须知这类诗和单纯写景诗不同：写景诗以客观的景为重心，他的能事在体物入微；虽然景由人写，景中离不了情，到底是以景为主。这类诗以主观的情为重心，客观的景，不过借来做工具；试把工部的"竹凉侵卧内"和王右丞的：

> 万壑树参天，千山响杜鹃。山中一夜雨，树杪百重泉。……

比较，便见得王作是纯客观的，杜作是主观气氛甚重。

第四类的蕴藉表情法，虽然把情感本身照原样写出，却把所感的对象隐藏过去，另外拿一种事物来做象征。这类方法，《三百篇》里头很少——前所举《鸱鸮》篇，可以归入这类；"山有榛隰有苓"

"谁能烹鱼溉之釜鬻"等篇,也带点这种气味;但属少数,且不纯粹——因为《三百篇》的原则,多半是借一件事物起兴,跟着便拍归本旨,像那种打灯谜似的象征法,那时代的诗人不大用他。但作诗的人虽然如此,后来读诗的人却不同了。试打开《左传》一看。当时凡有宴会都要赋诗,赋诗的人在《三百篇》里头随意挑选一篇借来表示自己当时所感。同一篇诗,某甲借来表这种感想,某乙也可以借来表那种感想。拿我们今日眼光看去,很有些莫名其妙。所以我说:《三百篇》的作家没有象征派,然而《三百篇》久已作象征的应用。

纯象征派之成立,起自楚辞。篇中许多美人芳草,纯属代数上的符号,他意思别有所指。如《离骚》中:

> 览相观于四极兮,周流乎天余乃下。望瑶台之偃蹇兮,见有娀之佚女。吾令鸩为媒兮,鸩告余以不好。雄鸠之鸣逝兮,余犹恶其佻巧。心犹豫而狐疑兮,欲自适而不可。凤皇既受诒兮,恐高辛之先我。欲远集而无所止兮,聊浮游以逍遥。及少康之未家兮,留有虞之二姚。理弱而媒拙兮,恐导言之不固。世溷浊而嫉贤兮,好蔽美而称恶。……

又:

> 时缤纷以变易兮,又何可以淹留。兰芷变而不芳兮,荃蕙化而为茅。何昔日之芳草兮,今直为此萧艾也?……余以兰为可恃兮,羌无实而容长。委厥美以从俗兮,苟得列乎众芳。椒专佞以慢慆兮,樧又①充夫佩帏。既干进而务入兮,又何芳之能祗②。固时俗之流从兮,又孰能无变化。览椒兰其若兹

---

① "樧又"后原有"欲"字。
② "祗"应作"祇"。

兮,又况揭车与江离。……

这类话若不是当做代数符号看,那么,屈原到处调情到处拈酸吃醋,岂不成了疯子?蕙会变茅,兰会变艾,天下哪有这情理?太史公说得好:"其志洁,故其称物芳。"他怀抱着一种极高尚纯洁的美感,于无可比拟中,借这种名词来比拟。他既有极秾温的情感本质,用他极微妙的技能,借极美丽的事物做魂影,所以着墨不多,便尔沁人心脾。如:

> 惜吾不及见①古人兮,吾谁与玩此芳草。(《思美人》)

如:

> 沅有芷兮澧有兰,思公子兮未敢言。(《湘夫人》)

如:

> 夫人自有兮美子,荪何为兮愁苦。(《少司命》)

如:

> 心不同兮媒劳,恩不甚兮轻绝。(《湘君》)

这都是带一种神秘性的微妙细乐,经千百年后按奏,都能使人心弦震荡。

自《楚辞》开宗后,汉魏五言诗,多含有这种色彩。如"庭中有奇树""迢迢牵牛星"等篇,及至张平子的《四愁》,都是寄兴深微一路,足称《楚辞》嗣音。

中晚唐时,诗的国土,被盛唐大家占领殆尽;温飞卿、李义山、李长吉诸人,便想专从这里头辟新蹊径。飞卿太靡弱,长吉太纤

---

① "不及"后原无"见"字。

仄,且不必论;义山确不失为一大家。这一派后来衍为西昆体,专务捃扯词藻,受人诟病。近来提倡白话诗的人不消说是极端反对他了。平心而论,这派固然不能算诗的正宗,但就"惟美的"眼光看来,自有他的价值。如义山集中近体的《锦瑟》《碧城》《圣女祠》等篇,古体的《燕台》《河内》等篇,我敢说他能和中国文字同其运命。就中如《碧城》三首的第一首:

> 碧城十二曲阑干,犀辟尘埃玉辟寒。阆苑有书多附鹤,女床无树不栖鸾。星沈海底当窗见,雨过河源隔座看。若使①晓珠明又定,一生长对水晶盘。

这些诗,他讲的什么事,我理会不着;拆开一句一句地叫我解释,我连文义也解不出来。但我觉得他美,读起来令我精神上得一种新鲜的愉快。须知:美是多方面的,美是含有神秘性的。我们若还承认美的价值,对于这种文学,是不容轻轻抹煞啊!

---

① "若使"原作"若是"。

浪漫派的表情法①

　　欧洲近代文坛,浪漫派和写实派迭相雄长。我国古代,将这两派划然分出门庭的可以说没有;但各大家作品中,路数不同,很有些分带两派倾向的。今先说浪漫的作品。

　　《三百篇》可以说代表诸夏民族平实的性质,凡涉及空想的一切没有。我们文学含有浪漫性的自《楚辞》始。春秋战国时候的中原人都来说"楚人好巫鬼",大抵他们脑海中,含有点野蛮人神秘意识,后来渐渐同化于诸夏,用诸夏公用的文化工具表现他们的感想,带着便把这种神秘意识放进去,添出我们艺术上的新成分。这种意识,或者从远古传来,乃至和我们民族发源地有什么关系也未可知。试看,《楚辞》里头讲昆仑的最多——大约不下十数处。像是对于昆仑有一种渴仰,构成他们心中极乐国土。这种思想渊源,和中亚细亚地方有无关系,今尚为历史上未决问题。他们这种超现实的人生观,用美的形式发擢出来,遂为我们文学界开一新天地。《楚辞》的最大价值在此。

　　《楚辞》浪漫的精神表现得最显者,莫如《远游》篇。他起首那

---

　　① 选自《中国韵文里头所表现的情感》,见《(乙丑重编)饮冰室文集》卷七十一,中华书局 1926 年 9 月版。

段有几句：

> 惟天地之无穷兮，哀人生之长勤。往者余弗及兮，来者吾
> 不闻。（《远游》）

屈原本身有两种矛盾性：他头脑很冷，常常探索玄理，想象"天地之无穷"；他心肠又很热，常常悲悯为怀，看不过"民生之多艰"。（《离骚》语）他结果闹到自杀，都因为这两种矛盾性交战，苦痛忍受不住了。他作品中把这两种矛盾性充分发挥，有一半哭诉人生冤苦，有一半是寻求他理想的天国。《远游》篇就是属于后一类。他说：

> 载营魄而登霞兮，掩浮云而上征。命天阍其开关兮，排闾
> 阖而望予。召丰隆使先导兮，问太微之所居。集重阳入帝宫
> 兮，造旬始而观清都。朝发轫于太仪兮，夕始临乎於微闾。屯
> 余车之万乘兮，纷溶与而并驰。驾八龙之婉婉兮，载云旗之逶
> 蛇。建雄虹之采旄兮，五色杂而炫耀。服偃蹇以低昂兮，骖连
> 蜷以骄骜。骑胶葛以杂乱兮，斑漫衍而方行。撰余辔而正策
> 兮，吾将过乎句芒。历太皓以右转兮，前飞廉以启路。阳杲杲
> 其未光兮，凌天地以径度。……（同上）

如此之类有好几段，完全是幻构的境界。最末一段道：

> 经营四方兮，周流六漠。上至列缺兮，降望大壑。下峥嵘
> 而无地兮，上寥廓而无天。视倏忽而无见兮，听惝恍而无闻。
> 超无为以至清兮，与泰初而为邻。（同上）

这类文学，纯是求真美于现实界以外，以为人类五官所能接触的境界都是污浊，要搬开他别寻心灵净土。《离骚》《涉江》中一部分，也是这样。

《招魂》——据太史公说也是屈原所作。其想象力之伟大复杂实可惊。前半说上下四方到处痛苦恐怖的事物,都出乎人类意境以外。后半说浮世的快乐,也全用幻构的笔法写得淋漓尽致。末后一段说这些快乐,到头还是悲哀,以"魂兮归来哀江南"一句,结出作者情感根苗。这篇名作的结构和思想,都有点和歌特的《浮士达》相仿佛。

楚辞中纯浪漫的作品,当以《九歌》的《山鬼》为代表。今录其全文:

> 若有人兮山之阿,被薜荔兮带女萝。既含涕①兮又宜笑,子慕余兮善窈窕。

> 乘赤豹兮从文狸,辛夷车兮结桂旗。被石兰兮带杜衡,折芳馨兮遗所思。

> 余处幽篁兮终不见天,路险艰②兮独后来。

> 表独立兮山之上,云容容兮而在下。杳冥冥兮羌昼晦,东风飘兮神灵雨。

> 留灵修兮憺忘归,岁既晏兮孰华予。

> 采三秀兮于山间,石磊磊兮葛蔓蔓。思公子兮憺忘归③,君思我兮不得闲。山中人兮芳杜若,饮石泉兮荫松柏。君思我兮然疑作。

> 雷填填兮雨冥冥,猿啾啾兮又夜鸣。风飒飒兮木萧萧,思公子兮徒④离忧。(《山鬼》)

这篇和《远游》《离骚》《招魂》等篇作法不同:那几篇都写作者自身和

---

① "含涕"原作"含睇"。
② "险艰"原作"险难"。
③ "思公子兮憺忘归"原作"怨公子兮怅忘归"。
④ "徒"原作"徒"。

所构幻境的关系，这篇完全另写一第三者作影子。我们若把这篇当画材，将那山鬼的环境面影性格画来，便活现出屈原的环境面影性格。这种纯粹浪漫的作法，在我们文学界里头，当以此篇为嚆矢。

陶渊明的《桃花源诗序》，正是浪漫派小说的鼻祖。那首诗自然也是浪漫派绝好韵文。里头说的：

> ……相命肆农耕，日入随①所憩。桑竹垂余荫，菽稷随时艺。春蚕收长丝，秋熟靡王税。荒路暖交通，鸡犬互鸣吠。……童孺纵行歌，斑白欢游诣。草荣识节和，木衰知风厉。虽无纪历志，四时自成岁。怡然有余乐，于何劳智慧？……

这是渊明理想中绝对自由、绝对平等无政府的互助的社会状况。最主要的精神是"超现实"。但他和《楚辞》不同处，在不带神秘性。

神仙的幻想，在我们文学界里很占势力。这种幻想，自然是导源于《楚辞》，但后人没有屈原那种剧烈的矛盾性，从形式上模仿蹈袭，往往讨厌。如曹子建也有一首《远游篇》，读去便味如嚼蜡。嵇中散的《游仙诗》，也看不出什么异彩。到郭景纯十几首《游仙》，便瑰丽多了。其中如：

> 翡翠戏兰苕，容色更相鲜。绿萝结高林，蒙茏盖一山。中有冥寂士，静啸抚清弦。放情凌霄外，嚼蕊挹飞泉。……

虽然纯从《山鬼》篇脱胎，却把幽愤境界变为飘逸。又如：

> 杂县寓鲁门，风暖将为灾。吞舟涌海底，高浪驾蓬莱。神仙排云出，但见金银台。陵阳挹丹溜，容成挥玉杯。姮娥扬妙

---

① "随"原作"从"。

音,洪崖颔其颐。升降随长烟,飘飘戏九垓。奇龄迈五龙,千岁方婴孩。燕昭无云气①,汉武非仙才。

这类诗像是佛教入中国后,参些印度人梵天的幻想。但每首总爱把作者的宇宙观、人生观直白点出,未免有些词费。

浪漫派文学,总是想象力愈丰富愈奇诡便愈见精采。这一点,盛唐大家李太白,确有他的特长。如他的《公无渡河》全从古乐府《箜篌引》敷演出来。《箜篌引》十六个字千古绝唱,如何可拟作?他这首的前半"黄河西来决昆仑,……其害乃去茫然风沙",已经把这条黄河写得像有神秘性。到下半首依传说略叙事实后更虚构可怖的幻象,说:

被发之叟狂而痴,清晨径流欲奚为?旁人不惜妻止之,公无渡河苦渡之。虎可搏,河难凭,公果溺死流海湄。有长鲸白齿若雪山,公乎公乎挂骨于其间。箜篌所谣②竟不还。

这诗把原来的《箜篌引》,赋予一种浪漫性,便成创作。又如《飞龙引》的:

……载玉女,过紫皇。紫皇乃赐白兔所捣之药方。后天而老凋三光。下视瑶池见王母,蛾眉萧飒如秋霜。

如《蜀道难》的:

……蚕丛及鱼凫,开国何茫然。尔来四万八千岁,不与秦塞通人烟。西当太白有鸟道,可以横绝峨眉颠。地崩山摧壮士死,然后天梯石栈相钩连。……

① "云气"原作"灵气"。
② "所谣"原作"所悲"。

太白集中像这类的很多，都可以证明他想象力之伟大，能构造出别人所构不出的境界。他还有两首词，把他的美感表达得十分圆满。词调是《桂殿秋》，文如下：

> 仙女下，董双成。汉殿夜凉吹玉笙。曲终却从仙宫去，万户千门惟月明。

> 河汉女，玉炼颜。云軿往往在人间。九霄有路去无迹，袅袅香风生佩环。

后来这类作品，我最爱者为王介甫的《巫山高》二首：

> 巫山高，十二峰。上有往来飘忽之猿猱，下有出没瀺灂之蛟龙，中有倚薄缥缈之神宫。神人处子冰雪容，吸风饮露虚无中，千岁寂寞无人逢，邂逅乃与襄王通。丹崖碧嶂深重重，白月如日明房栊，象床玉几来自从，锦屏翠幔金芙蓉。阳台美人多楚语，只有纤腰能楚舞，争吹凤管鸣鼉鼓；哪知襄王梦时事，但见朝朝暮暮长云雨。

> 巫山高，偃薄江水之滔滔；水于天下实至险，山亦起伏为波涛。其巅冥冥不可见，崖岸斗绝悲猿猱；赤枫青栎生满谷，山鬼白日樵人遭。窈窕阳台彼神女，朝朝暮暮能云雨；以云为衣月为褚，乘光服暗无留阻。昆仑曾城道可取，方丈蓬莱多伴侣；块独守此嗟何求，况乃低佪梦中语。

这类诗词，从惟美的见地看去，很有价值。他们并无何种寄托，只是要表那一片空灵纯洁的美感。太白、介甫一流人，胸次高旷，所以能有这类作品。像杜工部虽然是情圣，他却不会作此等语。

苏东坡也是胸次高旷的人，但他的文学不含神秘性，纯浪漫的作品较少。他贬谪琼州的时候，坐在山轿子上打盹，正在遇雨，梦中得了十个字的名句："千山动鳞甲，万壑酣笙钟。"①醒来续成一首诗道：

> 四洲环一岛，百洞蟠其中。我行西北隅，如度月半弓。登高望中原，但见积水空。此身将②安归？四顾真途穷。眇观大瀛海，坐咏谈天翁。茫茫太仓间③，稊米④谁雌雄。幽怀忽破散，咏啸来天风。千山动鳞甲，万壑酣笙钟。焉知⑤非群仙，钧天宴未终。喜我归有期，举酒属青童。急雨岂无意，催诗走群龙。梦中忽变色，笑电亦改容。应怪东坡老，颜衰语徒工。久矣此妙声，不闻蓬莱宫。

他作诗时候所处的境界，恰好是最浪漫的，他便将那一刹那间的实感写出来，不觉便成浪漫派中上乘作品。

浪漫派特色，在用想象力构造境界。想象力用在醇化的美感方面，固然最好，但何能个个人都如此？所以多数走入奇诡一路。《楚辞》的《招魂》已开其端绪，太白作品，也半属此类。中唐以后，这类作风益盛，韩昌黎的《陆浑山火和皇甫湜》《孟东野失子》《二鸟诗》等篇，都带这种色彩。我们可以给他一个绰号，叫做"神话文学"。神话文学的代表作品，应推卢玉川。他有名的《月蚀诗》二千多字，完全像希腊神话一般，内中一段：

> ……传闻古老说，蚀月虾蟆精。径圆千里入汝腹，汝此痴

---

① "壑"当作"谷"。下同。
② "此身将"原作"此生当"。
③ "太仓间"原作"太仓中"。
④ "稊米"原作"一米"。
⑤ "焉知"原作"安知"。

骸阿谁生？……忆昔尧为天，十日烧九州，金铄水银流，玉烛①丹砂焦，六合烘为窑，尧心增百忧。帝见尧心忧，勃然发怒决洪流，立拟沃杀九日妖；天高日走沃不及，但见万国赤子鼗鼗生鱼头。此时九御导九日，争持节幡麾幢旒。驾车六九五十四头蛟，螭虬掣电九火辀。汝若蚀开颙颙轮，御辔执索相爬钩；推荡夌夐入汝喉，红鳞焰鸟烧口快，翎鬣倒侧声盎邹，撑肠柱肚②礧块③如山丘，自可饱死更不偷，不独填饥坑，亦解尧心忧。……

又如《与马异结交诗》中一段：

> 伏羲④画八卦，凿破天心胸。女娲本是伏羲妇，恐天怒，捣炼五色石，引日月之针五星之缕把天补。补了三日不肯归婿家，走向日中放老鸦，月里栽桂养虾蟆。天公发怒化龙蛇。此龙此蛇得死病，神农合药救死命。天怪神农党龙蛇，罚神农为牛头令载元气车。不知药中有毒药，药杀元气天不觉。
> ……

这种诗取采资料，都是最荒唐怪诞的神话，还添上本人新构的幻想，变本加厉。这种诗好和歹且不管他，但我们不能不承认作者胆量大，替诗界作一种解放。又不能不承认是诗界一种新国土，将来很有继续开辟的余地。

玉川最喜欢把人类意识赋予人类以外诸物，《观放鱼歌》："鸬鹚鸧鸥凫，喜观争叫呼；小虾亦相庆，绕岸摇其须"便是。他还有二

---

① "玉烛"原作"玉爝"。
② "柱肚"原作"拄肚"。
③ "礧块"原作"礧傀"。
④ "伏羲"原作"神农"，应从梁氏改。

十首小诗,设为石、竹、井、马兰、蛱蝶、虾蟆相互谈话。内中石说道:"我在天地间,自是一片物;可得杠压我,使我头不出。"他所假设一场谈话,虽然没有什么深奥哲理,但也算诗界一种创作,比陶渊明的形影神问答进一步。

同时李长吉也算浪漫派的别动队。他的诗字字句句都经过千锤百炼;但他的特别技能不仅在字句的锤炼,实在想象力的锤炼。他的代表作品,如《金铜仙人辞汉歌》:

> 茂陵刘郎秋风客,夜间①马嘶晓无迹;画栏桂树悬秋香,三十六宫土花碧。魏官牵车指千里,东关酸风射眸子;空将汉月出宫门,忆君清泪如铅水。衰兰送客咸阳道,天若有情天亦老;携盘独出月荒凉,渭城已远波声小。

此外如"昆山玉碎凤皇叫,芙蓉泣露香兰笑",如"女娲炼石补天处,石破天惊逗秋雨",如"洞庭雨脚来吹笙,酒酣喝月使倒行",如"银浦流云学水声",如"呼龙耕烟种瑶草",如"南风吹山作平地,帝遣天吴移海水",此等语句,不知者以为是卖弄词藻,其实每一句都有他特别的意境。大抵长吉脑里头幻象很多,每一个幻象,他自己立限只许用十来个字把他写出。前人评他做诗是"呕心",真不错。这种诗自然不该学,但我们不能不承认他在文学史上的价值。

---

① "夜间"原作"夜闻"。

写实派的表情法^①

现在要讲写实派。写实派作法，作者把自己情感收起，纯用客观态度描写别人情感。作法要领，是要将客观事实照原样极忠实的写出来，还要写得详尽。因为如此，所以所写的多是三几个寻常人的寻常行事或是社会上众人共见的现象，截头截尾单把一部分状态委细曲折传出。简单说，是专替人类作断片的写照。

这种作品，在《三百篇》里头不能说没有，如《卫风》的《硕人》，《郑风》的《大叔于田》《褰裳》，《豳风》的《七月》，都有点这种意思。但《三百篇》以温柔敦厚为主，不肯作露骨的刻画，自然不能当这派作品的模范。《楚辞》纯属浪漫的作风，和这派正极端反对，当然没有可征引了。

汉人乐府中有一首《孤儿行》，可以说是纯写实派第一首诗。全录如下：

> 孤儿生。孤儿遇生命当独^②苦。
>
> 父母在时，乘坚车驾驷马；父母已去，兄嫂令我行贾。

---

① 选自《中国韵文里头所表现的情感》，见《（乙丑重编）饮冰室文集》卷七十一，中华书局1926年9月版。
② "当独"原作"独当"。

南到九江，东到齐与鲁，腊月来归，不敢自言苦。

头多虮虱，面目多尘土。

大兄言办饭，大嫂言视马；上高堂行趣殿，下堂，孤儿泪下如雨。

使我朝行汲暮得水，来归手为错，足下无扉。

怆怆履霜，中多蒺藜。拔断蒺藜，肠肉中怆欲悲；泪下渫渫，清涕累累。

冬无复襦，夏无单衣。居生不乐，不如早去下从地下黄泉。

春气动，草萌芽；三月蚕桑，六月收瓜，将是瓜车，来还到家①。

瓜车反覆，助我者少，啖瓜者多。愿还我蒂；兄与嫂严独且急，归当与校计。

乱曰：里中一何譊譊！愿欲寄尺书将与地下父母，兄嫂难与久居。

这首诗只是写寻常百姓家一个可怜的孩子，将他日常经历直叙，并不下一字批评。读起来能令人同情心到沸度。可以说是写实派正格。

《孔雀东南飞》是最有结构的写实诗。他写十几个人问答语，各人神情毕肖，真是圣手。内中"妾有绣丝襦……"②"着我绣夹裙……""青雀白鹄舫……"三段，铺叙实物，尤见章法。可惜所铺叙过于富丽，稍失写实家本色。又篇末松梧交枝、鸳鸯对鸣等语，已经搀入象征法。虽然如此，这诗总算写实妙品。

魏晋写实的五言，以左太冲《娇女诗》为第一：

---

① "来还到家"原作"来到还家"。
② "丝"当作"腰"。

吾家有娇女,皎皎颇白皙。小字为织素,口齿自清历。鬓发覆广额,双耳似连璧。明朝弄梳台,黛眉类扫迹。浓朱衍丹唇,黄吻烂漫①赤。娇语若连琐,忿速乃明懂。握笔利彤管,篆刻未期益。执书爱绨素,诵习矜所获。其姊字惠芳,面目粲如画。轻妆喜缕边,临镜忘纺绩。举觯拟京兆,立的成复易。玩弄眉颊间,剧兼机杼役。从容好赵舞,延袖像飞翮。上下弦柱际,文史辄卷襞。顾盼②屏风画,如见已指摘③。丹青日尘暗,明义为隐赜。驰骛翔园林,果下皆生摘。红葩缀紫蒂,萍实骤抵掷。贪华风雨中,倏忽数百适。务蹑霜雪戏,重綦常累积。并心注肴馔,端坐理盘槅。翰墨戢闲案,相与数离逖。动为垆钲屈,屣履任之适。止为荼菽据,吹吁④对鼎𬭊。脂腻漫白袖,烟重⑤染阿锡。衣被皆重池,难与次水⑥碧。任其孺子意,羞受长者责。瞥闻当予杖,掩泪俱向壁。

这首诗活画出两位天真烂漫、性情活泼、娇小玲珑、又爱美又不懂事的女孩子。尤当注意者,太冲对于这两位女孩子,取什么态度,有何等情感,诗中一个字没有露出。他的目的全在那映到他眼里的小女孩子情感;他用极冷静的态度忠实观察他、忠实描写他,所以入妙。后来模仿这首诗的不少,但都赶不上他。如李义山的《骄儿诗》,即是其中之一首。依着《骄儿诗》看来,义山那位衮师少爷顽劣得可厌,是不管他;也许是义山照样写实,那么少爷虽不好,诗还是好。但那诗中说旁人对于他儿子怎样批评,又说他自己对于

---

① "烂漫"原作"澜漫"。
② "盼"原作"眄"。
③ "已指摘"原作"己指摘"。
④ "吹吁"原作"吹嘘"。
⑤ "烟重"原作"烟熏"。
⑥ "次水"原作"沈水"。

儿子怎样希望,还把自己和儿子比较,发一段牢骚,这是何苦呢?我们拿这两首诗比一比,便可以悟出写实派作法的要诀。

前回曾举出杜工部半写实派的几首诗。其实工部纯写实派的作品也很不少而且很好。如:

> 献凯日继踵,两蕃静无虞。渔阳游侠①地,击鼓吹笙竽。云帆转辽海,粳稻来东吴。越裳②与楚练,照耀舆台躯。主将位益崇,气骄凌上都。边人不敢议,议者死路衢。(《后出塞》)

这首诗是安禄山还未造反时作的,所指就是安禄山那一班军阀。仅仅六十个字,把他们豪奢骄蹇情形都写完了。他却并没有一个字批评,只是用巧妙技术把实况描出,令读者自然会发厌恨忧危种种情感。这是写实文学最大作用。又如:

> 三月三日天气新,长安水边多丽人。态浓意远淑且真,肌理细腻骨肉匀。绣罗衣裳照暮春,蹙金孔雀银麒麟。头上何所有?翠为匌叶垂鬓唇;背后何所见?珠压腰衱稳称身。就中云幕椒房亲,赐名大国虢与秦。紫驼之峰出翠釜,水精之盘行素鳞。犀箸厌饫久未下,鸾刀缕切空纷纶。黄门飞鞚不动尘,御厨络绎送八珍。箫鼓哀吟感鬼神,宾从杂遝实要津。后来鞍马何逡巡,当轩下马入锦茵。杨花雪落覆白蘋,青鸟飞去衔红巾。炙手可热势绝伦,慎莫近前丞相嗔。

又如:

> 步屧随春风,村村自花柳。田翁逼社日,邀我尝春酒。酒酣夸新尹,畜眼未见有。回头指大男,"渠是弓弩手。名在飞

---

① "游侠"原作"豪侠"。
② "越裳"原作"越罗"。

骑籍，长番岁时久。前日放营农，辛苦救衰杇。差科死则已，誓不举家走。今年大作社，拾遗能住否？"叫妇开大瓶，盆中为吾取，感此气扬扬，须知风化首。语多虽杂乱，说尹终在口。朝来偶然出，自卯将及酉。久客惜人情，如何拒邻叟。高声索果栗，欲起时被肘。指挥过无礼，未觉村野丑。月出遮我留，仍嗔问升斗。

这首和前两首不同：前两首是一般写实家通行作法，专写社会黑暗方面；这首却是写社会光明方面，读起来令人感觉乡村生活之优美，那"田父"一种真率气象以及他对于社交之亲切、对于国家义务之认真，都一一流露。

写实家所标旗帜，说是专用冷酷客观，不搀杂一丝一毫自己情感，这不过技术上的手段罢了。其实凡写实派大作家都是极热肠的。因为社会的偏枯缺憾，无时不有，无地不有，只要你忠实观察，自然会引起你无穷悲悯。但倘若没有热肠，那么他的冷眼也决看不到这种地方，便不成为写实家了。杜工部这类写实文学开派以后，继起的便是白香山。香山自己说：

> 惟歌生民病，……甘受时人嗤。

他自己编定诗集，用诗的性质分类，第一类便是"讽喻"。讽喻类主要作品是十首《秦中吟》和五十首《新乐府》。这六十首诗，可以说完成写实派壁垒，替我们文学史吐出光焰万丈。但他的作风，与纯写实派有点不同：每篇之末，总爱下主观的批评，不过批评是"微而婉"罢了。里头纯客观的只有几首，如：

> 帝城春欲暮，喧喧车马度。共道牡丹时，相随买花去。贵贱无常价，酬直看花数。灼灼百朵红，戋戋五束素。上张幄幕

庇,旁织巴篱护。水洒复泥封,移来色如故。家家习为俗,人人迷不悟。有一田舍翁,偶来买花处。低头独长叹,此叹无人喻。一丛深色花,十户中人赋。(《秦中吟·买花》)

如:

卖炭翁,伐薪烧炭南山中。满面尘灰烟火色,两鬓苍苍十指黑。卖炭得钱何所营,身上衣裳口中食。可怜身上衣正单,心忧炭贱愿天寒。夜来城上①一尺雪,晓驾炭车辗冰辙。牛困人饥日已高,市南门外泥中歇。翩翩两骑来是谁,黄衣使者白衫儿。手把文书口称敕,回车叱牛牵向北。一车炭,千余斤,官使②驱将惜不得。半匹红纱一丈绫,系向牛头充炭直。(《新乐府·卖炭翁》)

像这类不将批评主意明点出来的,约居全部十分之一,其余都把自己对于这件事情的意见说出。他的《新乐府自序》说:

……首句标其目,卒章显其志,三百篇之义也。其辞质而径,欲见之者易喻也。其言直而切,欲闻之者深诫也。其事核而实,使采之者传信也。……

他并不是为诗而作诗,他替那些穷苦的人们提起公诉,他向那些作恶的人们宣说福音。所以他不采那种藏锋含蓄的态度,将主观的话也写出来。但是以作风论,我们还认他是写实派,因为他对于客观写得极忠实、极详尽。

写实派固然注重在写人事的实况,但也要写环境的实况。因为环境能把人事烘托出来。写环境实况的模范作品,如鲍明远《芜

---

① "城上"原作"城外"。
② "官使"原作"官使"。

城赋》中一段：

> 泽葵依井，荒葛罥涂，坛罗虺蜮，阶斗麏鼯，木魅山鬼，野鼠城狐，风嗥雨啸，昏见晨趋，饥鹰厉吻，寒鸱吓雏，伏鼱藏虎，乳血餐①肤，崩榛塞路，峥嵘古馗，白杨早落，塞草前衰，棱棱霜气，蔌蔌风威，孤蓬自振，惊沙坐飞，灌莽杳而无际，丛薄纷其相依，通池既已夷，峻隅又已颓，直视千里外，唯见起黄埃，凝思寂听，心伤已摧。

所写全是客观现象，然而读起来自然会令情感涌出，妙处全在铺叙得淋漓透彻。学写实派的不可不知。

---

① "餐"原作"飧"。

情圣杜甫①

一

今日承诗学研究会嘱托讲演，可惜我文学素养很浅薄，不能有甚么新贡献，只好把咱们家里老古董搬出来和诸君摩挲一番，题目是"情圣杜甫"。在讲演本题以前，有两段话应该简单说明：

第一，新事物固然可爱，老古董也不可轻轻抹杀。内中艺术的古董，尤为有特殊价值。因为艺术是情感的表现，情感是不受进化法则支配的；不能说现代人的情感一定比古人优美，所以不能说现代人的艺术一定比古人进步。

第二，用文字表出来的艺术——如诗词、歌剧、小说等类，多少总含有几分国民的性质。因为现在人类语言未能统一，无论何国的作家，总须用本国语言文字做工具；这副工具操练得不纯熟，纵然有很丰富高妙的思想，也不能成为艺术的表现。

我根据这两种理由，希望现代研究文学的青年，对于本国二千年来的名家作品，着实费一番工夫去赏会他。那么，杜工部自然是首屈一指的人物了。

---

① 原载 1922 年 5 月 28 日—29 日《晨报副镌》。

二

杜工部被后人上他徽号叫做"诗圣"。诗怎么样才算"圣",标准很难确定,我们也不必轻轻附和。我以为工部最少可以当得起情圣的徽号。因为他的情感的内容,是极丰富的,极真实的,极深刻的。他表情的方法又极熟练,能鞭辟到最深处,能将他全部完全反映不走样子,能像电气一般一振一荡的打到别人的心弦上。中国文学界写情圣手,没有人比得上他,所以我叫他做情圣。

我们研究杜工部,先要把他所生的时代和他一生经历略叙梗概,看出他整个的人格:两晋六朝几百年间,可以说是中国民族混成时代。中原被异族侵入,搀杂许多新民族的血;江南则因中原旧家次第迁渡,把原住民的文化提高了。当时文艺上南北派的痕迹显然,北派真率悲壮,南派整齐柔婉,在古乐府里头,最可以看出这分野。唐朝民族化合作用,经过完成了政治上统一,影响及于文艺,自然会把两派特性合冶一炉,形成大民族的新美。初唐是黎明时代,盛唐正是成熟时代。内中玄宗开元间四十年太平,正孕育出中国艺术史上黄金时代。到天宝之乱,黄金忽变为黑灰。时事变迁之剧,未有其比。当时蕴蓄深厚的文学界,受了这种激刺,益发波澜壮阔。杜工部正是这个时代的骄儿。他是河南人,生当玄宗开元之初。早年漫游四方,大河以北都有他足迹,同时大文学家李太白、高达夫都是他的挚友。中年值安禄山之乱,从贼中逃出,跑到甘肃的灵武谒见肃宗,补了个"拾遗"的官,不久告假回家。又碰着饥荒,在陕西的同谷县几乎饿死。后来流落到四川,依一位故人严武。严武死后,四川又乱,他避难到湖南,在路上死了。他有两位兄弟、一位妹子,都因乱离难得见面。他和他的夫人也常常隔离,他一个小儿子,因饥荒饿死,两个大儿子,晚年跟着他在四川。

他一生简单的经历大略如此。

他是一位极热肠的人，又是一位极有脾气的人。从小便心高气傲，不肯趋承人。他的诗道：

"以兹悟生理，独耻事干谒。"（《奉先咏怀》）

又说：

"白鸥没浩荡，万里谁能驯。"（《赠韦左丞》）

可以见他的气概。严武做四川节度，他当无家可归的时候去投奔他，然而一点不肯趋承将就，相传有好几回冲撞严武，几乎严武容他不下哩。他集中有一首诗，可以当他人格的象征：

"绝代有佳人，幽居在空谷。自言良家子，零落依草木。……在山泉水清，出山泉水浊。侍婢卖珠回，牵萝补茅屋。摘花不插鬓，采柏动盈掬。天寒翠袖薄，日暮倚修竹。"（《佳人》）

这位佳人，身分是非常名贵的，境遇是非常可怜的，情绪是非常温厚的，性格是非常高亢的，这便是他本人自己的写照。

三

他是个最富于同情心的人。他有两句诗：

"穷年忧黎元，叹息肠内热。"（《奉先咏怀》）

这不是瞎吹的话，在他的作品中，到处可以证明。这首诗底下便有两段说：

"彤庭所分帛，本自寒女出。鞭挞其夫家，聚敛贡城阙。"（同上）

又说：

> "况闻内金盘,尽在卫霍室。中堂舞神仙,烟雾散玉质。暖客貂鼠裘,悲管逐清瑟。劝客驼蹄羹,霜橙压香橘,朱门酒肉臭,路有冻死骨。……"(同上)

这种诗几乎纯是现代社会党的口吻。他做这诗的时候,正是唐朝黄金时代,全国人正在被镜里雾里的太平景象醉倒了。这种景象映到他的眼中,却有无限悲哀。

他的眼光,常常注视到社会最下层。这一层的可怜人那些状况,别人看不出,他都看出;他们的情绪,别人传不出,他都传出。他著名的作品"三吏""三别",便是那时代社会状况最真实的影戏片。《垂老别》的:

> "老妻卧路啼,岁暮衣裳单。熟知是死别,且复伤其寒。此去必不归,还闻劝加餐。"

《新安吏》的:

> "肥男有母送,瘦男独伶俜。白水暮东流,青山犹哭声。莫自使眼枯,收汝泪纵横。眼枯即见骨,天地终无情。"

《石壕吏》的:

> "三男邺城戍。一男附书至,二男新战死。存者且偷生,死者长已矣。"

这些诗是要作者的精神和那所写之人的精神并合为一,才能做出。他所写的是否他亲闻亲见的事实,抑或他脑中创造的影像,且不管他;总之他做这首《垂老别》时,他已经化身做那位六七十岁拖去当兵的老头子,做这首《石壕吏》时,他已经化身做那位儿女死绝衣食不给的老太婆，所以他说的话，完全和他们自己说一样。

他还有《戏呈吴郎》一首七律，那上半首是：

> "堂前扑枣任西邻，无食无儿一妇人。不为家贫宁有此，
> 只缘恐惧转须亲。……"

这首诗，以诗论，并没什么好处，但叙当时一件琐碎实事——一位很可怜的邻舍妇人偷他的枣子吃，因那人的惶恐，把作者的同情心引起了。这也是他注意下层社会的证据。

有一首《缚鸡行》，表出他对于生物的泛爱，而且很含些哲理：

> "小奴缚鸡向市卖，鸡被缚急相喧争。家人厌鸡食虫蚁，
> 未知鸡卖还遭烹。虫鸡于人何厚薄，吾叱奴人解其缚，鸡虫得
> 失无时了，注目寒江倚山阁。"

有一首《茅屋为秋风所破歌》，结尾几句说道：

> "……安得广厦千万间，大庇天下寒士俱欢颜。风雨不动
> 安如山。呜呼！何时眼前突兀见此屋，吾庐独破受冻死
> 亦足。"

有人批评他是名士说大话，但据我看来，此老确有这种胸襟，因为他对于下层社会的痛苦看得真切，所以常把他们的痛苦当作自己的痛苦。

四

他对于一般人如此多情，对于自己有关系的人更不待说了。我们试看他对朋友：那位因陷贼贬做台州司户的郑虔，他有诗送他道：

> "……便与先生应永诀，九重泉路尽交期。"

又有诗怀他道：

> "天台隔三江，风浪无晨暮。郑公纵得归，老病不识路。……"（《有怀台州郑十八司户》）

那位因附永王璘造反长流夜郎的李白，他有诗梦他道：

> "死别已吞声，生别常恻恻。江南瘴疠地，逐客无消息。故人入我梦，明我长相忆。恐非平生魂，路远不可测。魂来枫林青，魂返关塞黑。君今在罗网，何以有羽翼。落月满屋梁，犹疑照颜色。水深波浪阔，毋使蛟龙得。"（《梦李白》二首之一）

这些诗不是寻常应酬话，他实在拿郑、李等人当一个朋友，对于他们的境遇，所感痛苦和自己亲受一样，所以做出来的诗句句都带血带泪。

他集中想念他兄弟和妹子的诗，前后有二十来首，处处至性流露。最沉痛的如《同谷七歌》中：

> "有弟有弟在远方，三人各瘦何人强。生别展转不相见，胡尘暗天道路长。前飞圆驾鹅后鹙鸧，安得送我置汝旁。呜呼！三歌兮歌三发，汝归何处收兄骨。"

> "有妹有妹在钟离，良人早没诸孤痴。长淮浪高蛟龙怒，十年不见来何时。扁舟欲往箭满眼，杳杳南国多旌旗。呜呼！四歌兮歌四奏，林猿为我啼清昼。"

他自己直系的小家庭，光景是很困苦的，爱情却是很秾挚的。他早年有一首思家诗：

> "今夜鄜州月，闺中只独看。遥怜小儿女，未解忆长安。香雾云鬟湿，清辉玉臂寒。何时倚虚幌，双照泪痕干。"（《月

夜》）

这种缘情旖旎之作，在集中很少见，但这一首已可证明工部是一位温柔细腻的人。他到中年以后，遭值多难，家属离合，经过不少的酸苦。乱前他回家一次，小的儿子饿死了。他的诗道：

"……老妻寄异县，十口隔风雪。谁能久不顾，庶往共饥渴。入门闻号咷，幼子饿已卒。吾宁舍一哀，里巷亦呜咽。所愧为人父，无食致夭折。……"（《奉先咏怀》）

乱后和家族隔绝，有一首诗：

"去年潼关破，妻子隔绝久。……自寄一封书，今已十月后。反畏消息来，寸心亦何有。……"（《述怀》）

其后从贼中逃归，得和家族团聚，他有好几首诗写那时候的光景：《羌村》三首中的第一首：

"峥嵘赤云西，日脚下平地。柴门鸟雀噪，归客千里至。妻孥怪我在，惊定还拭泪。世乱遭飘荡，生还偶然遂。邻人满墙头，感叹亦歔欷。夜阑更秉烛，相对如梦寐。"

《北征》里头的一段：

"况我堕胡尘，及归尽华发。经年至茅屋，妻子衣百结。恸哭松声回，悲泉共幽咽。平生所娇儿，颜色白胜雪；见耶背面啼，垢腻脚不袜。床前两小女，补绽才过膝；海图坼波涛，旧绣移曲折；天吴及紫凤，颠倒在裋褐。老夫情怀恶，呕泄卧数日。那无囊中帛，救汝寒凛栗！粉黛亦解苞，衾裯稍罗列。瘦妻面复光，痴女头自栉；学母无不为，晓妆随手抹；移时施朱铅，狼藉画眉阔。生还对童稚，似欲忘饥渴。问事竞挽须，谁能即嗔喝。翻思在贼愁，甘受杂乱聒。"

其后挈眷避乱，路上很苦。他有诗追叙那时情况道：

"忆昔避贼初，北走经险艰。夜深彭衙道，月照白水山。尽室久徒步，逢人多厚颜。……痴女饥咬我，啼畏虎狼闻。怀中掩其口，反侧声愈嗔。小儿强解事，故索苦李餐。一旬半雷雨，泥泞相牵攀。……"（《彭衙行》）

他合家避乱到同谷县山中，又遇着饥荒，靠草根木皮活命，在他困苦的全生涯中，当以这时候为最甚。他的诗说：

"长镵长镵白木柄，我生托子以为命。黄独无苗山雪盛，短衣数挽不掩胫。此时与子空归来，男呻女吟四壁静。……"（《同谷七歌》之一）

以上所举各诗写他自己家庭状况，我替他起个名字叫做"半写实派"。他处处把自己主观的情感暴露，原不算写实派的作法。但如《羌村》《北征》等篇，多用第三者客观的资格，描写所观察得来的环境和别人情感，从极琐碎的断片详密刻画，确是近世写实派用的方法，所以可叫做半写实。这种作法，在中国文学界上，虽不敢说是杜工部首创，却可以说是杜工部用得最多而最妙。从前古乐府里头，虽然有些，但不如工部之描写之微。这类诗的好处，在真事愈写得详，真情愈发得透。我们熟读他，可以理会得"真即是美"的道理。

五

杜工部的"忠君爱国"，前人恭维他的很多，不用我再添话。他集中对于时事痛哭流涕的作品，差不多占四分之一，若把他分类研究起来，不惟在文学上有价值，而且在史料上有绝大价值。为时间所限,恕我不征引了。内中价值最大者,在能确实描写出社会状况,及能确实讴吟出时代心理。刚才举出半写实派的几首诗,是集中最通用的作法,此外还有许多是纯写实的。试举他几首:

> "献凯日继踵,两蕃静无虞。渔阳豪侠地,击鼓吹笙竽。云帆转辽海,粳稻来东吴。越裳与楚练,照耀舆台躯。主将位益崇,气骄凌上都。边人不敢议,议者死路衢。"(《后出塞》五首之四)

读这些诗,令人立刻联想到现在军阀的豪奢专横——尤其逼肖奉、直战争前张作霖的状况。最妙处是不著一个字批评,但把客观事实直写,自然会令读者叹气或瞪眼。又如《丽人行》那首七古,全首将近二百字的长篇,完全立在第三者地位观察事实。从"三月三日天气新"到"青鸟飞去衔红巾",占全首二十六句中之二十四句,只是极力铺叙那种豪奢热闹情状,不惟字面上没有讥刺痕迹,连骨子里头也没有。直至结尾两句:

> "炙手可热势绝伦,慎莫近前丞相嗔。"

算是把主意一逗。但依然不著议论,完全让读者自去批评。这种可以说讽刺文学中之最高技术。因为人类对于某种社会现象之批评,自有共同心理,作家只要把那现象写得真切,自然会使读者心理起反应,若把读者心中要说的话,作者先替他倾吐无余,那便索然寡味了。杜工部这类诗,比白香山《新乐府》高一筹,所争就在此。《石壕吏》《垂老别》诸篇,所用技术,都是此类。

工部的写实诗,十有九属于讽刺类。不独工部为然,近代欧洲写实文学,那一家不是专写社会黑暗方面呢?但杜集中用写实法写社会优美方面的亦不是没有。如《遭田父泥饮》那篇:

"步屧随春风，村村自花柳。田翁逼社日，邀我尝春酒。酒酣夸新尹，畜眼未曾有。回头指大男，渠是弓弩手。名在飞骑籍，长番岁时久。前日放营农，辛苦救衰朽。差科死则已，誓不举家走。今年大作社，拾遗能住否？叫妇开大瓶，盆中为吾取。……高声索果栗，欲起时被肘。指挥过无礼，未觉村野丑。月出遮我留，仍嗔问升斗。"

这首诗把乡下老百姓极粹美的真性情，一齐活现。你看他父子夫妇间何等亲热；对于国家的义务心何等郑重；对于社交，何等爽快何等恳切。我们若把这首诗当个画题，可以把篇中各人的心理从面孔上传出，便成了一幅绝好的风俗画。我们须知道：杜集中关于时事的诗，以这类为最上乘。

六

工部写情，能将许多性质不同的情绪，归拢在一篇中，而得调和之美。例如《北征》篇，大体算是忧时之作。然而"青云动高兴，幽事亦可悦"以下一段，纯是玩赏天然之美。"夜深经战场，寒月照白骨"以下一段，凭吊往事。"况我堕胡尘"以下一大段，纯写家庭实况，忽然而悲，忽然而喜。"至尊尚蒙尘"以下一段，正面感慨时事，一面盼望内乱速平，一面又忧虑到凭借回鹘外力的危险。"忆昨狼狈初"以下到篇末，把过去的事实，一齐涌到心上。像这许多杂乱情绪迸在一篇，调和得恰当，非有绝大力量不能。

工部写情，往往愈拗愈紧，愈转愈深，像《哀王孙》那篇，几乎一句一意，试将现行新符号去点读他，差不多每句都须用"。"符或"；"符。他的情感，像一堆乱石，突兀在胸中，断断续续的吐出，从无条理中见条理，真极文章之能事。

工部写情，有时又淋漓尽致一口气说出，如八股家评语所谓"大开大合"。这种类不以曲折见长，然亦能极其美。集中模范的作品，如《忆昔行》第二首，从"忆昔开元全盛日"起到"叔孙礼乐萧何律"止，极力追述从前太平景象，从社会道德上赞美，令意义格外深厚。自"岂闻一缣直万钱"到"复恐初从乱离说"，翻过来说现在乱离景象，两两比对，令读者胆战肉跃。

工部还有一种特别技能，几乎可以说别人学不到：他最能用极简的语句，包括无限情绪，写得极深刻。如《喜达行在所》三首中第三首的头两句：

"死去凭谁报，归来始自怜。"

仅仅十个字，把十个月内虎口余生的甜酸苦辣都写出来，这是何等魄力。又如前文所引《述怀》篇的：

"反畏消息来。"

五个字，写乱离中担心家中情状，真是惊心动魄。又如《垂老别》里头：

"势异邺城下，纵死时犹宽。"

死是早已安排定了，只好拿期限长些作安慰，（原文是写老妻送行时语。）这是何等沈痛。又如前文所引的：

"郑公纵得归，老病不识路。"

明明知道他绝对不得归了，让一步虽得归，已经万事不堪回首。此外如：

"带甲满天地，胡为君远行。"①

————————————

① 此题原缺，为《送远》。——编者注

"万方同一概，吾道竟何之。"(《秦州杂诗》)

　　"国破山河在，城春草木深。"①

　　"亲朋无一字，老病有孤舟。"(《登岳阳楼》)

　　"古往今来皆涕泪，断肠分手各风烟。"(《公安送韦二少府》)

之类，都是用极少的字表极复杂极深刻的情绪。他是用洗练工夫用得极到家，所以说："语不惊人死不休"。此其所以为文学家的文学。

　　悲哀愁闷的情感易写，欢喜的情感难写。古今作家中，能将喜情写得逼真的，除却杜集《闻官军收河南河北》外，怕没有第二首。那诗道：

　　"剑外忽闻收蓟北，初闻涕泪满衣裳。却看妻子愁何在，漫卷诗书喜欲狂。白日放歌须纵酒，青春结伴好还乡。即从巴峡穿巫峡，便下襄阳到洛阳。"

那种手舞足蹈情形，从心坎上奔迸而出，我说他和古乐府的《公无渡河》是同一样笔法。彼是写忽然剧变的悲情，此是写忽然剧变的喜情，都是用快光镜照相照得的。

七

　　工部流连风景的诗比较少，但每有所作，一定于所咏的景物观察入微，便把那景物做象征，从里头印出情绪。如：

　　"竹凉侵卧内，野月满庭隅。重露成涓滴，稀星乍有无。暗飞萤自照，水宿鸟相呼。万事干戈里，空悲清夜徂。"(《倦

---

　　① 此题原缺，为《春望》。——编者注

夜》）

题目是"倦夜"，景物从初夜写到中夜后夜，是独自一个人有心事睡不着，疲倦无聊中所看出的光景，所写环境，句句和心理反应。又如：

"风急天高猿啸哀，渚清沙白鸟飞回。无边落木萧萧下，不尽长江滚滚来。……"（《登高》）

虽然只是写景，却有一位老病独客秋天登高的人在里头。便不读下文"万里悲秋常作客，百年多病独登台"两句，已经如见其人了。又如：

"细草微风岸，危樯独夜舟。星垂平野阔，月涌大江流。……"（《旅夜书怀》）

从寂寞的环境上领略出很空阔很自由的趣味。末两句说："飘飘何所似，天地一沙鸥。"把情绪一点便醒。

所以工部的写景诗，多半是把景做表情的工具。像王、孟、韦、柳的写景，固然也离不了情，但不如杜之情的分量多。

八

诗是歌的笑的好呀，还是哭的叫的好？换一句话说：诗的任务在赞美自然之美呀，抑在呼诉人生之苦？再换一句话说：我们应该为做诗而做诗呀，抑或应该为人生问题中某项目的而做诗？这两种主张，各有极强的理由；我们不能作极端的左右袒，也不愿作极端的左右袒。依我所见：人生目的不是单调的，美也不是单调的。为爱美而爱美，也可以说为的是人生目的；因为爱美本来是人生目的的一部分。诉人生苦痛，写人生黑暗，也不能不说是美。

因为美的作用，不外令自己或别人起快感；痛楚的刺激，也是快感之一；例如肤痒的人，用手抓到出血，越抓越畅快。像情感怎么热烈的杜工部，他的作品，自然是刺激性极强，近于哭叫人生目的那一路；主张人生艺术观的人，固然要读他。但还要知道：他的哭声，是三板一眼的哭出来，节节含着真美；主张惟美艺术观的人，也非读他不可。我很惭愧：我的艺术素养浅薄，这篇讲演，不能充分发挥"情圣"作品的价值；但我希望这位情圣的精神，和我们的语言文字同其寿命；尤盼望这种精神有一部分注入现代青年文学家的脑里头。

屈原研究①

一

中国文学家的老祖宗,必推屈原。从前并不是没有文学,但没有文学的专家。如《三百篇》及其他古籍所传诗歌之类,好的固不少;但大半不得作者主名,而且篇幅也很短。我们读这类作品,顶多不过可以看出时代背景或时代思潮的一部分。欲求表现个性的作品,头一位就要研究屈原。

屈原的历史,在《史记》里头有一篇很长的列传,算是我们研究史料的人可欣慰的事。可惜议论太多,事实仍少。我们最抱歉的,是不能知道屈原生卒年岁和他所享年寿。据传文大略推算,他该是西纪前三三八至二八八年间的人,年寿最短亦应在五十上下。和孟子、庄子、赵武灵王、张仪等人同时。他是楚国贵族;贵族中最盛者昭、屈、景三家。他便是三家中之一。他曾做过"三闾大夫"。据王逸说:"三闾之职,掌王族三姓,曰昭、屈、景。屈原序其谱属,率其贤良,以厉国士。"然则他是当时贵族总管了。他曾经得楚怀王的信用,官至"左徒"。据本传说:"入则与王图议国事以出号令;出则接遇宾客,应对诸侯,王甚任之。"可见他在政治上曾占很重要

①　原载 1922 年 11 月 18 日—24 日《晨报副镌》。

的位置。其后被上官大夫所谗，怀王疏了他。怀王在位三十年（西纪前三二八至二九七），屈原做左徒，不知是哪年的事，但最迟亦在怀王十六年（前三一二）以前。因为那年怀王受了秦相张仪所骗，已经是屈原见疏之后了。假定屈原做左徒在怀王十年前后，那时他的年纪最少亦应二十岁以上，所以他的生年，不能晚于西纪前三三八年。屈原在位的时候，楚国正极强盛，屈原的政策，大概是主张联合六国，共摈强秦，保持均势；所以虽见疏之后，还做过齐国公使。可惜怀王太没有主意，时而摈秦，时而联秦，任凭纵横家摆弄。卒至"兵挫地削，亡其六郡，身客死于秦，为天下笑"（本传文）。怀王死了不到六十年，楚国便亡了。屈原当怀王十六年以后，政治生涯像已经完全断绝。其后十四年间，大概仍居住郢都（武昌）一带。因为怀王三十年将入秦之时，屈原还力谏，可见他和怀王的关系，仍是藕断丝连了。怀王死后，顷襄王立（前二九八），屈原的反对党，越发得志，便把他放逐到湖南地方去，后来竟闹到投水自杀。

屈原什么时候死呢？据《卜居》篇说："屈原既放，三年不得复见。"《哀郢》篇说："忽若不信兮，至今九年而不复。"假定认这两篇为顷襄王时作品，则屈原最少当西纪前二八八年仍然生存。他脱离政治生活专做文学生活，大概有二十来年的日月。

屈原所走过的地方有多少呢？他著作中所见的地名如下：

令沅湘兮无波，使江水兮安流。

遭吾道兮洞庭。

望涔阳兮极浦。

遗余佩兮澧浦。　　　右《湘君》

洞庭波兮木叶下。

沅有芷兮澧有兰。

遗余褋兮澧浦。　　右《湘夫人》

哀南夷之莫吾知兮，旦余济乎江湘。

乘鄂渚而反顾兮。

邸余车兮方林。

乘舲船余上沅兮。

朝发枉陼兮夕宿辰阳。

入溆浦余僤佪兮，迷不知吾之所如。深林杳以冥冥兮，乃猿狖之所居。……山峻高以蔽日兮，下幽晦以多雨。霰雪纷其无垠兮，云霏霏而承宇。　　右《涉江》

发郢都而去闾兮。

过夏首而西浮兮，顾龙门而不见。

背夏浦而西思兮。

惟郢路之辽远兮，江与夏之不可涉。　　右《哀郢》

长濑湍流，溯江潭兮。狂顾南行，聊以娱心兮。

低佪夷犹，宿北姑兮。　　右《抽思》

浩浩沅湘，分流汩兮。　　右《怀沙》

遵江夏以娱忧。　　右《思美人》

指炎神而直驰兮，吾将往乎南疑。　　右《远游》

路贯庐江兮，左长薄。　　右《招魂》

内中说郢都，说江夏，是他原住的地方；洞庭、湘水，自然是放逐后常来往的；都不必多考据。最当注意者：《招魂》说的"路贯庐江兮，左长薄"，像江西庐山一带，也曾到过。但《招魂》完全是浪漫的文学，不敢便认为事实。《涉江》一篇，含有纪行的意味，内中说"乘舲船余上沅"，说"朝发枉陼，夕宿辰阳"，可见他曾一直溯着沅水上游，到过辰州等处。他说的"峻高蔽日，霰雪无垠"的山，大概是衡岳最高处了。他的作品中，像"幽独处乎山中""山中人兮芳杜若"，这一类话很多。我想他独自一人在衡山上过活了好些日子。他的文学，谅来就在这个时代大成的。

最奇怪的一件事，屈原家庭状况如何，在本传和他的作品中，连影子也看不出！《离骚》有"女嬃之婵媛兮，申申其詈余"两语。王逸注说："女嬃，屈原姊也。"这话是否对，仍不敢说。就算是真，我们也仅能知道他有一位姐姐，其余兄弟妻子之有无，一概不知。就作品上看来，最少他放逐到湖南以后过的都是独身生活。

二

我们把屈原的身世大略明白了，第二步要研究那时候为什么会发生这种伟大的文学？为什么不发生于别国而独发生于楚国？何以屈原能占这首创的地位？第一个问题，可以比较的简单解答。因为当时文化正涨到最高潮，哲学勃兴，文学也该为平行线的发展。内中如《庄子》《孟子》及《战国策》中所载各人言论，都很含着文学趣味。所以优美的文学出现，在时势为可能的。第二第三两个问题，关系较为复杂。依我的观察：我们这华夏民族，每经一次同化作用之后，文学界必放异彩。楚国当春秋初年，纯是一种蛮夷；春秋中叶以后，才渐渐的同化为"诸夏"。屈原生在同化完成后约二百五十年。那时候的楚国人，可以说是中华民族里头刚刚长成的新分子；好像社会中才成年的新青年。从前楚国人，本来是最信巫鬼的民族，很含些神秘意识和虚无理想，像小孩子喜欢幻构的童话。到了与中原旧民族之现实的、伦理的文化相接触，自然会发生出新东西来。这种新东西之体现者，便是文学。楚国在当时文化史上之地位既已如此。至于屈原呢：他是一位贵族，对于当时新输入之中原文化，自然是充分领会。他又曾经出使齐国，那时正当"稷下先生"数万人日日高谈宇宙原理的时候，他受的影响，当然不少。他又是有怪脾气的人，常常和社会反抗。后来放逐到南荒，在那种变化诡异的山水里头，过他的幽独生活。特别的自然界和特别的精神作用相击发，自然会产生特别的文学了。

屈原有多少作品呢？《汉书·艺文志·诗赋略》云："屈原赋二十五篇。"据王逸《楚辞章句》所列，则《离骚》一篇，《九歌》十一篇，《天问》一篇，《九章》九篇，《远游》一篇，《卜居》一篇，《渔父》一篇。尚有《大招》一篇。注云："屈原，或言景差。"然细读《大招》，明是摹仿《招魂》之作，其非出屈原手，像不必多辩。但别有一问题颇费研究者：《史记·屈原列传》赞云："余读《离骚》《天问》《招魂》《哀郢》，悲其志。"是太史公明明认《招魂》为屈原作。然而王逸说是宋玉作。逸，后汉人，有何凭据，竟敢改易前说？大概他以为添上这一篇，便成二十六篇，与《艺文志》数目不符；他又想这一篇标题，像是屈原死后别人招他的魂，所以硬把他送给宋玉。依我看：《招魂》的理想及文体，和宋玉其他作品很有不同处，应该从太史公之说，归还屈原。然则《艺文志》数目不对吗？又不然。《九歌》末一篇《礼魂》，只有五句，实不成篇。《九歌》本侑神之曲，十篇各侑一神；《礼魂》五句，当是每篇末后所公用。后人传钞贪省，便不逐篇写录，总摆在后头作结。王逸闹不清楚，把他也算成一篇，便不得不把《招魂》挤出了。我所想象若不错，则屈原赋之篇目应如下：

《离骚》一篇

《天问》一篇

《九歌》十篇　《东皇太一》《云中君》《湘君》《湘夫人》《大司命》《少司命》《东君》《河伯》《山鬼》《国殇》

《九章》九篇　《惜诵》《涉江》《哀郢》《抽思》《思美人》《惜往日》《橘颂》《悲回风》《怀沙》

《远游》一篇

《招魂》一篇

《卜居》一篇

《渔父》一篇

今将这二十五篇的性质，大略说明：

（一）《离骚》　据本传，这篇为屈原见疏以后使齐以前所作，当是他最初的作品。起首从家世叙起，好像一篇自传。篇中把他的思想和品格，大概都传出，可算得全部作品的缩影。

（二）《天问》　王逸说："屈原……见楚先王之庙及公卿祠堂图画天地山川神灵琦玮谲诡，及古贤圣怪物行事，……因书其壁，呵而问之。"我想这篇或是未放逐以前所作，因为"先王庙"不应在偏远之地。这篇体裁，纯是对于相传的神话发种种疑问：前半篇关于宇宙开辟的神话所起疑问，后半篇关于历史神话所起疑问。对于万有的现象和理法怀疑烦闷，是屈原文学思想出发点。

（三）《九歌》　王逸说："沅湘之间，其俗信鬼而好祀，其祠必作乐鼓舞以乐诸神。屈原放逐，窜伏其域。……见其词鄙陋，因为作《九歌》之曲，上陈事神之敬，下以见己之冤。"这话大概不错。"九歌"是乐章旧名，不是九篇歌，所以屈原所作有十篇。这十篇含有多方面的趣味，是集中最"浪漫式"的作品。

（四）《九章》　这九篇并非一时所作，大约《惜诵》《思美人》两篇，似是放逐以前作；《哀郢》是初放逐时作；《涉江》是南迁极远时作；《怀沙》是临终作。其余各篇，不可深考。这九篇把作者思想的内容分别表现，是《离骚》的放大。

（五）《远游》　王逸说："屈原履方直之行，不容于世。……章皇山泽，无所告诉。乃深惟元一，修执恬漠。思欲济世，则意中愤然。文采秀发，遂叙妙思；托配仙人，与俱游戏。周历天地，无所不到；然犹怀念楚国，思慕旧故。"我说：《远游》一篇，是屈原宇宙观、人生观的全部表现。是当时南方哲学思想之现于文学者。

（六）《招魂》 这篇的考证，前文已经说过。这篇和《远游》的思想，表面上像恰恰相反，其实仍是一贯。这篇讲上下四方，没有一处是安乐土，那么，回头还求现世物质的快乐怎么样呢？好吗？他的思想，正和葛得的《浮士特》（Goethe：Faust）剧上本一样；《远游》便是那剧的下本。总之这篇是写怀疑的思想历程最恼闷最苦痛处。

（七）《卜居》及《渔父》 《卜居》是说两种矛盾的人生观，《渔父》是表自己意志的抉择。意味甚为明显。

三

研究屈原，应该拿他的自杀做出发点。屈原为什么自杀呢？我说：他是一位有洁癖的人，为情而死。他是极诚专虑的爱恋一个人，定要和他结婚；但他却悬着一种理想的条件，必要在这条件之下，才肯委身相事。然而他的恋人老不理会他！不理会他，他便放手，不完结吗？不不！他决然不肯！他对于他的恋人，又爱又憎，越憎越爱；两种矛盾性日日交战，结果拿自己生命去殉那"单相思"的爱情！他的恋人是谁？是那时候的社会！

屈原脑中，含有两种矛盾原素：一种是极高寒的理想，一种是极热烈的感情。《九歌》中《山鬼》一篇，是他用象征笔法描写自己人格。其文如下：

"若有人兮山之阿，被薜荔兮带女萝。

既含睇兮又宜笑，子慕予兮善窈窕。

乘赤豹兮从文狸，辛夷车兮结桂旗；被石兰兮带杜蘅，折芳馨兮遗所思。

余处幽篁兮终不见天,路险艰兮独后来。

表独立兮山之上,云容容兮而在下;杳冥冥兮羌昼晦,东风飘兮神灵雨。

留灵修兮憺忘归,岁既晏兮孰华予。

采三秀兮于山间,石磊磊兮葛蔓蔓;怨公子兮怅忘归,君思我兮不得闲。

山中人兮芳杜若,饮石泉兮荫松柏;君思我兮然疑作。

雷填填兮雨冥冥,猿啾啾兮狖夜鸣;风飒飒兮木萧萧,思公子兮徒离忧。"

我常说:若有美术家要画屈原,把这篇所写那山鬼的精神抽显出来,便成绝作。他独立山上,云雾在脚底下,用石兰、杜若种种芳草庄严自己,真所谓"一生儿爱好是天然",一点尘都染污他不得。然而他的"心中风雨",没有一时停息,常常向下界"所思"的人寄他万斛情爱。那人爱他与否,他都不管;他总说"君是思我",不过"不得间"罢了,不过"然疑作"罢了。所以他十二时中的意绪,完全在"雷填填雨冥冥,风飒飒木萧萧"里头过去。

他在哲学上有很高超的见解;但他决不肯耽乐幻想,把现实的人生丢弃。他说:

"惟天地之无穷兮,哀人生之长勤。往者余弗及兮,来者吾不闻。"(《远游》)

他一面很达观天地的无穷,一面很悲悯人生的长勤,这两种念头,常常在脑里轮转。他自己理想的境界,尽够受用。他说:

"道可受兮,不可传,其小无内兮,其大无垠。无滑而魂兮,彼将自然。壹气孔神兮,于中夜存。虚以待之兮,无为之

先。庶类以成兮,此德之门。"(《远游》)

这种见解,是道家很精微的所在;他所领略的,不让前辈的老聃和并时的庄周。他曾写那境界道:

> "经营四荒兮,周流六漠。上至列缺兮,降望大壑。下峥嵘而无地兮,上寥廓而无天。视倏忽而无见兮,听惝恍而无闻。超无为以至清兮,与泰初而为邻。"(《远游》)

然则他常住这境界翛然自得,岂不好吗? 然而不能。他说:

> "余固知謇謇之为患兮,忍而不能舍也。"(《离骚》)

他对于现实社会,不是看不开,但是舍不得。他的感情极锐敏,别人感不着的苦痛,到他脑筋里,便同电击一般。他说:

> "微霜降而下沦兮,悼芳草之先零。……谁可与玩斯遗芳兮,晨向风而舒情。……"(《远游》)

又说:

> "惜吾不及见古人兮,吾谁与玩此芳草。"(《思美人》)

一朵好花落去,"干卿甚事?"但在那多情多血的人,心里便不知几多难受。屈原看不过人类社会的痛苦,所以他

> "长太息以掩涕兮,哀民生之多艰。"(《离骚》)

社会为什么如此痛苦呢? 他以为由于人类道德堕落。所以说:

> "时缤纷其变易兮,又何可以淹留。兰芷变而不芳兮,荃蕙化而为茅。何昔日之芳草兮,今直为此萧艾也! 岂其有他故兮,莫好修之害也。……固时俗之从流兮,又孰能无变化? 览椒兰其若此兮,又况揭车与江蓠?"(《离骚》)

所以他在青年时代便下决心和恶社会奋斗。常怕悠悠忽忽把时光耽误了。他说：

> "汩余若将不及兮，恐年岁之不吾与。朝搴阰之木兰兮，夕揽洲之宿莽。日月忽其不淹兮，春与秋其代序。惟草木之零落兮，恐美人之迟暮。不抚壮而弃秽兮，何不改乎此度也。"（《离骚》）

要和恶社会奋斗，头一件是要自拔于恶社会之外。屈原从小便矫然自异，就从他外面服饰上也可以见出。他说：

> "余幼好此奇服兮，年既老而不衰。带长铗之陆离兮，冠切云之崔巍，被明月兮珮宝璐。世溷浊而莫余知兮，吾方高驰而不顾。"（《涉江》）

又说：

> "高余冠之岌岌兮，长余佩之陆离。芳与泽其杂糅兮，惟昭质其犹未亏。"（《离骚》）

《庄子》说"尹文作为华山之冠以自表"，当时思想家作些奇异的服饰以表异于流俗，想是常有的。屈原从小便是这种气概。他既决心反抗社会，便拿性命和他相搏。他说：

> "民生各有所乐兮，余独好修以为常。虽体解吾犹未变兮，岂余心之可惩。"（《离骚》）

又说：

> "既替余以蕙纕兮，又申之以揽茝。亦余心之所善兮，虽九死其犹未悔。"（《离骚》）

又说：

> "与前世而皆然兮,吾又何怨乎今之人。吾将董道而不豫
> 兮,固将重昏而终身。"(《涉江》)

他从发心之日起,便有绝大觉悟,知道这件事不是容易。他赌咒和
恶社会奋斗到底,他果然能实践其言,始终未尝丝毫让步。但恶社
会势力太大,他到了"最后一粒子弹"的时候,只好洁身自杀。我记
得在罗马美术馆中曾看见一尊额尔达治武士石雕遗像,据说这人
是额尔达治国几百万人中最后死的一个人,眼眶承泪,颊唇微笑,
右手一剑自刺左胁。屈原沉汨罗,就是这种心事了。

四

> "余既滋兰之九畹兮,又树蕙之百亩。畦留夷以揭车兮,
> 杂杜蘅与芳芷。冀枝叶之峻茂兮,愿俟时乎吾将刈。虽萎绝
> 其亦何伤兮,哀众芳之芜秽。"(《离骚》)

这是屈原追叙少年怀抱。他原定计画,是要多培植些同志出来,协
力改革社会。到后来失败了。一个人失败有什么要紧,最可哀的
是从前满心希望的人,看着堕落下去。所谓"众芳芜秽",就是"昔
日芳草,今为萧艾",这是屈原最痛心的事。

他想改革社会,最初从政治入手。因为他本是贵族,与国家同
休戚;又曾得怀王的信任,自然是可以有为。他所以"奔走先后"与
闻国事,无非欲他的君王能够"及前王之踵武"。《离骚》无奈怀王
太不是材料:

> "初既与余成言兮,后悔遁而有他。余既不难夫离别兮,
> 伤灵修之数化。"(《离骚》)

> "昔君与我诚言兮,曰黄昏以为期。羌中道而回畔兮,反
> 既有此他志。"(《抽思》)

他和怀王的关系,就像相爱的人已经定了婚约,忽然变卦。所以他说:

> "心不同兮媒劳,恩不甚兮轻绝。……交不忠兮怨长,期不信兮告余以不闲。"(《湘君》)

他对于这一番经历,很是痛心,作品中常常感慨。内中最缠绵沈痛的一段是:

> "吾谊先君而后身兮,羌众人之所仇。专惟君而无他兮,又众兆之所雠。壹心而不豫兮,羌不可保也。疾亲君而无他兮,有招祸之道也。思君其莫我忠兮,忽忘身之贱贫。事君而不贰兮,迷不知宠之门。忠何罪以遇罚兮,亦非余心之所志。行不群以颠越兮,又众兆之所咍……"(《惜诵》)

他年少时志盛气锐,以为天下事可以凭我的心力立刻做成;不料才出头便遭大打击。他曾写自己心理的经过,说道:

> "昔余梦登天兮,魂中道而无杭。吾使厉神占之兮,曰有志极而无旁。……
>
> 吾闻作忠以造怨兮,忽谓之过言。九折臂而成医兮,吾至今而知其信然。"(《惜诵》)

他受了这一回教训,烦闷之极。但他的热血,常常保持沸度,再不肯冷下去。于是他发出极沈挚的悲音,说道:

> "闺中既已邃远兮,哲王又不寤。怀朕情而不发兮,余焉能忍而与此终古。"(《离骚》)

以屈原的才气,倘肯稍为迁就社会一下,发展的余地正多。他未尝不盘算及此,他托为他姐姐劝他的话,说道:

> "女嬃之婵媛兮，申申其詈余。曰'鲧婞直以亡身兮，终然夭乎羽之野。汝何博謇而好修兮，纷独有此姱节。薋菉葹以盈室兮，判独离而不服。众不可户说兮，孰云察余之中情。世并举而好朋兮，夫何茕独而不予听？'……"（《离骚》）

又托为渔父劝他的话，说道：

> "夫圣人者，不凝滞于物，而能与世推移。举世皆浊，何不淈其泥而扬其波？众人皆醉，何不餔其糟而歠其醨？"（《渔父》）

他自己亦曾屡屡反劝自己，说道：

> "惩于羹者而吹齑兮，何不变此志也？欲释阶而登天兮，犹有曩之态也。"（《惜诵》）

说是如此，他肯吗？不不！他断然排斥"迁就主义"。他说：

> "刓方以为圜兮，常度未替。易初本迪兮，君子所鄙。……玄文处幽兮，矇瞍谓之不章。离娄微睇兮，瞽以为无明。……邑犬群吠兮，吠所怪也。非俊疑杰兮，固庸态也。"（《怀沙》）

他认定真理正义，和流俗人不相容；受他们压迫，乃是当然的。自己最要紧是立定脚跟，寸步不移。他说：

> "嗟尔幼志，有以异兮。独立不迁，岂不可喜兮。深固难徙，廓其无求兮。苏世独立，横而不流兮。"（《橘颂》）

他根据这"独立不迁"主义，来定自己的立场。所以说：

> "固时俗之工巧兮，偭规矩而改错。背绳墨以追曲兮，竞周容以为度。忳郁邑余侘傺兮，吾独穷困乎此时也。宁溘死

以流亡兮，余不忍为此态也。鸷鸟之不群兮，自前世而固然。何方圆之能周兮，夫孰异道而相安。屈心而抑志兮，忍尤而攘诟。伏清白以死直兮，固前圣之所厚。"(《离骚》)

易卜生最喜欢讲的一句话：All or nothing.（要整个，不然，宁可什么也没有。）屈原正是这种见解。"异道相安"，他认为和方圆相周一样，是绝对不可能的事。中国人爱讲调和，屈原不然，他只有极端。"我决定要打胜他们，打不胜我就死。"这是屈原人格的立脚点，他说也是如此说，做也是如此做。

五

不肯迁就，那么，丢开罢，怎么样呢？这一点，正是屈原心中常常交战的题目。丢开有两种：一是丢开楚国，二是丢开现社会。丢开楚国的商榷，所谓：

"思九州之博大兮，岂惟是其有女。……何所独无芳草兮，尔何怀乎故宇。"(《离骚》)

这种话就是后来贾谊吊屈原说的"历九州而相君兮，何必怀此都也"。屈原对这种商榷怎么呢？他以为举世溷浊，到处都是一样。他说：

"溘吾游此春官兮，折琼枝以继佩。及荣华之未落兮，相下女之可诒。

吾令丰隆乘云兮，求宓妃之所在。解佩纕以结言兮，吾令蹇修以为理。纷总总其离合兮，忽纬繣其难迁。……望瑶台之偃蹇兮，见有娀之佚女。吾令鸩为媒兮，鸩告余以不好。雄鸠之鸣逝兮，余犹恶其佻巧。……

及少康之未家兮，留有虞之二姚。理弱而媒拙兮，恐导言之不固。时溷浊而嫉贤兮，好蔽美而称恶。……"（《离骚》）

这些话怎么解呢？对于这一位意中人，已经演了失恋的痛史了，再换别人，只怕也是一样。宓妃吗？纬繣难迁；有娀吗？不好，佻巧。二姚吗？导言不固。总结一句，就是旧戏本说的笑话："我想平儿，平儿老不想我。"怎么样他才会想我呢？除非我变个样子；然而我到底不肯；所以任凭你走遍天涯地角，终久找不着一个可意的人来结婚。于是他发出绝望的悲调，说：

"忽反顾以流涕兮，哀高丘之无女。"（《离骚》）

他理想的女人，简直没有。那么，他非在独身生活里头甘心终老不可了。

举世溷浊的感想，《招魂》上半篇表示得最明白。所谓：

"魂兮归来，东方不可以托些。……魂兮归来，南方不可以止些。……魂兮归来，西方之害，流沙千里些。……魂兮归来，北方不可以止些。……魂兮归来，君无上天些。……魂兮归来，君无下此幽都些。……"

似此"上下四方多贼奸"，有那一处可以说是比"故宇"强些呢？所以丢开楚国，全是不彻底的理论，不能成立。

丢开现社会，确是彻底的办法。屈原同时的庄周，就是这样。屈原也常常打这个主意。他说：

"悲时俗之迫阨兮，愿轻举以远游。"（《远游》）

他被现社会迫阨不过，常常要和他脱离关系宣告独立。而且实际上他的神识，亦往往靠这一条路得些安慰。他作品中表现这种理想者最多。如：

"驾青虬兮骖白螭，吾与重华游兮瑶之圃。登昆仑兮食玉英。与天地兮同寿，与日月兮同光。"（《涉江》）

"与女游兮九河，冲风起兮水扬波。乘水车兮荷盖，驾两龙兮骖螭。登昆仑兮四望，心飞扬兮浩荡。"（《河伯》）

"春秋忽其不淹兮，奚久留此故居。轩辕不可攀援兮，吾将从王乔而娱戏。餐六气而饮沆瀣兮，漱正阳而含朝霞。保神明之清澄兮，精气入而粗秽除。顺凯风以从游兮，至南巢而壹息；见王子而宿之兮，审壹气之和德。"（《远游》）

"穆眇眇之无垠兮，莽芒芒之无仪。声有隐而相感兮，物有纯而不可为。邈漫漫之不可量兮，缥绵绵之不可纡。……上高岩之峭岸兮，处雌蜺之标颠。据青冥而摅虹兮，遂倏忽而扪天。……"（《悲回风》）

"遭吾道夫昆仑兮，路脩远以周流。扬云霓之晻蔼兮，鸣玉鸾之啾啾。朝发轫于天津兮，夕余至乎西极。凤皇翼其承旂兮，高翱翔之翼翼。忽吾行此流沙兮，遵赤水而容与。麾蛟龙使梁津兮，诏西皇使涉予。……屯余车其千乘兮，齐玉轪而并驰。驾八龙之婉婉兮，载云旗之委蛇。抑志而弭节兮，神高驰之邈邈。奏九歌而舞韶兮，聊假日以媮乐。"（《离骚》）

诸如此类，所写都是超现实的境界，都是从宗教的或哲学的想象力构造出来。倘使屈原肯往这方面专做他的精神生活，他的日子原可以过得很舒服，然而不能。他在《远游》篇，正在说"绝氛埃而淑尤兮，终不反其故都。"底下忽然接着道：

"恐天时之代序兮，耀灵晔而西征。微霜降而下沦兮，悼芳草之先零。"

他在《离骚》篇，正在说"假日媮乐"，底下忽然接著道：

> "陟升皇之赫戏兮，忽临睨夫旧乡。仆夫悲余马怀兮，蜷局顾而不行。"

乃至如《招魂》篇把物质上娱乐敷陈了一大堆，煞尾却说道：

> "皋兰被径兮，斯路渐。湛湛江水兮，上有枫。目极千里兮，伤春心。魂兮归来，哀江南。"

屈原是情感的化身，他对于社会的同情心，常常到沸度。看见众生苦痛，便和身受一般，这种感觉，任凭用多大力量的麻药也麻他不下。正所谓"此情无计可消除，才下眉头，却上心头。"说丢开吗？如何能够呢？他自己说：

> "登高吾不说兮，入下吾不能。"（《思美人》）

这两句真是把自己心的状态，全盘揭出。超现实的生活不愿做，一般人的凡下现实生活又做不来，他的路于是乎穷了。

六

对于社会的同情心既如此其富，同情心刺戟最烈者，当然是祖国，所以放逐不归，是他最难过的一件事。他写初去国时的情绪道：

> "发郢都而去闾兮，怊荒忽其焉极。楫齐扬以容与兮，哀见君而不再得。望长楸而太息兮，涕淫淫其若霰。过夏首而西浮兮，顾龙门而不见。……将运舟而下浮兮，上洞庭而下江。去终古之所居兮，今逍遥而来东。羌灵魂之欲归兮，何须臾而忘反。背夏浦而西思兮，哀故都之日远。"（《哀郢》）
>
> "望孟夏之短夜兮，何晦明之若岁。惟郢路之辽远兮，魂一夕而九逝。曾不知路之曲直兮，南指月与列星。愿径逝而

未得兮，魂识路之营营。"（《抽思》）

内中最沉痛的是：

> "曼余目以流观兮，冀一反之何时。鸟飞反故乡兮，
> 狐死必首丘。信非吾罪而弃逐兮，何日夜而忘之。"
> （《哀郢》）

这等作品，真所谓"一声河满子，双泪落君前。"任凭是铁石人，读了怕都不能不感动哩！

他在湖南过的生活，《涉江》篇中描写一部分如下：

> "乘舲船余上沅兮，齐吴榜以击汰。船容与而不进兮，淹
> 回水而凝滞。朝发枉渚兮，夕宿辰阳。苟余心其端直兮，虽僻
> 远之何伤。入溆浦余儃徊兮，迷不知吾所如。深林杳以冥冥
> 兮，乃猿狖之所居。山峻高以蔽日兮，下幽晦以多雨。霰雪纷
> 其无垠兮，云霏霏而承宇。哀吾生之无乐兮，幽独处乎山中。
> 吾不能变心而从俗兮，固将愁苦而终穷。"

大概他在这种阴惨岑寂的自然界中过那非社会的生活，经了许多年。像他这富于社会性的人，如何能受？ 他在那里

> "退静默而莫余知兮，进号呼又莫吾闻。"（《惜诵》）

他和恶社会这场血战，真已到矢尽援绝的地步。肯降服吗？ 到底不肯。他把他的洁癖坚持到底。说道：

> "安能以身之察察，受物之汶汶者乎？ 宁赴湘流，葬于江
> 鱼腹中。又安能以皓皓之白，而蒙世俗之尘埃乎？"（《渔父》）

他是有精神生活的人，看著这臭皮囊，原不算什么一回事。他最后觉悟到他可以死而且不能不死，他便从容死去。临死时的绝作

说道：

> "民生禀命，各有所错兮。定心广志，余何畏惧兮。曾伤爱哀，永叹喟兮。世溷浊莫吾知，人心不可谓兮。知死不可让，愿勿爱兮。明告君子，吾将以为类兮。"（《怀沙》）

西方的道德论，说凡自杀皆怯懦。依我们看：犯罪的自杀是怯懦，义务的自杀是光荣。匹夫匹妇自经沟渎的行为，我们诚然不必推奖他。至于"志士不忘在沟壑，勇士不忘丧其元"，这有什么见不得人之处？屈原说的"定心广志何畏惧""知死不可让愿勿爱"，这是怯懦的人所能做到吗？《九歌》中有赞美战死的武士一篇，说道：

> "……出不入兮往不反，平原忽兮路超远。带长剑兮挟秦弓，首虽离兮心不惩。诚既勇兮又以武，终刚强兮不可陵。身既死兮神以灵，子魂魄兮为鬼雄。"（《国殇》）

这虽属侑神之词，实亦写他自己的魄力和身分。我们这位文学老祖宗留下二十多篇名著，给我们民族偌大一份遗产，他的责任算完全尽了。末后加上这汨罗一跳，把他的作品添出几倍权威，成就万劫不磨的生命，永远和我们相摩相荡。呵呵！"诚既勇兮又以武，终刚强兮不可陵。"呵呵！屈原不死！屈原惟自杀故，越发不死！

七

以上所讲，专从屈原作品里头体现出他的人格，我对于屈原的主要研究，算是结束了。最后对于他的文学技术，应该附论几句。

屈原以前的文学，我们看得着的只有《诗经》三百篇。《三百篇》好的作品，都是写实感。实感自然是文学主要的生命，但文学还有第二个生命,曰想象力。从想象力中活跳出实感来,才算极文学之能事。就这一点论,屈原在文学史的地位,不特前无古人,截到今日止,仍是后无来者。因为屈原以后的作品,在散文或小说里头,想象力比屈原优胜的或者还有;在韵文里头,我敢说还没有人比得上他。

他作品中最表现想象力者,莫如《天问》《招魂》《远游》三篇。《远游》的文句,前头多已征引,今不再说。《天问》纯是神话文学,把宇宙万有,都赋予他一种神秘性,活像希腊人思想。《招魂》前半篇,说了无数半神半人的奇情异俗,令人目摇魄荡。后半篇说人世间的快乐,也是一件一件的从他脑子里幻构出来。至如《离骚》:什么灵氛,什么巫咸,什么丰隆、望舒、塞修,飞廉,雷师,这些鬼神,都拉来对面谈话或指派差事。什么宓妃,什么有娀佚女,什么有虞二姚,都和他商量爱情。凤皇,鸩,鸠,鸐鸠,都听他使唤,或者和他答话。虬,龙,虹霓,鸾,或是替他拉车,或是替他打伞,或是替他搭桥。兰、茝、桂、椒、芰荷、芙蓉,……无数芳草,都做了他的服饰。昆仑,县圃,咸池,扶桑,苍梧,崦嵫,阊阖,阆风,穷石,洧盘,天津,赤水,不周,……种种地名或建筑物,都是他脑海里头的国土。又如《九歌》十篇,每篇写一神,便把这神的身分和意识都写出来。想象力丰富瑰伟到这样,何止中国,在世界文学作品中,除了但丁《神曲》外,恐怕还没有几家够得上比较哩!

班固说:"不歌而诵谓之赋",从前的诗,谅来都是可以歌的,不歌的诗,自"屈原赋"始。几千字一篇的韵文,在体格上已经是空前创作。那波澜壮阔,层叠排奡,完全表出他气魄之伟大。有许多话讲了又讲,正见得缠绵悱恻,一往情深。有这种技术,才配说"感情的权化"。

写客观的意境,便活给他一个生命,这是屈原绝大本领。这类作品，《九歌》中最多。如：

"君不行兮夷犹，蹇谁留兮中洲。美要眇兮宜修，沛吾乘兮桂舟。令沅湘兮无波，使江水兮安流。"（《湘君》）

"帝子降兮北渚，目眇眇兮愁予。袅袅兮秋风，洞庭波兮木叶下。……沅有芷兮澧有兰，思公子兮未敢言。……"（《湘夫人》）

"秋兰兮蘼芜，罗生兮堂下。绿叶兮素枝，芳菲菲兮袭予。……秋兰兮青青，绿叶兮紫茎。满堂兮美人，忽独与余兮目成。入不言兮出不辞，乘回风兮载云旗。悲莫悲兮生别离，乐莫乐兮新相知。荷衣兮蕙带，倏而来兮忽而逝。夕宿兮帝郊，君谁须兮云之际。……"（《少司命》）

"子交手兮东行，送美人兮南浦。波滔滔兮来迎，鱼鳞鳞兮媵予。"（《河伯》）

这类作品读起来，能令自然之美和我们心灵相触逗，如此，才算是有生命的文学。太史公批评屈原道：

"其文约，其辞微，其志洁，其行廉。其称文小而其指极大，举类迩而见义远。其志洁，故其称物芳；其行廉，故死而不容。自疏濯淖污泥之中，蝉蜕于浊秽，不获世之滋垢，皭然泥而不滓者也。推此志也，虽与日月争光可也。"（《史记》本传）

虽未能尽见屈原，也算略窥一斑了。我就把这段话作为全篇的结束。

史之意义及其范围①

史者何？记述人类社会赓续活动之体相，校其总成绩，求得其因果关系，以为现代一般人活动之资鉴者也。其专述中国先民之活动供现代中国国民之资鉴者，则曰中国史。

今宜将此定义分析说明：

（一）活动之体相：人类为生存而活动，亦为活动而生存。活动休止，则人道或几乎息矣。凡活动，以能活动者为体，以所活动者为相。史也者，综合彼参与活动之种种体，与其活动所表现之种种相，而成一有结构的叙述者也，是故非活动的事项——例如天象、地形等属于自然界现象者，皆非史的范围；反之凡活动的事项——人类情感理智意志所产生者，皆活动之相，即皆史的范围也。此所谓相者，复可细分为二：一曰活动之产品，二曰活动之情态。产品者，活动之过去相，因活动而得此结果者也。情态者，活动之现在相，结果之所从出也。产品者，譬犹海中生物，经无数个体一期间协合之嬗化而产出一珊瑚岛，此珊瑚岛实经种种活动情态而始成。而今则既僵矣，情态不复可得见，凡史迹皆人类过去活动之僵迹也，史家能事，乃在将僵迹变为活化——因其结果以推得

---

① 选自《中国历史研究法》，原载 1921 年 11 月 15 日《改造》第 4 卷第 3 号。

其情态,使过去时代之现在相,再现于今日也。

(二)人类社会之赓续活动:不曰"人"之活动而曰"人类社会"之活动者,一个人或一般人之食息、生殖、争斗、忆念、谈话等等,不得谓非活动也,然未必皆为史迹。史迹也者,无论为一个人独力所造,或一般人协力所造,要之必以社会为范围;必其活动力之运用贯注,能影响及于全社会——最少亦及于社会之一部,然后足以当史之成分。质言之,则史也者,人类全体或其大多数之共业所构成,故其性质非单独的,而社会的也。复次;言活动而必申之以"赓续"者:个人之生命极短,人类社会之生命极长,社会常为螺旋形的向上发展,隐然若悬一目的以为指归;此目的地辽远无垠,一时代之人之所进行,譬犹涉涂万里者之仅颐一步耳。于是前代之人,恒以其未完之业遗诸后代,后代袭其遗产而继长增高焉,如是递遗递袭,积数千年数万年;虽到达尚邈无其期,要之与目的地之距离,必日近一日;含生之所以进化,循斯轨也。史也者,则所以叙累代人相续作业之情状者也。率此以谈,则凡人类活动在空际含孤立性,在时际含偶现性、断灭性者,皆非史的范围,其在空际有周遍性,在时际有连续性者,乃史的范围也。

(三)活动之总成绩及其因果关系:活动必有成绩,然后可记,不待言也。然成绩云者,非一个人一事业成功失败之谓,实乃簿录全社会之作业而计其总和。质言之,即算总账也。是故成绩有彰显而易见者,譬犹澍雨降而麦苗苗,烈风过而林木摧;历史上大圣哲大英雄之出现,大战争大革命之经过,是其类也。亦有微细而难见者,譬犹退潮刷江岸而成淤滩,宿茶浸陶壶而留陈渍;虽聪察者,犹不之觉,然其所演生之迹,乃不可磨灭。一社会一时代之共同心理、共同习惯,不能确指其为何时何人所造,而匹夫匹妇日用饮食之活动皆与有力焉,是其类也。吾所谓总成绩者,即指此两类之总和也。夫成绩者,今所现之果也,然必有昔之成绩以为之因;而今之成绩又自为因,以孕产将来之果;因果相续,如环无端。必寻出其因果关系,然后活动之继续性,可得而悬解也。然因果关系,至复赜而难理;一果或出数因,一因或产数果;或潜伏而易代乃显,或反动而别证始明;故史家以为难焉。

(四)现代一般人活动之资鉴:凡作一书,必先问吾书将以供何等人之读,然后其书乃如隰之有畔,不致泛滥失归,且能针对读者以发生相当之效果。例如《资治通鉴》,其著书本意,专以供帝王之读,故凡帝王应有之史的智识无不备,非彼所需,则从摈阙。此诚绝好之"皇帝教科书",而亦士大夫之怀才竭忠以事其上者所宜必读也。今日之史,其读者为何许人耶?既以民治主义立国,人人皆以国民一分子之资格立于国中,又以人类一分子之资格立于世界;共感于过去的智识之万不可缺,然后史之需求生焉。质言之,今日所需之史,则"国民资治通鉴"或"人类资治通鉴"而已。史家目的,在使国民察知现代之生活与过去未来之生活息息相关,而因以增加生活之兴味;睹遗产之丰厚,则欢喜而自壮;念先民辛勤未竟之业,则矍然思所以继志述事而不敢自暇逸;观其失败之迹与夫恶因恶果之递嬗,则知耻知惧,察吾遗传性之缺憾而思所以匡矫之也。夫如此,然后能将历史纳入现在生活界使生密切之联锁;夫如此,则史之目的,乃为社会一般人而作,非为某权力阶级或某智识阶级而作,昭昭然也。

今人韦尔思有言:"距今二百年前,世界未有一著述足称为史者。"[①]夫中外古今书籍之以史名者亦多矣,何以谓竟无一史?则

---

① 看英人韦尔思(H. G. Wells)所著《史纲》(*Outline of History*)初版第247页。

今世之史的观念,有以异于古所云也。我国二千年来史学,视他国为独昌。虽然,彼其体例,多属千余年前学者之所创;彼时所需要之史,与今不同。彼时学问未分科,凡百智识皆恃史以为之记载;故史之范围,广漠无垠。积年愈久,为书愈多,驯至为一人毕生精力所不能殚读。吾侪居今日而读旧史,正所谓"披沙拣金往往见宝"。离沙无金,固也。然数斗之沙,得金一颗,为事既已甚劳。况拣金之术,非尽人而能;苟误其涂,则取沙弃金,在所不免。不幸而中国现在历史的教育,乃正类是。吾昔在友家见一八岁学童,其父面试以元明两代帝王世次及在位年数,童对客偻数,一无漏讹;倘此童而以他朝同一之事项质客(我)者,客惟有忸怩结舌而已。吾既叹异此童之慧敏,转念以如此慧敏之脑,而役以此等一无价值之劳动,其冤酷乃真无极也。不宁惟是,旧史因专供特殊阶级诵读故,目的偏重政治,而政治又偏重中枢,遂致吾侪所认为极重要之史迹,有时反阙不载,试举其例:如巴蜀滇黔诸地,自古本为中华民族文化所未被,其次第同化之迹,治史者所亟欲闻也。而古代史上有两大役,实兹事之关键。其在巴蜀方面,为战国时秦司马错之定蜀;其在滇黔方面,为三国时蜀诸葛亮之平蛮。然而《史记》之叙述前事,仅得十一字;《三国志》之叙述后事,仅得六十四字。[①] 其简略不太甚耶? 又如隋唐间佛教发达,其结果令全国思想界及社会情状生一大变化,此共见之事实也;然而遍读《隋书》、新旧《唐

---

① 《史记》叙秦定蜀事,仅《秦本纪》中有"六年,蜀侯恽反,司马错定之"十一字。《三国志》叙蜀平蛮事,仅《后主传》中有"三年春三月,丞相亮南征四郡,四郡皆平。改益州郡为建宁郡,分建宁永昌郡为云南郡,又分建宁牂牁为兴古郡"凡四十四字。又《诸葛亮传》中有"三年春,亮率众南征。其秋悉平。军资所出,国以富饶"凡二十字。此两役可谓史上极重要之事实,然正史所纪乃简略至此,使非有《战国策》《华阳国志》等稍补其阙,则此西南徼两片大地,何以能与中原民族发生关系,吾侪将瞢无所知矣。

书》,此种印象,竟丝毫不能印入吾脑也。如元明间杂剧小说,为我文学界辟一新纪元,亦共见之事实也;然而遍读《元史》《明史》,此间消息,乃竟未透漏一二也。又如汉之攘匈奴,唐之征突厥,皆间接予西方史迹以莫大之影响,明时欧人之"航海觅地热",其影响之及于我者亦至巨;此参稽彼我年代事实而可见者。然而遍读汉唐明诸史,其能导吾以入于此种智识之涂径者,乃甚稀也。由此观之,彼旧史者,一方面因范围太滥,卷帙浩繁,使一般学子望洋而叹;一方面又因范围太狭,事实阙略,不能予吾侪以圆满的印象。是故今日而欲得一理想的中国史以供现代中国人之资鉴者,非经新史家一番努力焉不可也。

今欲成一适合于现代中国人所需要之中国史,其重要项目,例如:

中华民族是否中国之原住民? 抑移住民?

中华民族由几许民族混合而成? 其混合醇化之迹何如?

中华民族最初之活动,以中国何部分之地为本据? 何时代发展至某部分,何时代又发展至某部分? 最近是否仍进行发展,抑已停顿?

外来蛮族——例如匈奴、突厥等,其与我共争此土者凡几? 其来历何如? 其纷争结果影响于我文化者何如? 我文化之影响于彼者又何如?

世界他部分之文化民族——例如印度、欧洲等,其与我接触交通之迹何如? 其影响于我文化者何如? 我文化之影响于彼者又何如?

中华民族之政治组织——分治合治交迭推移之迹何如?

统治异民族及被统治于异民族,其成败之迹何如?

阶级制度——贵族平民奴隶之别,何时发生,何时消灭;其影响于政治者何如？

国内各种团体——例如家族团体、地方团体、宗教团体、职业团体等，其盛衰兴废何如？影响于政治者何如？

民治主义基础之有无？其久不发育之故安在？

法律因革损益之迹何如？其效力之及于社会者何如？

经济基件——衣食住等之状况，自初民时代以迄今日，其进化之大势何如？

农工商业更迭代嬗以占经济之主位，其推移之迹何如？

经济制度——例如货币之使用，所有权之保护，救济政策之施行等等，其变迁何如？其影响于经济状况者何如？

人口增殖移转之状况何如？影响于经济者何如？

与外国交通后所生经济之变动何如？

中国语言文字之特质何在？其变迁何如？其影响于文化者何如？

民族之根本思想何在？其各时代思潮蜕变之迹何如？

宗教信仰之情状及其变迁何如？

文化之继承及传播，其所用教育方式何如？其变迁及得失何如？

哲学、文学、美术、音乐、工艺、科学等，各时代进展之迹何如？其价值何如？

各时代所受外国文化之影响何如？我文化之曾贡献或将贡献于世界者何如？

上所论列，不过略举纲领，未云详尽也。要之，现代之史，必注目于此等事项，校其总成绩以求其因果，然后史之为物，乃与吾侪之生活不生距离，而读史者乃能亲切而有味。举要言之，则中国史之主的如下：

第一，说明中国民族成立发展之迹，而推求其所以能保存盛大之故，且察其有无衰败之征。

第二，说明历史上曾活动于中国境内者几何族，我族与他族调和冲突之迹何如？其所产结果何如？

第三，说明中国民族所产文化，以何为基本，其与世界他部分文化相互之影响何如？

第四，说明中国民族在人类全体上之位置及其特性，与其将来对于全人类所应负之责任。

遵斯轨也，庶可语于史矣。

史之改造①

　　吾生平有屡受窘者一事，每遇青年学子叩吾以治国史宜读何书，辄沈吟久之而卒不能对。试思吾舍二十四史、《资治通鉴》、三通等书外，更何术以应此问？然在今日百学待治之世界，而读此浩瀚古籍，是否为青年男女日力之所许，姑且勿论。尤当问费此莫大之日力，其所得者究能几？吾侪欲知吾祖宗所作事业，是否求之于此而已足？岂惟仅此不足，恐虽遍读《隋唐志》《明史》……等所著录之十数万卷，犹之不足也。夫旧史既不可得遍读，即遍读之亦不能养吾欲而给吾求，则惟有相率于不读而已。信如是也，吾恐不及十年而中国史学，将完全被驱出于学问圈外。夫使一国国民而可以无需国史的智识，夫复何言。而不然者，则史之改造，真目前至急迫之一问题矣。

　　吾前尝言著书须问将以供何等人之读，今请申言此义：古代之史，是否以供人读，盖属疑问。观孔子欲得诸国史，求之甚艰；而魏史乃瘗诸汲冢中：虽不敢谓其必禁传读，要之其目的在珍袭于秘府，而不在广布于公众，殆可断言。后世每朝之史，必易代而始布，故吾侪在今日，尚无《清史》可读，此尤旧史半带秘密性之一证

---

　　① 选自《中国历史研究法》，原载 1921 年 11 月 15 日《改造》第 4 卷第 3 号。

也。私家之史，自是为供读而作，然其心目中之读者，各各不同，"孔子成《春秋》而乱臣贼子惧"，《春秋》盖以供当时贵族中为人臣子者之读也。司马光《资治通鉴》，其主目的以供帝王之读，其副目的以供大小臣僚之读，则吾既言之矣。司马迁《史记》，自言"藏诸名山传与其人"[1]，盖将以供后世少数学者之读也。自馀诸史目的略同，大率其读者皆求诸禄仕之家与好古绩学专门之士。夫著作家必针对读者以求获其所希望之效果，故缘读者不同，而书之精神及其内容组织亦随而不同，理固然也。读者在禄仕之家，则其书宜为专制帝王养成忠顺之臣民；读者在绩学专门之士，则其书不妨浩瀚杂博奥衍，以待彼之徐整理而自索解。而在此两种读者中，其对于人生日用饮食之常识的史迹，殊非其所渴需；而一般民众自发自进的事业，或反为其所厌忌。质而言之，旧史中无论何体何家，总不离贵族性，其读客皆限于少数特别阶级——或官阀阶级，或智识阶级。故其效果，亦一如其所期助成国民性之畸形的发达。此二千年史家所不能逃罪也。此类之史，在前代或为其所甚需要。非此无以保社会之结合均衡，而吾族或早已溃灭。虽然，此种需要，在今日早已过去，而保存之则惟增其毒。在今日惟个性圆满发达之民，自进而为种族上、地域上、职业上之团结互助，夫然后可以生存于世界而求有所贡献。而历史其物，即以养成人类此种性习为职志。今之史家，常常念吾书之读者与彼迁《记》、光《鉴》之读者绝不同伦，而矢忠罩精以善为之地焉，其庶可以告无罪于天下也。

复次，历史为死人——古人而作耶？为生人——今人或后人而作耶？据吾侪所见，此盖不成问题，得直答曰为生人耳。然而旧史家殊不尔尔，彼盖什九为死人作也。史官之初起，实由古代人主

---

[1] 《史记·太史公自序》原文作"藏之名山，副在京师，俟后世圣人君子！"

欲纪其盛德大业以昭示子孙；故纪事以宫廷为中心，而主旨在隐恶扬善。观《春秋》所因鲁史之文而可知也。其有良史，则善恶毕书，于是褒贬成为史家特权。然无论为褒为贬，而立言皆以对死人则一也。后世奖厉虚荣之涂术益多，墓志家传之类，汗牛充栋；其目的不外为子孙者欲表扬其已死之祖父；而最后荣辱，一系于史。驯至帝者以此为驾驭臣僚之一利器。试观明清以来饰终之典，以"宣付史馆立传"为莫大恩荣，至今犹然；则史之作用可推矣。故如魏收市佳传以骄侪辈，袁枢谢曲笔以忤乡人，（看《北史·收传》《宋史·枢传》）贤否虽殊，而壹皆以陈死人为鹄。后人评史良楉，亦大率以其书对于死人之态度是否公明以为断。乃至如各史及各省府县志，对于忠义节孝之搜访，惟恐不备。凡此皆求有以对死者也。此类观念，其在国民道德上有何等关系，自属别问题。若就史言史，费天地间无限缣素，乃为千百年前已朽之骨校短量长，果何为者。夫史迹为人类所造，吾侪诚不能于人外求史。然所谓"历史的人格者"，别自有其意义与其条件。史家之职，惟在认取此"人格者"与其周遭情状之相互因果关系而加以说明。若夫一个个过去之古人，其位置不过与一幅之画、一座之建筑物相等。只能以彼供史之利用，而不容以史供其利用，抑甚明矣。是故以生人本位的历史代死人本位的历史，实史界改造一要义也。

复次，史学范围，当重新规定，以收缩为扩充也。学术愈发达则分科愈精密；前此本为某学附庸，而今则蔚然成一独立科学者，比比然矣。中国古代，史外无学，举凡人类智识之记录，无不丛纳之于史，厥后经二千年分化之结果，各科次第析出，例如天文、历法、官制、典礼、乐律、刑法等，畴昔认为史中重要部分，其后则渐渐与史分离矣。今之旧史，实以年代记及人物传之两种原素糅合而成。然衡以严格的理论，则此两种者实应别为两小专科，曰"年代学"，曰"人谱学"——即"人名辞典学"，而皆可谓在史学范围以外，若是乎，则前表所列若干万卷之史部书，乃无一部得复称为史。若是乎，畴昔史学硕大无朋之领土，至是乃如一老大帝国，逐渐瓦解而无复余。故近代学者，或昌言史学无独立成一科学之资格，论虽过当，不为无见也。虽然，今之史学，则既已获有新领土。而此所谓新领土，实乃在旧领土上而行使新主权。例如天文：自《史记·天官书》迄《明史·天文志》皆以星座躔度等记载充满篇幅；此属于天文学范围，不宜以入历史，固也。虽然，就他方面言之，我国人何时发明中星，何时发明置闰，何时发明岁差，乃至恒星行星之辨别，盖天浑天之论争，黄道赤道之推步，……等等，此正吾国民继续努力之结果，其活动状态之表示，则历史范围以内之事也。是故天文学为一事，天文学史又为一事。例如音乐：各史《律历志》及《乐书》《乐志》详述五声十二律之度数，郊祀铙歌之曲辞，此当委诸音乐家之专门研究者也。至如汉晋间古雅乐之如何传授，如何废绝，六朝南部俚乐之如何兴起，隋唐间羌胡之乐谱乐器如何输入，来自何处，元明间之近代的剧曲如何发展，此正乃历史范围以内之事也。是故音乐学为一事，音乐史又为一事，推诸百科，莫不皆然。研究中国哲理之内容组织，哲学家所有事也；述哲学思想之渊源及其相互影响，递代变迁与夫所产之结果，史家所有事也。研究中国之药剂证治，医家所有事也；述各时代医学之发明及进步，史家所有事也。对于一战争，研究其地形、阨塞、机谋、进止，以察其胜负之由，兵家所有事也；综合古今战役而观兵器战术之改良进步，对于关系重大之诸役，寻其起因而推论其及于社会之影响，史家所有事也。各列传中，记各人之籍贯、门第、传统，等等，谱牒家所有事也；其嘉言懿行，撷之以资矜式，教育家所有事也；观一时代多数人活动之总趋向与夫该时代代表的人物之事业动机及其反响，史家所有事也。由此言之，今后史家，一面宜将其旧领土一一划归各科学之专门，使为自治的发展，勿侵其权限；一面则以总神经系——总政府自居，凡各活动之相，悉摄取而论列之。乃至前此亘古未入版图之事项——例如吾前章所举隋唐佛教、元明小说等，悉吞纳焉以扩吾疆宇，无所让也。旧史家惟不明此区别，故所记述往往侵入各专门科学之界限，对于该学，终亦语焉不详，而史文已繁重芜杂不可弹读。不宁惟是，驰骛于此等史外的记述，则将本范围内应负之职责而遗却之，徒使学者读破万卷，而所欲得之智识，仍茫如捕风。今之作史者，先明乎此，庶可以节精力于史之外，而善用之于史之内矣。

复次：吾侪今日所渴求者，在得一近于客观性质的历史。我国人无论治何种学问，皆含有主观的作用……挟以他项目的，而绝不愿为纯客观的研究。例如文学，欧人自希腊以来，即有"为文学而治文学"之观念。我国不然，必曰因文见道。道其目的，而文则其手段也。结果则不诚无物，道与文两败而俱伤。惟史亦然；从不肯为历史而治历史，而必侈悬一更高更美之目的——如"明道""经世"等；一切史迹，则以供吾目的之刍狗而已。其结果必至强史就我，而史家之信用乃坠地。此恶习起自孔子，而二千年之史，无不播其毒。孔子所修《春秋》，今日传世最古之史书也，宋儒谓其"寓褒贬，别善恶"，汉儒谓其"微言大义，拨乱反正"。两说孰当，且勿深论，要之，孔子作《春秋》，别有目的，而所记史事，不过借作手段，此无可疑也。坐是之故，《春秋》在他方面有何等价值，此属别问题；若作史而宗之，则乖莫甚焉。例如二百四十年中，鲁君之见弑者四，（隐公，闵公，子般，子恶。）见逐者一，（昭公。）见戕于外者一，（桓公。）而《春秋》不见其文，孔子之徒，犹云"鲁之君臣未尝相弑"①。（《礼

---

① "鲁之"原作"鲁王礼也，天下传之久矣。"

记·明堂位》文。）又如狄灭卫，此何等大事，因掩齐桓公之耻，则削而不书。（看闵二年《穀梁传》"狄灭卫"条下。）[1]晋侯传见周天子，此何等大变，因不愿暴晋文公之恶，则书而变其文。（看僖二十八年"天王狩于河阳"条下《左传》及《公羊传》。）诸如此类，徒以有"为亲贤讳"之一主观的目的，遂不惜颠倒事实以就之。又如《春秋》记杞伯姬事前后凡十余条，以全部不满万七千字之书，安能为一妇人分去尔许篇幅，则亦曰借以奖厉贞节而已。其他记载之不实不尽不均，类此者尚难悉数。故汉代今文经师，谓《春秋》乃经而非史，吾侪不得不宗信之；盖《春秋》而果为史者，则岂惟如王安石所讥断烂朝报，恐其秽乃不减魏收矣。顾最不可解者，孔叟既有尔许微言大义，何妨别著一书，而必淆乱历史上事实以惑后人，而其义亦随之而晦也。自尔以后，陈陈相因，其宗法孔子愈笃者，其毒亦愈甚，致令吾侪常有"信书不如无书"之叹，如欧阳修之《新五代史》，朱熹之《通鉴纲目》，其代表也。郑樵之言曰："史册以详文该事，善恶已章，无待美刺。读萧曹之行事，岂不知其忠良？见莽卓之所为，岂不知其凶逆？……而当职之人，不知留意于宪章，徒相尚于言语。正犹当家之妇，不事饔飧，专鼓唇舌。"（《通志·总序》。）此言可谓痛切。夫史之性质，与其他学术有异，欲为纯客观的史，是否事实上所能办到，吾犹未敢言。虽然，吾侪有志史学者，终不可不以此自勉，务持鉴空衡平之态度，极忠实以搜集史料，极忠实以叙论之，使恰如其本来。当如格林威尔所云"画我须是我"。当如医者之解剖，奏刀砉砉，而无所谓恻隐之念扰我心曲也。乃至对本民族偏好溢美之辞，亦当力戒。良史固所以促国民之自觉，然真自觉者决不自欺，欲以自觉觉人者尤不宜相蒙。故吾以为今后作史者，宜于可能的范围内，裁抑其主

---

① "灭"原作"人"。

观而忠实于客观，以史为目的而不以为手段。夫然后有信史；有信史然后有良史也。

复次，吾前言人类活动相而注重其情态。夫摹体尚易，描态实难。态也者，从时间方面论，则过而不留；后刹那之态方呈，前刹那之态已失。从空间方面论，则凡人作一态，实其全身心理生理的各部分协同动作之结果，且又与环境为缘；若仅为局部的观察，睹其一而遗其他，则真态终未由见。试任取一人而描其一日之态，犹觉甚难。而况史也者，积千万年间千千万万生死相续之人，欲观其继续不断之全体协同动作，兹事抑谈何容易。史迹既非可由冥想虚构，则不能不取资于旧史；然旧史所能为吾资者，乃如儿童用残之旧课本，原文本已编辑不精，讹夺满纸，而复东缺一页，西缺数行，油污墨渍，存字无几。又如电影破片，若干段已完全失却，前后不相衔接；其存者亦罅漏模糊，不甚可辨。昔顾炎武论春秋战国两时代风尚之剧变，而深致叹息于中间百三十三年史文之阙佚。（《日知录》卷十三。）夫史文阙佚，虽仅此百三十三年，而史迹之湮亡，则其数量云胡可算。盖一切史迹，大半藉旧史而获传；然旧史著作之目的，与吾侪今日所需求者多不相应；吾侪所认为极可宝贵之史料，其为旧史所摈弃而遂湮没以终古者，实不知几几。吾侪今日，乃如欲研究一燹余之芜城废殿，从瓦砾堆中搜集断椽破甓，东拼西补，以推测其本来规制之为何若，此种事业，备极艰辛，犹且仅一部分有成功希望，一部分或竟无成功希望。又不惟残缺之部分为然耳；即向来公认为完全美备之史料——例如正史——试以科学的眼光严密审查，则其中误者伪者又不知几几。吾侪今日对于此等史迹，殆有一大部分须为之重新估价，而不然者，则吾史乃立于虚幻的基础之上，而一切研索推论，皆为枉费。此种事业，其艰辛亦与前等，而所得或且更微末。以上两种劳作，一曰搜补的劳作，二曰考证的劳作，皆可谓极不经济的——劳多而获少的。虽然，当知近百年来欧洲史学所以革新，纯由此等劳作导其先路。吾国史苟不经过此一番爬剔洗炼，则完善之作，终不可期。今宜专有人焉胼手胝足，以耕以畲，以待后人之获。一部分人出莫大之劳费以为代价，然后他部分人之劳费乃可以永节省。此吾侪今日应有之觉悟也。此两种劳作之下手方法，皆于第五章专论之，今不先赘。

复次，古代著述，大率短句单辞，不相联属。恰如下等动物，寸寸断之，各自成体。此固由当时文字传写困难，不得不然，抑亦思想简单，未加组织之明证也。此例求诸古籍中，如《老子》，如《论语》，如《易传》，如《墨经》，莫不皆然。其在史部，则《春秋》《世本》《竹书纪年》，皆其类也。厥后《左传》《史记》等书，常有长篇记载，篇中首尾完具，视昔大进矣。然而以全书论，仍不过百数十篇之文章汇成一帙而已。《汉书》以下各史，踵效《史记》；《汉纪》《通鉴》等踵效《左传》；或以一人为起讫，或以一事为起讫。要之不免将史迹纵切横断。纪事本末体稍矫此弊，然亦仅以一事为起讫，事与事之间不生联络；且社会活动状态，原不仅在区区数件大事，纪事纵极精善，犹是得肉遗血，得骨遗髓也。吾不尝言历史为过去人类活动之再现耶？夫活动而过去，则动物久已消灭，曷为能使之再现？非极巧妙之技术不为功也。故真史当如电影片，其本质为无数单片，人物逼真，配景完整，而复前张后张紧密衔接，成为一轴，然后射以电光，显其活态。夫舍单张外固无轴也，然轴之为物，却自成一有组织的个体，而单张不过为其成分。若任意抽取数片，全没却其相互之动相，木然只影，黏著布端，观者将却走矣。惟史亦然，人类活动状态，其性质为整个的，为成套的，为有生命的，为有机能的，为有方向的，故事实之叙录与考证，不过以树史之躯干，而非能尽史之神理。善为史者之驭事实也：横的方面最注意于其背景与其交光,然后甲事实与乙事实之关系明,而整个的不致变为碎件。纵的方面最注意于其来因与其去果,然后前事实与后事实之关系明,而成套的不致变为断幅。是故不能仅以叙述毕乃事。必也有说明焉,有推论焉,所叙事项虽千差万别,而各有其凑笋之处,书虽累百万言,而筋摇脉注,如一结构精悍之短札也;夫如是庶可以语于今日之史矣。而惜乎求诸我国旧史界,竟不可得,即欧美近代著作之林,亦不数数觏也。

今日所需之史,当分为专门史与普遍史之两途。专门史如法制史、文学史、哲学史、美术史……等等,普遍史即一般之文化史也。治专门史者,不惟须有史学的素养,更须有各该专门学的素养。此种事业,与其责望诸史学家,毋宁责望诸各该专门学者。而凡治各专门学之人,亦须有两种觉悟:其一,当思人类无论何种文明,皆须求根柢于历史。治一学而不深观其历史演进之迹,是全然蔑视时间关系,而兹学系统,终末由明了。其二,当知今日中国学界已陷于"历史饥饿"之状况,吾侪不容不亟图救济。历史上各部分之真相未明,则全部分之真相亦终不得见。而欲明各部分之真相,非用分工的方法深入其中不可。此决非一般史学家所能办到,而必有待于各学之专门家分担责任。此吾对于专门史前途之希望也。专门史多数成立,则普遍史较易致力,斯固然矣。虽然,普遍史并非由专门史丛集而成。作普遍史者须别具一种通识,超出各专门事项之外而贯穴乎其间。夫然后甲部分与乙部分之关系见,而整个的文化,始得而理会也。是故此种事业,又当与各种专门学异其范围,而由史学专门家任之。昔自刘知幾以迄万斯同,皆极言众手修史之弊;郑樵、章学诚尤矢志向上,以"成一家之言"为鹄;是皆然矣。虽然,生今日极复杂之社会,而欲恃一手一足之烈,供给国人以历史的全部智识,虽才什左、马,识伯郑、章,而其事终不可以致。然则当如之何？曰，惟有联合国中有史学兴味之学者，各因其性之所嗜与力之所及，为部分的精密研究。而悬一公趋之目的与公用之研究方法，分途以赴，而合力以成。如是，则数年之后，吾侪之理想的新史，或可望出现。善乎黄宗羲之言曰："此非末学一人之事也。"（《明儒学案·发凡》语。）

史料之搜集与鉴别①

前章列举多数史料，凡以言史料所从出也。然此种史料，散在各处，非用精密明敏的方法以搜集之，则不能得。又真赝错出，非经谨严之抉择，不能甄别适当。此皆更需有相当之技术焉。兹分论之。

第一　搜集史料之法

普通史料之具见于旧史者，或无须特别之搜集，虽然，吾侪今日所要求之史料，非即此而已足。大抵史料之为物，往往有单举一事，觉其无足重轻，及汇集同类之若干事比而观之，则一时代之状况可以跳活表现。此如治庭园者，孤植草花一本，无足观也；若集千万本，莳以成畦，则绚烂眩目矣。又如治动物学者搜集标本，仅一枚之贝，一尾之蝉，何足以资掌索；积数千万，则所资乃无量矣。吾侪之搜集史料，正有类于是。试举吾所曾致力之数端以为例：（甲）吾曾欲研究春秋以前部落分立之情状。乃从《左传》《国语》中，取其所述已亡之国最而录之，得六十余；又从《逸周书》搜录，得三十余；又从《汉书·地理志》《水经注》搜录，得七十余；又从

---

①　选自《中国历史研究法》，商务印书馆 1922 年 1 月版。

金文款识中搜录,得九十余;其他散见各书者尚三四十;除去重复,其夏商周古国名之可考见者,犹将三百国。而大河以南,江淮以北,殆居三之二。其中最稠密之处——如山东、河南、湖北,有今之一县而跨有古三四国之境者。试为图为表以示之,而古代社会结构之迥殊于今日,可见一斑也。(乙)吾曾欲研究中国与印度文化沟通之迹,而考论中国留学印度之人物。据常人所习知者,则前有法显,后有玄奘,三数辈而已。吾细检诸传记,陆续搜集,乃竟得百零五人,其名姓失考者尚八十二人,合计百八十有七人。吾初研究时据慧皎之《高僧传》,义净之《求法传》,得六七十人,已大喜过望,其后每读一书,遇有此者则类而录之,经数月乃得此数。吾因将此百八十余人者稽其年代籍贯,学业成绩,经行路线等,为种种之统计,而中印往昔交通遗迹,与夫隋唐间学术思想变迁之故,皆可以大明。(丙)吾曾欲研究中国人种变迁混合之迹,偶见史中载有某帝某年徙某处之民若干往某处等事,史文单词只句,殊不足动人注意也。既而此类事触于吾目者屡见不一见,吾试汇而钞之,所积已得六七十条。然犹未尽。其中徙置异族之举较多,最古者如尧舜时之分背三苗;徙置本族者亦往往而有,最著者如汉之迁六国豪宗以实关中。吾睹此类史迹,未尝不掩卷太息,嗟彼小民,竟任政府之徙置我如弈棋也。虽然,就他方面观之,所以抟捖此数万万人成一民族者,其间接之力,抑亦非细矣。吾又尝向各史传中专调查外国籍贯之人,例如匈奴人之金日磾,突厥人之阿史那忠,于阗人之尉迟敬德,印度人之阿那罗顺等,与夫入主中夏之诸胡之君臣苗裔,统列一表,则种族混合之情形,益可见也。(丁)吾又尝研究六朝唐造像,见初期所造者大率为释迦像,次期则多弥勒像,后期始渐有阿弥陀像、观世音像等,因此可推见各时代信仰对象之异同,即印度教义之变迁,亦略可推见也。(戊)吾既因前人考据,知元代有所谓"也里可温"者即指基督教,此后读《元史》及元代碑版与夫其他杂书,每遇"也里可温"字样辄乙而记之,若荟最成篇,当不下百条。试加以综合分析,则当时基督教传播之区域及情形,当可推得也。以上不过随举数端以为例。要之吾以为吾侪欲得史料,必须多用此等方法。此等方法,在前清治经学者多已善用之,如《经传释词》《古书疑义举例》等书,即其极好模范。惟史学方面,则用者殊少;如宋洪迈之《容斋随笔》、清赵翼之《廿二史札记》,颇有此精神,惜其应用范围尚狭。此种方法,恒注意于常人所不注意之处,常人向来不认为史料者,吾侪偏从此间觅出可贵之史料。欲应用此种方法,第一步,须将脑筋操练纯熟,使常有锐敏的感觉。每一事项至吾前,常能以奇异之眼迎之,以引起特别观察之兴味。世界上何年何日不有苹果落地,何以牛顿独能因此而发明吸力;世界上何年何日不有开水冲壶,何以瓦特独能因此而发明蒸汽;此皆由有锐敏的感觉施特别的观察而已。第二步,须耐烦。每遇一事项,吾认为在史上成一问题有应研究之价值者,即从事于彻底精密的研究,搜集同类或相似之事项,综析比较,非求得其真相不止。须知此种研究法,往往所劳甚多,所获甚简;例如吾前文所举(甲)项,其目的不过求出一断案曰"春秋前半部落式之国家甚多"云尔;所举(乙)项,其目的不过求出一断案曰"六朝唐时中国人留学印度之风甚盛"云尔。断案区区十数字,而研究者,动费一年数月之精,毋乃太劳?殊不知凡学问之用科学的研究法者,皆须如是,苟不如是,便非科学的,便不能在今世而称为学问。且宇宙间之科学,何一非积无限辛劳以求得区区数字者?达尔文养鸽莳果数十年,著书数十万言,结果不过诒吾辈以"物竞天择适者生存"八个大字而已。然试思十九世纪学界中,若少却此八个大字,则其情状为何如者?我国史学界,从古以来,未曾经过科学的研究之一阶段,吾侪今日若能以一年研究之结果，博得将来学校历史教科书中一句之采择，吾愿已足，此治史学者应有之觉悟也。

尤有一种消极性质的史料，亦甚为重要：某时代有某种现象，谓之积极的史料，某时代无某种现象，谓之消极的史料。试举其例：（甲）吾侪读《战国策》，读《孟子》，见屡屡有黄金若干镒等文，知其时确已用金属为货币。但字书中关于财货之字，皆从贝不从金，可见古代交易媒介物，乃用贝而非用金。再进而研究钟鼎款识，记用贝之事甚多，用金者虽一无有；《诗经》亦然；殷墟所发见古物中，亦有贝币无金币，因此略可推定西周以前，未尝以金属为币。再进而研究《左传》《国语》《论语》，亦绝无用金属之痕迹。因此吾侪或竟可以大胆下一断案曰："春秋以前未有金属货币。"若稍加审慎，最少亦可以下一假说曰："春秋以前金属货币未通用。"（乙）我国未有纸以前，文字皆"著诸竹帛"。然《汉书·艺文志》各书目，记篇数者十之七八，记卷数者仅十之二三，其记卷数者又率属汉中叶以后之著述；因此可推定帛之应用，为时甚晚。又据《史记》《汉书》所载，当时法令、公文、私信十有九皆用竹木简，知当时用竹之广，远过于用帛。再证以最近发见之流沙坠简，其用缣质者皆在新莽以后，其用纸质者皆在两晋以后。因此可以下一假说曰："战国以前誊写文书，不用缣纸之属；两汉始用而未盛行。"又可以下一假说曰："魏晋以后，竹木简牍之用骤废。"（丙）吾侪读历代高僧传，见所记隋唐以前诸僧之重要事业，大抵云译某经某论若干卷，或云讲某经某论若干遍，或云为某经某论作注疏若干卷；宋以后诸僧传中，此类记事绝不复见，但记其如何洞彻心源，如何机锋警悟而已。因此可以下一断案曰："宋以后僧侣不讲学问。"（丁）吾侪试检前清道咸以后中外交涉档案，觉其关于教案者十而六七；当时士大夫关于时事之论著，亦认此为一极大问题；至光宣之交，所谓教案者已日少一日，入民国以来则几无有。因此可以下一断案曰："自义和团事件以后，中国民教互仇之现象殆绝。"此皆消极的史料例也。此等史料，其重要之程度，殊不让积极史料。盖后代极普通之事象，何故前此竟不能发生？前代极普通之事象，何故逾时乃忽然灭绝？其间往往含有历史上极重大之意义，倘忽而不省，则史之真态未可云备也。此等史料，正以无史迹为史迹，恰如度曲者于无声处寄音节，如作书画者于不著笔墨处传神。但以其须向无处求之，故能注意者鲜矣。

亦有吾侪所渴欲得之史料，而事实上殆不复能得者。例如某时代中国人口有若干，此问题可谓为研究一切史迹重要之基件，吾侪所亟欲知也；不幸而竟无法足以副吾之望。盖吾国既素无统计，虽以现时之人口，已无从得其真数，况于古代？各史《食货志》及《文献通考》等书，虽间有记载，然吾侪绝不敢置信；且彼所记亦断断续续，不能各时代俱有；于是乎吾侪搜集之路殆穷。又如各时代物价之比率，又吾侪所亟欲知也。然其纪载之阙乏，更甚于人口；且各时代所用为价值标准之货币，种类复杂，而又随时变紊，于是乎吾侪搜集之路益穷。若斯类者，虽谓之无史料焉可矣。虽然，吾侪正不必完全绝望。以人口问题论。吾侪试将各史《本纪》及《食货志》所记者，姑作为假定，益以各《地理志》中所分记各地方户口之数，再益以方志专书——例如常璩《华阳国志》，范成大《吴郡记》等记述特详者，悉汇录而勘比之；又将各正史、各杂史笔记中无论文牍及谈话凡有涉及人口数目者——例如《左传》记"卫戴公时卫民五千七百三十人"[①]，《战国策》记苏秦说齐宣王言"临菑七万户，

---

① 《左传·闵公二年》原文作"卫之遗民，男女七百有三十人，益之以共滕之民，为五千人，立戴公以庐于曹"。

户三男子"①等，凡涉及此类之文句，一一钞录无遗；又将各时代征兵制度，口算制度，一一研究，而与其时所得兵数、所得租税相推算。如此虽不敢云正确，然最少总能于一二时代中之一二地方得有较近真之资料；然后据此为基本，以与他时代、他地方求相当之比例。若有人能从此用力一番，则吾侪对于历史上人口之智识，必有进于今日也。物价问题，虽益复杂，然试用此法以求之，所得当亦不少。是故史料全绝之事项，吾敢信其必无；不过所遗留者或多或寡，搜集之或难或易耳。抑尤当知此类史料，若仅列举其一条两条，则可谓绝无意义、绝无价值。其价值之发生，全赖博搜而比观之耳。

以上所举例，皆吾前此所言抽象的史料也。然即具体的史料，亦可以此法求之。往往有一人之言行，一事之始末，在正史上觉其史料缺乏已极，及用力搜剔，而所获或意外甚丰。例如《史记》关于墨子之记述，仅得二十四字，其文曰："盖墨翟宋之大夫，善守御，为节用。或曰并孔子时，或曰在其后。"（《孟子荀卿列传》）此史料可谓枯渴极矣。而孙诒让生二千年后，能作一极博赡翔实之《墨子传》至数千言。（看《墨子间诂》。）例如周宣王伐狷狁之役，《诗经》《史记》《竹书纪年》所述，皆仅寥寥数语。而王国维生三千年后，乃能将其将帅、其战线、其战状，详细考出，历历如绘。（看《雪堂丛刻》。）此无他谬巧，其所据者皆人人共见之史料，彼其爬罗搜剔之术，操之较熟耳。又如指南针由中国人发明，此西史上所艳称也。然中国人对于此物之来历沿革，罕能言者。美人夏德（F·Hirth）所著《中国古代史》，则考之甚详。其所征引之书，则其一《韩非子》，其二《太平御览》引《鬼谷子》，其三《古今注》，其四《后汉书·张衡传》，其五《宋

---

① "临菑"下原有"之中"二字，"七万户"下有删略。

书·礼志》，其六《南齐书·祖冲之传》，其七《宋史·舆服志》，其八《续高僧传·一行传》，其九《格致镜原》引《本草衍义》，其十《梦溪笔谈》，其十一《朝野佥载》，其十二《萍洲可谈》，其十三《图书集成·车舆部》。以上所考，是否已备虽未敢断，然吾侪读之，已能将此物之渊源，得一较明确之观念。夫此等资料，明明现存于古籍中，但非经学者苦心搜辑，则一般人末由察见耳。

亦有旧史中全然失载或缺略之事实，博搜旁证则能得意外之发现者。例如唐末黄巢之乱，曾大惨杀外国侨民，此可谓千年前之义和团也。旧史仅著"焚室庐杀人如刈"之一囫囵语，而他无征焉。九世纪时，阿剌伯人所著《中国见闻录》中一节云："有 Gonfu 者，为商舶荟萃地，……纪元二百六十四年，叛贼 Punzo 陷 Gonfu，杀回、耶教徒及犹太、波斯人等十二万。……其后有五朝争立之乱，贸易中绝。……"等语。欧洲人初译读此录，殊不知所谓 Gonfu 者为何地，所谓 Punzo 者为何人。及经东西学者细加考证，乃知回教纪元二六四年，当景教纪元之八七七——八七八年，即唐僖宗乾符四年至五年也。而其年黄巢实寇广州。广州者，吾粤人至今犹称为"广府"，知 Gonfu 即"广府"之译音；而 Punzo 必黄巢；其所谓后此五朝争立之乱者，即指五代也。吾侪因此一段记录，而得有极重要之历史上新智识：盖被杀之外国人多至十二万，则其时外人侨寓之多可想。吾侪因此引起应研究之问题有多种。例如：其一，当时中外通商何以能如此繁盛？其二，通商口岸是否仅在广州，抑尚有他处？其发达程度比较如何？其三，吾侪联想及当时有所谓"市舶司"者，其起源在何时，其组织何若，其权限何若？其四，通商结果，影响于全国民生计者何如？其五，关税制度可考见者何如？其六，今所谓领事裁判权制度者，彼时是否存在？其七，当时是否仅有外国人来，抑吾族亦乘此向外发展？其八，既有许多外人侨寓我国，其于吾族混合之关系何如？其九，西人所谓中国三大发明——罗盘针、制纸、火药——之输入欧洲，与此项史迹之关系何若？……吾侪苟能循此涂径以致力研究，则因一项史迹之发现，可以引起无数史迹之发现。此类已经遗佚之史迹，虽大半皆可遇而不可求；但吾侪总须随处留心，无孔不入，每有所遇，断不放过。须知此等佚迹，不必外人纪载中乃有之，本国故纸堆中，所存实亦不少，在学者之能施特别观察而已。

　　史料有为旧史家故意湮灭或错乱其证据者，遇此等事，治史者宜别搜索证据以补之或正之。明陈霆考出唐僖宗之崩以马践，宋太宗之崩以箭疮发，二事史册皆秘之不言。霆考证前事据《幸蜀记》，考证后事据神宗谕滕章敏之言。（《两山墨谈》卷十四。）前事在历史上无甚价值，虽佚不足顾惜。后事则太宗因伐契丹，为虏所败，负伤遁归，卒以疮发而殂。此实宋代一绝大事，后此澶渊之盟，变法之议，靖康之祸，皆与此有直接间接关系。此迹湮灭，则原因结果之系统紊矣。计各史中类此者盖不乏。又不惟一二事为然耳，乃至全部官书，自行窜乱者，往往而有。《宋神宗实录》，有日录及朱墨本之两种，因廷臣争党见，各自任意窜改，致同记一事，两本或至相反。（看清蔡凤翔著《王荆公年谱》卷廿四《神宗实录考》。）[1]至清代而尤甚。清廷讳其开国时之秽德，数次自改《实录》。《实录》稿今入王氏《东华录》者乃乾隆间改本，与蒋氏《东华录》歧异之处已甚多，然蒋氏所据，亦不过少改一次之本耳。故如太宗后下嫁摄政王，世宗潜谋夺嫡等等宫廷隐匿，讳莫如深，自不待言。即清初所兴之诸大狱，亦掩其迹唯恐不密。例如顺治十八年之"江南奏销案"，一时搢绅

---

　　① "蔡凤翔"应作"蔡上翔"（字元凤），书名为《王荆公年谱考略》，《神宗实录考》在卷廿五。

被杀者十余人,被逮者四五百人,黜革者万三千余人,摧残士气,为史上未有之奇酷。然官书中并丝毫痕迹不可得见。今人孟森,据数十种文集笔记,钩距参稽,然后全案信史出焉。(看《心史丛刊》第一集。)夫史料之偶尔散失者,其搜补也尚较易;故意湮乱者,其治理也益极难。此视学者侦察之能力何如耳。

今日史家之最大责任,乃在搜集本章所言之诸项特别史料,此类史料,在欧洲诸国史,经彼中先辈搜出者已十而七八,故今之史家,贵能善因其成而运独到之史识以批判之耳。中国则未曾经过此阶级,尚无正当充实之资料,何所凭借以行批判?漫然批判,恐开口便错矣。故吾本章所论特注重此点。至于普通一事迹之本末,则旧籍具在,搜之不难,在治史者之如何去取耳。

第二　鉴别史料之法

史料以求真为尚。真之反面有二:一曰误,二曰伪。正误辨伪,是谓鉴别。

有明明非史实而举世误认为史实者:任执一人而问之曰,今之万里长城为何时物,其人必不假思索,立答曰秦始皇时。殊不知此答案最少有一大部误谬或竟全部误谬也。秦始皇以前,有燕之长城、赵之长城、齐之长城;秦始皇以后,有北魏之长城、北齐之长城、明之长城;具见各史。其他各时代小小增筑尚多。试一一按其道理细校之,将见秦时城线,所占乃仅一小部分,安能举全城以傅诸秦?况此小部分是否即秦故墟,尚属问题,欲解此问题,其关键在考证秦时筑城是否用砖抑用版筑,吾于此事虽未得确证,然终疑用版筑为近。若果尔者,则现存之城,或竟无一尺一寸为秦时遗迹,亦未可知耳。常人每语及道教教祖,辄言是老子。试读《老子》五千言之著书,与后世道教种种矫诬之说风马牛岂能相及？汉初君臣若窦后、文帝、曹参辈，著述家若刘安、司马谈辈，皆治老子之道家言，又与后世道教岂有丝毫相似？道教起源，明见各史，如《后汉书·襄楷传》所载楷事及宫崇、于吉等事，《三国志·张鲁传》所载鲁祖陵、父衡及骆曜、张角、张修等事，其妖妄煽播之迹，历历可见；此又与周时作守藏史之老子，岂有丝毫关系？似此等事，本有较详备之史料，可作反证，然而流俗每易致误者，此实根于心理上一种幻觉，每语及长城辄联想始皇，每语及道教辄联想老子。此非史料之误，乃吾侪自身之误，而以所误诬史料耳。吾侪若思养成鉴别能力，必须将此种心理结习，痛加涤除。然后能向常人不怀疑之点能试怀疑；能对于素来不成问题之事项而引起问题。夫学问之道，必有怀疑然后有新问题发生，有新问题发生然后有研究，有研究然后有新发明。百学皆然，而治史特其一例耳。

顷所举例，吾命之曰局部的幻觉。此外尤有一般的幻觉焉：——凡史迹之传于今者，大率皆经过若干年若干人之口碑或笔述而识其概者也。各时代人心理不同，观察点亦随之而异，各种史迹，每一度从某新时代之人之脑中滤过，则不知不觉间辄微变其质。如一长河之水，自发源以至入海，中间所经之地所受之水，含有种种杂异之矿质，则河水色味，随之而变，故心理上的史迹，脱化原始史迹而丧失其本形者往往而有。例如《左传》中有名之五大战——韩、城濮、崤、邲、鄢陵，吾脑际至今犹有极深刻之印象，觉此五役者为我国史中规模宏大之战事。其实细按史文，五役者皆一日而毕耳；其战线殆无过百里外者；语其实质，仅得比今闽粤人两村之械斗。而吾侪动辄以之与后世国际大战争等量齐观者，一方面固由《左传》文章优美，其铺张分析的叙述，能将读者意识放大；一方面则由吾辈生当二千年后，习见近世所谓国家者所谓战争者如彼如彼,动辄以今律古,而不知所拟者全非其伦也。夫在货币交易或信用交易时代而语实物交易时代之史迹,在土地私有时代而语土地公有时代之史迹,在郡县官治或都市自治时代而语封建时代或部落时代之史迹,在平民自由时代而语贵族时代或教权时代之史迹,皆最容易起此类幻觉。幻觉一起,则真相可以全蔽。此治学者所最宜戒惧也。

鉴别史料之误者或伪者,其最直接之法,则为举出一极有力之反证。例如向来言中国佛教起源者,皆云汉明帝永平七年遣使臣经西域三十六国入印度求得佛经佛像,但吾侪据《后汉书·西域传》及他书,确知西域诸国自王莽时已与中国绝,凡绝六十五年,至明帝永平十六年始复通;永平七年正西域与匈奴连结入寇之时,安能派使通过其国? 又如言上海历史者,每托始于战国时楚之春申君黄歇,故共称其地曰申江、曰黄浦、曰歇浦。但近代学者从各方面研究之结果,确知上海一区,在唐以前尚未成陆地,安得有二千余年春申君之古迹? 似此类者,其反证力甚强,但得一而已足。苟非得更强之反证的反证,则其误伪终不能回护。此如人或诬直不疑盗嫂,不疑曰,我乃无兄,倘不能别求得直不疑有兄之确据,则盗嫂问题,已无复讨论之余地也。

然历史上事实,非皆能如此其简单而易决。往往有明知其事极不可信,而苦无明确之反证以折之者。吾侪对于此类史料,第一步,只宜消极的发表怀疑态度,以免为真相之蔽;第二步,遇有旁生的触发,则不妨换一方向从事研究,立假说以待后来之再审定。例如旧史言伏羲、女娲皆人首蛇身,神农牛首人身,言蚩尤铜头铁额。吾辈今日终无从得直捷反证,确证诸人之身首头额与吾辈同也;但以情理度之,断言世界决无此类生物而已。又如殷之初祖契,周之初祖后稷,旧史皆谓为帝喾之子,帝尧之异母弟,同为帝舜之臣。

吾辈今日无从得一反证以明其决不然也；虽然，据旧史所说，尧在位七十年乃举舜为相，舜相尧又二十八年，尧即位必当在喾崩后，假令契、稷皆喾遗腹子，至舜即位时亦当皆百岁，安得复任事？且尧有此圣弟而不知，又何以为尧？且据《诗经》所载殷人之颂契也曰："天命玄鸟，降而生商"；周人之颂稷也曰："厥初生民，时维姜嫄"；彼二诗者皆所以铺张祖德，倘稷契而系出帝喾，岂有不引以为重之理？是故吾侪虽无积极的反证以明稷契为别一人之子，然最少亦可以消极的认其非喾子尧弟也。又如旧史称周武王崩后，继立者为成王，成王尚少，周公摄政。吾辈今日亦无直接之反证以明其不然也；但旧史称武王九十三而终，藉令武王七十而生成王，则成王即位时已二十三，不可谓幼；七八十得子，生理上虽非必不可能，然实为稀有；况吾侪据《左传》，确知成王尚有邘、晋、应、韩之四弟，成王居长嫡，下有诸弟，嗣九十三岁老父之位而犹在冲龄，岂合情理？且犹有极不可解者，《书经·康诰》一篇，为康叔封卫时之策命，其发端云："王若曰，孟侯，朕其弟，小子封！"此所谓"王"者谁耶？谓武王耶？卫之建国，确非在武王时；谓成王耶？康叔为成王叔父，何得称为弟而呼以小子？然则继武王而践祚者，是否为成王？周公是否摄政抑更有进于摄政？吾侪不能不大疑。

怀疑之结果，而新理解出焉。前段所举第一例——人首蛇身等等，吾侪既推定其必无是理。然则何故有此等传说耶？吾侪可以立一假说，谓伏羲、神农等皆神话的人物，非历史的人物。凡野蛮时代之人，对于幻境与实境之辨，常不明了；故无论何族最初之古史，其人物皆含有半神半人的性质。然则吾侪可以假定羲农诸帝实古代吾族所祀之神；人首蛇身等，即其幻想中之神像：而缘幻实不分之故，口碑相传，确以为曾有如此形象之人。指为真，固非真；指为伪，亦确非有人故为作伪也。如所举第二例——稷契既决非喾子，又不能知其为何人之子，汉儒且有"圣人无父感天而生"之说，然则稷契果无父耶？吾侪可以立一假说，谓稷契亦有父亦无父，彼辈皆母系时代人物，非父系时代人物。吾侪闻近代欧美社会学家言，已知社会进化阶级，或先有母系然后有父系；知古代往往一部落之男子为他部落女子所公有，一部落之女子为他部落男子所公有，在彼时代，其人固宜"知有母不知有父"，非不欲知，无从知也。契只知其为简狄之子耳，稷只知其为姜嫄之子耳，父为谁氏，则无稽焉；于是乎有"吞鸟卵而生""履大人迹而生"之种种神话。降及后世父系时代，其子孙以无父为可耻，求其父而不得，则借一古帝以自重，此喾子之说所由起也。亦有既求父不得，即不复求，转而托"感天"以自重，殊不知古代之无父感天者不必圣人，盖尽人莫不然也。如所举第三例——成王若继武王而立，其年决非幼，无须摄政；卫康叔受封时，其王又确非康叔之侄而为康叔之兄。吾侪于是可以立一假说，谓继武王而立者乃周公而非成王；其时所行者乃兄终弟及制，非传子立嫡制。吾侪已知殷代诸王兄弟相及者过半，周初沿袭殷制，亦情理之常。况以《史记·鲁世家》校之，其兄终弟及者亦正不少。然则周公或当然继武王而立，而后此之"复子明辟"，乃其特创之新制，盖未可知耳。以上诸例，原不过姑作假说，殊不敢认为定论；然而不失为一种新理解，则昭然矣。然则吾侪今日能发生种种新理解而古人不能者，何故耶？古人为幻觉所蔽而已。生息于后世家族整严之社会中，以为知母不知父，惟禽兽为然，稷契之圣母，安有此事？生息于后世天泽名分之社会中，以夺嫡为篡逆，谓周公大圣，岂容以此相污？是以数千年，非惟无人敢倡此说，并无人敢作此念，其有按诸史迹而矛盾不可通者，宁枉弃事实以迂回傅会之而已。吾侪生当今日，有种种"离经叛道"之社会进化说以变易吾脑识,吾于是乃敢于怀疑,乃敢于立假说。假说既立,经几番归纳的研究之后,而假说竟变为定案,亦意中事耳。然则此类之怀疑,此类之研究,在学问上为有用耶,为无用耶? 吾敢断言曰有用也。就表面论,以数千年三五陈死人之年龄关系为研究之出发点,刺刺考证,与现代生活风马牛不相及,毋乃玩物丧志? 殊不知苟能由此而得一定案,则消极方面,最少可以将多年来经学家之傅会的聚讼一扫而空,省却人无限精力;积极方面,最少可以将社会学上所提出社会组织进化阶段之假说,加一种有力的证明。信能如是,则其贡献于学界者不已多耶?

同一史迹,而史料矛盾,当何所适从耶? 论原则,自当以最先最近者为最可信。先者以时代言,谓距史迹发生时愈近者,其所制成传留之史料愈可信也。近者以地方言,亦以人的关系言,谓距史迹发生地愈近且其记述之人与本史迹关系愈深者,则其所言愈可信也。例如此次欧战史料,百年后人所记者,不如现时人所记者之详确;现时人所记者,又不如五年前人所记之详确;此先后之说也。同是五年前人,中国人所记,必不如欧洲人;欧洲普通人所记,必不如从军新闻记者;新闻记者所记,必不如在营之军士;同是在营军士,仅听号令之小卒所记,必不如指挥战事之将校;同是将校,专担任一战线之裨将所记,必不如综览全局之总参谋;此远近之说也。是故凡有当时当地当局之人所留下之史料,吾侪应认为第一等史料。例如一八七六年之普奥战争,两国事后皆在总参谋部妙选人才编成战史,此第一等史料也。欲知十九世纪末欧洲外交界之内幕,则俾斯麦日记其第一等史料也。欲知卢梭、科尔璞特金之事迹及其感想,彼所作《自传》或《忏悔录》,其第一等史料也。如司马迁之《自序》,王充之《自纪》,法显、玄奘、义净等之游记或自传,此考证各本人之事迹思想或其所游地当时状态之第一等史料也。① 如辛弃疾《南烬纪闻录》《窃愤录》所采阿计替笔记,此考证宋徽、钦二宗在北庭受辱情状之第一等史料也。② 如李秀成被俘时之供状,此考证洪杨内部情状之第一等史料也。③ 此类史料,无论在何国,皆不易多得,年代愈远,则其流传愈稀。苟有一焉,则史家宜视为瑰宝。彼其本身,饶有陵盖他种史料之权威;他种史料有与彼矛盾者,可据彼以正之也。

前段所论,不过举其概括的原则,以示鉴别之大略标准。但此原则之应用,有时尚须分别观之。试仍借此次欧战史料为例:若专以时代接近程度定史料价值之高下,则今日已在战后两三年,其所编集自不如战时出版物之尤为接近,宜若彼优于此。然而实际上殊不尔。当时所记,不过断片的史迹,全不能觑出其联络关系。凡事物之时间的联络关系,往往非俟时间完全经过之后不能比勘而得。故完美可观之战史,不出在战时而出在战后也。若以事局接近程度定价值之高下,则观战新闻记者所编述,自应不如军中人,一般著作家所编述,自应不如观战之新闻记者。然实际上亦未必尽然。盖局中人为剧烈之感情所蔽,极易失其真相。即不尔者,或缠绵于枝叶事项,而对于史迹全体,反不能得要领,所谓"不识庐山真面目,只缘身在此山中"也。又不特局中者为然也;即在局外者,犹当视其人提絜观察之能力如何,视其人串叙描写之技术如何,而其作品之价值,相去可以悬绝焉。是故以战史论,若得一文学技术极优长之专门大史家而又精通军事学者在总司令部中为总

---

① 法显著《佛国记》,亦名《法显行传》。玄奘著《大唐西域记》;又奘弟子慧立著《慈恩三藏法师传》。义净著《南海寄归内法传》及《西行求法高僧传》。

② 弃疾二书,见《学海类编》。阿计替者,当时金廷所派监视徽、钦二宗之人也。二书盖其日记原稿,弃疾全部采录也。

③ 此供状忘记在某部笔记中,十五年前吾曾在《新民丛报》录印一次。此供状惜尚有删节处,不能得其全相。

书记,对于一战役始终其事(最好能兼为两军总司令之总书记),则其所记述者,自然为史料之无上上品。然而具备此条件者则安能得?既已不能,则战场上一寻常军士所记,或不如作壁上观之一有常识的新闻记者;奔走战线仅有常识之一新闻记者,其所记,或不如安坐室中参稽战报之一专门史学家也。

最先最近之史料则最可信,此固原则也。然若过信此原则,有时亦可以陷于大误。试举吾经历之两小事为例:

(一)明末大探险家、大地理学者徐霞客,卒后其挚友某为之作墓志,宜若最可信矣。一日吾与吾友丁文江谈及霞客,吾谓其曾到西藏,友谓否,吾举墓铭文为证,友请检《霞客游记》共读,乃知霞客虽有游藏之志,因病不果,从丽江折归,越年余而逝。吾固悔吾前此读《游记》之粗心;然为彼铭墓之挚友,粗心乃更过我,则真可异也。

(二)玄奘者,我国留学生宗匠而思想界一巨子也;吾因欲研究其一生学业进步之迹,乃发心为之作年谱。吾所凭借之资料甚富,合计殆不下二十余种,而其最重要者,一为道宣之《续高僧传》,二为慧立之《慈恩法师传》,二人皆奘之亲受业弟子,为其师作传,正吾所谓第一等史料也。乃吾研究愈进,而愈感困难,两传中矛盾之点甚多,或甲误,或乙误,或甲乙俱误。吾列举若干问题,欲一一悉求其真,有略已解决者,有卒未能解决者。试举吾所认为略已解决之一事,借此以示吾研究之径路:玄奘留学凡十七年,此既定之事实也;其归国在贞观十九年正月,此又既定之事实也。然则其初出游果在何年乎?自两传以及其他有关系之资料,皆云贞观三年八月,咸无异辞。吾则因怀疑而研究,研究之结果,考定为贞观元年。吾曷为忽对于三年说而起怀疑耶?三年至十九年,恰为十七个年头,本无甚可疑也;吾因读《慈恩传》,见奘在于阗所上表中有

"贞观三年出游今已十七年"①等语；上表年月《传》虽失载，然循按上下文，确知其在贞观十八年春夏之交；吾忽觉此语有矛盾。此为吾怀疑之出发点。从贞观十八年上溯，所谓十七年者，若作十七个年头解，其出游时可云在贞观二年，若作满十七年解，则应为贞观元年，吾于是姑立元年、二年之两种假说以从事研究。吾乃将《慈恩传》中所记行程及各地淹留岁月详细调查，觉奘自初发长安以迄归达于阗，最少亦须满十六年有半之时日，乃敷分配；吾于是渐弃其二年之假说而倾向于元年之假说。虽然，现存数十种资料皆云三年，仅恃此区区之反证而臆改之，非学者态度所宜出也。然吾不忍弃吾之假说，吾仍努力前进。吾已知奘之出游为冒禁越境；然冒禁何以能无阻？吾查《续高僧传》本传，见有"会贞观三年，时遭霜俭，下敕道俗，随丰四出"数语；吾因此知奘之出境，乃搀在饥民队中，而其年之饥，实因霜灾。吾乃亟查贞观三年是否有霜灾，取新、旧《唐书·太宗纪》阅之，确无是事。于是三年说已消极的得一有力之反证。再查元年，则新《书》云："八月，河南陇右边州霜"，又云："十月丁酉，以岁饥减膳"，旧《书》云："八月……关东及河南陇右沿边诸州霜害秋稼"，又云："是岁关中饥，至有鬻男女者"，是元年确有饥荒，而成灾又确由霜害，于是吾之元年说，忽积极的得一极有力之正证矣。惟旧《书》于二年复有"八月河南河北大霜人饥"②一语，新《书》则无有；不知为旧《书》误复耶？抑两年连遭霜灾而新《书》于二年有阙文耶？如是则二年之假说，仍有存立之余地。吾决意再觅证据以决此疑。吾乃研究奘途中所遇之人，其名之可考见者凡三，一曰凉州都督李大亮，二曰高昌王麴文泰，三曰

---

① 此乃撮述语。
② "八月"下有删略。

西突厥可汗叶护。吾查《大亮传》及《高昌传》，见二人皆自元年至四年在其位，不成问题。及查《西突厥传》，乃忽有意外之获：两《书》皆言叶护于贞观初被其叔所弑，其叔僭立，称俟毗可汗，然皆未著其被弑在何年。惟新《书》云："贞观四年俟毗可汗来请昏，太宗诏曰，突厥方乱，何以昏为"①，是叶护被弑，最晚亦当在贞观三年前。再按《慈恩传》所纪奘行程，若果以贞观三年八月发长安者，则当以四年五月初乃抵突厥，其时之可汗，已为俟毗而非叶护矣。于是三年说之不能成立，又得一强有力之反证。吾犹不满足，必欲得叶护被弑确年以为快，吾查《资治通鉴》，得之矣！贞观二年也！吾固知《通鉴》必有所本，然终以不得之于正史，未能踌躇满志，吾发愤取新旧《唐书》诸蛮夷传凡与突厥有关系之国遍翻之，卒乃在新《书·薛延陀传》得一条云："值贞观二年突厥叶护可汗见弑"②，于是叶护弑年无问题矣。玄奘之行，既假霜灾，则无论为元年为二年为三年，皆以八月后首涂，盖无可疑；然则非惟三年说不能成立，即二年说亦不能成立。何则？二年八月后首涂，必三年五月乃抵突厥，即已不及见叶护也。吾至是乃大乐，自觉吾之怀疑有效，吾之研究不虚，吾所立"玄奘贞观元年首涂留学"之假说，殆成铁案矣！其有小小不可解者，则何以诸书皆同出一辙，竟无歧异？然此亦易解，诸书所采，同一蓝本，蓝本误则悉随之而误矣。再问蓝本何故误？则或因逆溯十七个年头，偶未细思，致有此失；甚至或为传写之讹，亦未可知也。再问十八年玄奘自上之表文何以亦误？则或后人据他书校改，亦在情理中耳。吾为此问题，凡费三日之力，其所得结果如此。——吾知读者必生厌矣。此本一极琐末之

---

① "来"字原无，"请昏"下原有"不许"二字，"太宗"二字原无，"方乱"后删去一句，"何以"原作"何遽"。
② 原文作"贞观二年叶护死。"

问题,区区一事件三两年之出入,非惟在全部历史中无关宏旨,即在玄奘本传中亦无关宏旨。吾自治此,已不免玩物丧志之消;乃复缕述千余言以滥占本书之篇幅,吾不能不向读者告罪。虽然,吾著本篇之宗旨,凡务举例以明义而已。吾今详述此一例,将告读者以读书曷为而不可以盲从;虽以第一等史料如慧立、道宣之传玄奘者,其误谬犹且如是也;其劳吾侪以鉴别犹且如是也。又将告读者以治学当如何大无畏;虽以数十种书万口同声所持之说,苟不惬于吾心,不妨持异同,但能得有完证,则绝无凭借之新说,固自可以成立也。吾又以为善治学者,不应以问题之大小而起差别观。问题有大小,研究一问题之精神无大小。学以求真而已,大固当真,小亦当真。一问题不入吾手则已,一入吾手,必郑重忠实以赴之。夫大小岂有绝对标准,小者轻轻放过,寖假而大者亦轻轻放过,则研究精神替矣。吾又以为学者而诚欲以学饷人,则宜勿徒饷以自己研究所得之结果,而当兼饷以自己何以能研究得此结果之途径及其进行次第;夫然后所饷者乃为有源之水而挹之不竭也。吾诚不敢自信为善于研究,但本篇既以研究法命名,吾窃思宜择一机会,将吾自己研究所历之甘苦,委曲传出,未尝不可以为学者之一助。吾故于此处选此一小问题可以用千余言说明无遗者,详述吾思路所从入与夫考证所取资以渎读者之清听。吾研究此问题所得结果虽甚微末,然不得不谓为甚良。其所用研究法,纯为前清乾嘉诸老之严格的考证法,亦即近代科学家所应用之归纳研究法也。读者举一反三,则任研究若何大问题,其精神皆若是而已。吾此一段,乃与吾全书行文体例不相应;读者恕我!吾今当循吾故轨,不更为此喋喋矣。

史料可分为直接的史料与间接的史料。直接的史料者,其史料当该史迹发生时或其稍后时,即已成立。如前所述《慈恩传》《窃愤录》之类皆是也。此类史料，难得而可贵，吾既言之矣。然欲其多数永存，在势实有所不能。书籍新陈代谢，本属一般公例，而史部书之容易湮废，尤有其特别原因焉：

（一）所记事实，每易触时主之忌。故秦焚书而"诸侯史记"受祸最烈；试检明清两朝之禁毁书目，十有九皆史部也。

（二）此类书真有价值者本不多，或太琐碎，或涉虚诞，因此不为世所重，容易失传；不惟本书间有精要处，因杂糅于粗恶材料中而湮没，而且凡与彼同性质之书，亦往往被同视而俱湮没。

（三）其书愈精要者，其所叙述愈为局部的；凡局部的致密研究，非专门家无此兴味；一般人对于此类书籍，辄淡漠置之，任其流失。以此种种原因，故此类直接史料，如浪淘沙，滔滔代尽，势不能以多存。就令存者甚多，又岂人生精力所能遍读？于是乎在史学界占最要之位置者，实为间接的史料。间接的史料者，例如左丘以百二十国宝书为资料而作《国语》，司马迁以《国语》《世本》《战国策》……等书为资料而作《史记》。《国语》《史记》之成立，与其书中所叙史迹发生时代之距离，或远至百年千年；彼所述者，皆以其所见之直接史料为蓝本，今则彼所见者吾侪已大半不复得见；故谓之间接。譬诸纺绩，直接史料则其原料之棉团，间接史料则其粗制品之纱线也。吾侪无论为读史为作史，其所接触者多属间接史料；故鉴别此种史料方法，为当面最切要之一问题。

鉴别间接史料，其第一步自当仍以年代为标准。年代愈早者，则其可信据之程度愈强。何则？彼所见之直接史料多，而后人所见者少也。例如研究三代以前史迹，吾侪应信司马迁之《史记》，而不信谯周之《古史考》，皇甫谧之《帝王世纪》，罗泌之《路史》。何则？吾侪推断谯周、皇甫谧、罗泌所见直接史料，不能出司马迁所见者以外；迁所不知者，周等何由知之也？是故彼诸书与《史记》有异同者,吾侪宜引《史记》以驳正诸书,反之,若《竹书纪年》与《史记》有异同,吾侪可以引《纪年》以驳正《史记》。何则？魏史官所见之直接原料,或多为迁之所不及见。此最简单之鉴别标准也。

虽然,适用此标准,尚应有种种例外焉。有极可贵之史料而晚出或再现者,则其史料遂为后人所及见而为前人所不及见。何谓晚出者？例如德皇威廉第二与俄皇尼古拉第二来往私函数十通,研究十九世纪末外交史之极好史料也;然一九二〇年以前之人不及见,以后之人乃得见之。例如《元史》修自明初,岂非时代极早？然吾侪宁信任五百年后魏源或柯劭忞之《新元史》,而不信任宋濂等之旧《元史》。何则？吾侪所认为元代重要史料如《元秘史》《亲征录》……等书,魏柯辈得见,而明初史馆诸人不得见也。何谓再现者？例如罗马之福林,邦渖之古城,埋没土中二千年,近乃发现;故十九世纪末人所著罗马史其可信任之程度,乃过于千年前人所著也。例如殷墟甲文,近乃出土,吾侪因此得知殷代有两古王为《史记·三代世表》所失载者,盖此史料为吾侪所见而为司马迁所不得见也。

不特此也,又当察其人史德何如,又当察其人史识何如,又当察其人所处地位何如。所谓史德者:著者品格劣下,则其所记载者宜格外慎察。魏收《魏书》,虽时代极近,然吾侪对于彼之信任,断不能如信任司马迁、班固也。所谓地位者:一事件之真相,有时在近时代不能尽情宣布,在远时代乃能之。例如陈寿时代,早于范晔,然记汉魏易代事,晔反视寿为可信;盖二人所及见之直接史料,本略相等,而寿书所不能昌言者,晔书能昌言也。所谓史识者:同是一直接史料,而去取别择之能力,存乎其人。假使刘知幾自著一史,必非李延寿、令狐德棻辈所能及;元人修《宋史》,清人修《明史》,同为在异族之朝编前代之史,然以万斯同史稿作蓝本所成之

《明史》，决非脱脱辈监修之《宋史》所能及也。要而论之，吾侪读史作史，既不能不乞灵于间接的史料，则对于某时代某部门之史料，自应先择定一两种价值较高之著述以作研究基本。选择之法，合上列数种标准以衡之，庶无大过。至于书中所叙史实，则任何名著，总不免有一部分不实不尽之处。质言之，则无论何项史料，皆须打几分折头。吾侪宜刻刻用怀疑精神唤起注意，而努力以施忠实之研究，则真相庶可次第呈露也。

右论正误的鉴别法竟，次论辨伪的鉴别法。

辨伪法先辨伪书，次辨伪事。

伪书者，其书全部分或一部分纯属后人伪作而以托诸古人也。例如现存之《本草》号称神农作，《素问内经》号称黄帝作，《周礼》号称周公作，《六韬》《阴符》号称太公作，《管子》号称管仲作，……假使此诸书而悉真者，则吾国历史便成一怪物。盖社会进化说全不适用而原因结果之理法亦将破坏也。文字未兴时代之神农，已能作《本草》，是谓无因；《本草》出现后若干千年，而医学药学上更无他表见，是谓无果。无因无果，是无进化。如是则吾侪治史学为徒劳。是故苟无鉴别伪书之识力，不惟不能忠实于史迹，必至令自己之思想涂径大起混乱也。

书愈古者，伪品愈多。大抵战国秦汉之交有一大批伪书出现，《汉书·艺文志》所载三代以前书，伪者殆不少。新莽时复有一大批出现，如《周礼》及其他古文经皆是。晋时复有一大批出现，如晚出《古文尚书》《孔子家语》《孔丛子》等。其他各时代零碎伪品亦尚不少，且有伪中出伪者，如今本《鬼谷子》《鹖冠子》等。莽、晋两朝，刘歆、王肃作伪老手，其作伪之动机及所作伪品，前清学者多已言之，今不赘引。战国秦汉间所以多伪书者，（一）因当时学者，本有好"托古"的风气；己所主张，恒引古人以自重，（说详下。）本非有意捏造一书,指为古人所作,而后人读之,则几与伪托无异。(二)因当时著述家,本未尝标立一定之书名;且亦少渤成定本。辗转传钞,或合数种而漫题一名,或因书中多涉及某人,即指为某人所作。(三)因经秦焚以后,汉初朝野人士,皆汲汲以求遗书为务。献书者往往剿钞旧籍,托为古代某名人所作以售炫。前两项为战国末多伪书之原因,后一项为汉初多伪书之原因。

伪书有经前人考定已成铁案者,吾侪宜具知之,否则征引考证,徒费精神。例如今本《尚书》有《胤征》一篇,载有夏仲康时日食事:近数十年来,成为欧洲学界一问题。异说纷争,殆将十数,致劳汉学专门家、天文学专门家合著专书以讨论。殊不知《胤征》篇纯属东晋晚出之伪古文,经清儒阎若璩、惠栋辈考证,久成定谳;仲康其人之有无,且未可知,遑论其时之史迹?欧人不知此桩公案,至今犹剌剌论难,由吾侪观之,可笑亦可怜也。欲知此类伪书,略翻清《四库书目提要》,便可得梗概,《提要》中指为真者未必遂真,指为伪者大抵必伪,此学者应有之常识也。

然而伪书孔多,现所考定者十仅二三耳;此外古书或全部皆伪或真伪杂糅者,尚不知凡几。吾侪宜拈出若干条鉴别伪书之公例,作自己研究标准焉。

(一)其书前代从未著录或绝无人征引而忽然出现者,十有九皆伪。例如"《三坟》《五典》《八索》《九丘》"之名,虽见《左传》;"晋《乘》、楚《梼杌》"之名,虽见《孟子》;然汉、隋、唐《艺文》《经籍》诸志从未著录,司马迁以下未尝有一人征引。可想见古代或并未尝有此书,即有之,亦必秦火前后早已亡佚。而明人所刻《古逸史》,忽有所谓《三坟记》《晋史乘》《楚史梼杌》等书。凡此类书,殆可以不必调查内容,但问名即可知其伪。

(二)其书虽前代有著录,然久经散佚;乃忽有一异本突出,篇数及内容等与旧本完全不同者，十有九皆伪。例如最近忽发现明钞本《慎子》一种，与今行之四库本守山阁本全异；与隋、唐《志》《崇文总目》《直斋书录解题》等所记篇数，无一相符。其流传之绪又绝无可考。吾侪乍睹此类书目，便应怀疑。再一检阅内容，则可定为明人伪作也。①

（三）其书不问有无旧本，但今本来历不明者，即不可轻信。例如汉河内女子所得《泰誓》，晋梅赜所上《古文尚书》及孔安国《传》，皆因来历暧昧，故后人得怀疑而考定其伪。又如今本《列子》八篇，据张湛序言由数本拼成，而数本皆出湛戚属之家，可证当时社会绝无此书，则吾辈不能不致疑。

（四）其书流传之绪，从他方面可以考见，而因以证明今本题某人旧撰为不确者。例如今所称《神农本草》《汉书·艺文志》无其目，知刘向时决未有此书。再检《隋书·经籍志》以后诸书目，及其他史传，则知此书殆与蔡邕、吴普、陶弘景诸人有甚深之关系，直至宋代然后规模大具。质言之，则此书殆经千年间许多人心力所集成，但其书不惟非出神农，即西汉以前人，参预者尚极少，殆可断言也。

（五）真书原本，经前人称引，确有左证，而今本与之歧异者，则今本必伪。例如古本《竹书纪年》有夏启杀伯益，商太甲杀伊尹等事；又其书不及夏禹以前事。此皆原书初出土时诸人所亲见信而有征者。而今本记伯益、伊尹等文，全与彼相反，其年代又托始于黄帝。故知决非汲冢之旧也。

（六）其书题某人撰，而书中所载事迹在本人后者，则其书或

---

① 明钞本《慎子》，缪荃孙所藏，最近上海涵芬楼所印《四部丛刊》采之，诧为惊人秘笈。缪氏号称目录学专家，乃宝此燕石，故知考古贵有通识也。

全伪或一部分伪。例如《越绝书》《隋志》始著录,题子贡撰;然其书既未见《汉志》,且书中叙及汉以后建置沿革;故知其书不惟非子贡撰,且并非汉时所有也。又如《管子》《商君书》《汉志》皆著录,题管仲、商鞅撰;然两书各皆记管商死后之人名与事迹;故知两书决非管商自撰;即非全伪,最少亦有一部分羼乱也。

(七)其书虽真,然一部分经后人窜乱之迹既确凿有据,则对于其书之全体须慎加鉴别。例如《史记》为司马迁撰,固毫无疑义;然迁《自序》明言"讫于麟止"①,今本不惟有太初、天汉以后事,且有宣、元、成以后事,其必非尽为迁原文甚明。此部分既有窜乱,则他部分又安敢保必无窜乱耶?

(八)书中所言确与事实相反者,则其书必伪。例如今《道藏》中有刘向撰《列仙传》,其书《隋志》已著录。书中言诸仙之荒诞,固不俟辩,其自序云,"七十四人已见佛经",佛经至后汉桓、灵时始有译本,下距刘向之没,将二百年,向何从知有佛经耶? 即据此一语,而全书之伪,已无遁形。

(九)两书同载一事绝对矛盾者,则必有一伪或两俱伪。例如《涅槃经》佛说云:"从今日始,不听弟子食肉";《入楞伽经》佛说云:"我于《象腋》《央掘魔》《涅槃》《大云》等一切修多罗中,不听食肉。"《涅槃经》共认为佛临灭度前数小时间所说,既《象腋》等经有此义,何得云"从今日始"? 且《涅槃》既佛最后所说经,《入楞伽》何得引之? 是《涅槃》《楞伽》,最少必有一伪,或两俱伪也。

以上九例,皆据具体的反证而施鉴别也。尚有可以据抽象反证而施鉴别者:

(十)各时代之文体,盖有天然界画,多读书者自能知之。故

---

① "讫"原作"至"。

后人伪作之书,有不必从字句求枝叶之反证,但一望文体即能断其伪者。例如东晋晚出《古文尚书》,比诸今文之周《诰》、殷《盘》,截然殊体。故知其决非三代以上之文。又如今本《关尹子》中有"譬犀望月,月影入角,特因识生,故有月形,而彼真月,初不在角"[①]等语,此种纯是晋唐缮译佛经文体,决非秦汉以前所有,一望即知。

(十一)各时代之社会状态,吾侪据各方面之资料,总可以推见崖略。若某书中所言其时代之状态,与情理相去悬绝者,即可断为伪。例如《汉书·艺文志》农家有《神农》二十篇,自注云:"六国时诸子托诸神农。"[②]此书今虽不传,然《汉书·食货志》称晁错引神农之教云:"有石城十仞、汤池百步、带甲百万而亡粟,弗能守也。"此殆晁错所见《神农》书之原文。然石城、汤池、带甲百万等等情状,决非神农时代所能有。故刘向、班固指为六国人伪托,非武断也。

(十二)各时代之思想,其进化阶段,自有一定。若某书中所表现之思想与其时代不相衔接者,即可断为伪。例如今本《管子》,有"寝兵之说胜则险阻不守,兼爱之说胜则士卒不战"等语。此明是墨翟、宋钘以后之思想;当管仲时,并寝兵兼爱等学说尚未有,何所用其批评反对者?《素问》《灵枢》中言阴阳五行,明是邹衍以后之思想;黄帝时安得有此耶?

以上十二例,其于鉴别伪书之法,虽未敢云备;循此以推,所失不远矣。一面又可以应用各种方法,以证明某书之必真:

(一)例如《诗经》:"十月之交,朔日辛卯,日有食之,亦孔之丑。"经六朝唐元清诸儒推算,知周幽王六年十月辛卯朔确有日食。

---

① "故"原作"始"。
② "诸子"下有删略。

中外历对照，应为西纪前七七六年，欧洲学者亦考定其年阳历八月二十九日中国北部确见日食。与前所举《胤征》篇日食异说纷纭者正相反。因此可证《诗经》必为真书，其全部史料皆可信。

（二）与此同例者，如《春秋》所记"桓公三年秋七月壬辰朔日食"，"宣公八年秋七月甲子日食"。据欧洲学者所推算，前者当纪前七零九年七月十七日，后者当纪前六零一年九月二十日，今山东兖州府确见日食。因此可证当时鲁史官记事甚正确；而《春秋》一书，除孔子寓意褒贬所用笔法外，其所依鲁史原文，皆极可信。

（三）更有略同样之例，如《尚书·尧典》所记中星，"仲春日中星昂仲夏日中星火"①等，据日本天文学者所研究，西纪前二千四五百年时确是如此。因此可证《尧典》最少应有一部分为尧舜时代之真书。

（四）书有从一方面可认为伪，从他方面可认为真者。例如现存十三篇之《孙子》，旧题春秋时吴之孙武撰。吾侪据其书之文体及其内容，确不能信其为春秋时书。虽然，若谓出自秦汉以后，则文体及其内容亦都不类。《汉书·艺文志》兵家本有《吴孙子》《齐孙子》之两种，"吴孙子"则春秋时之孙武，"齐孙子"则战国时之孙膑也。此书若指为孙武作，则可决其伪，若指为孙膑作，亦可谓之真。此外如《管子》《商君书》等，性质亦略同。若指定为管仲、商鞅所作则必伪；然其书中大部分皆出战国人手。若据以考战国末年思想及社会情状，固绝佳的史料也。乃至《周礼》谓为周公作固伪，若据以考战国秦汉间思想制度，亦绝佳的史料也。

（五）有书中某事项，常人共指斥以证其书之伪，吾侪反因此以证其书之真者。例如前所述《竹书纪年》中"启杀益，太甲杀伊

---

① 原文作"日中星鸟，以殷仲春""日永星火，以正仲夏"。

尹"两事，后人因习闻《孟子》《史记》之说，骤睹此则大骇。殊不思孟子不过与魏安釐王时史官同时，而孟子不在史职，闻见本不逮史官之确。司马迁又不及见秦所焚之诸侯史记，其记述不过踵孟子而已；何足据以难《竹书》？而论者或因此疑《竹书》之全伪；殊不知凡作伪者必投合时代心理，经汉魏儒者鼓吹以后，伯益、伊尹辈早已如神圣不可侵犯，安有晋时作伪书之人乃肯立此等异说以资人集矢者？实则以情理论，伯益、伊尹既非超人的异类，逼位谋篡，何足为奇？启及太甲为自卫计而杀之，亦意中事。故吾侪宁认《竹书》所记为较合于古代社会状况。《竹书》既有此等记载，适足证其不伪；而今本《竹书》削去之，则反足证其伪也。又如孟子因武、成"血流漂杵"之文，乃叹"尽信书不如无书"①，谓"以至仁伐至不仁"，不应如此。推孟子之意，则《逸周书》中《克殷》《世俘》诸篇，益为伪作无疑。其实孟子理想中的"仁义之师"，本为历史上不能发生之事实。而《逸周书》叙周武王残暴之状，或反为真相，吾侪所以信《逸周书》之不伪，乃正以此也。

（六）无极强之反证足以判定某书为伪者，吾侪只得暂认为真。例如《山海经》《穆天子传》，以吾前所举十二例绳之，无一适用者。故其书虽诡异，不宜凭武断以吐弃之。或反为极可宝之史料，亦未可知也。

以上论鉴别伪书之方法竟，次当论鉴别伪事之方法。

伪事与伪书异，伪书中有真事，真书中有伪事也。事之伪者与误者又异，误者无意失误，伪者有意虚构也。今请举伪事之种类：

（一）其史迹本为作伪的性质，史家明知其伪而因仍以书之者。如汉魏六朝篡禅之际种种作态，即其例也。史家记载，或仍其

---

① "不如"上原有"则"字。

伪相,如陈寿;或揭其真相,如范晔。试列数则资比较:

（魏志·武帝纪）	（后汉书·献帝纪）
天子以公领冀州牧。	曹操自领冀州牧。
汉罢三公官,置丞相,以公为丞相。	曹操自为丞相。
天子使郗虑策命公为魏公,加九锡。	曹操自立为魏公,加九锡。
汉帝以众望在魏,乃召群公卿士,	
使张音奉玺绶禅位。①	魏王丕称天子,奉帝为山阳公。

此等伪迹昭彰,虽仍之不甚足以误人,但以云史德,终不宜尔耳。

（二）有虚构伪事而自著书以实之者。此类事在史中殊不多觏。其最著之一例,则隋末有妄人曰王通者,自比孔子,而将一时将相若贺若弼、李密、房玄龄、魏征、李勣等皆攀认为其门弟子,乃自作或假手于其子弟以作所谓《文中子》者,历叙通与诸人问答语,一若实有其事。此种病狂之人,妖诬之书,实人类所罕见。而千年来所谓"河汾道统"者,竟深入大多数俗儒脑中,变为真史迹矣。呜呼！读者当知,古今妄人非仅一王通,世所传墓志家传行状之属,汗牛充栋,其有以异于《文中子》者,恐不过程度问题耳。

（三）有事迹纯属虚构,然已公然取得"第一等史料"之资格,几令后人无从反证者。例如前清洪杨之役,有所谓贼中谋主洪大全者,据云当发难时,被广西疆吏擒杀。然吾侪乃甚疑此人为子虚乌有,恐是当时疆吏冒功,影射洪秀全之名以捏造耳。虽然,既已形诸章奏,登诸实录,吾侪欲求一完而强之反证,乃极不易得。兹事在今日,不已俨然成为史实耶？窃计史迹中类此者亦殊不少。治史者谓宜常以老吏断狱之态临之,对于所受理之案牍,断不能率尔轻信。若不能得确证以释所疑,宁付诸盖阙而已。

---

① 此条原出《魏志·文帝纪》。

（四）有事虽非伪，而言之过当者。子贡云："纣之不善，不如是之甚也。"庄子云："两善必多溢美之言，两恶必多溢恶之言。"①王充云："俗人好奇；不奇，言不用也。故誉人不增其美，则闻者不快其意；毁人不益其恶，则听者不惬于心。"是故无论何部分之史，恐"真迹放大"之弊，皆所不免。《论衡》中《语增》《儒增》《艺增》诸篇所举诸事，皆其例也。况著书者无论若何纯洁，终不免有主观的感情夹杂其间。例如王闿运之《湘军志》，在理宜认为第一等史料者也。试读郭嵩焘之《湘军志曾军篇书后》，则知其不实之处甚多。又如吾二十年前所著《戊戌政变记》，后之作清史者记戊戌事，谁不认为可贵之史料？然谓所记悉为信史，吾已不敢自承。何则？感情作用所支配，不免将真迹放大也。治史者明乎此义，处处打几分折头，庶无大过矣。

（五）史文什九皆经后代编史者之润色，故往往多事后增饰之语。例如《左传·庄二十二年》记陈敬仲卜辞，所谓"有妫之后，将育于姜，五世其昌，并于正卿，八世之后，莫之与京"等语，苟非田氏篡齐后所记，天下恐无此确中之预言。《襄二十九年》记吴季札适晋，说赵文子、韩宣子、魏献子。曰："晋国其萃于三族乎。"苟非三家分晋后所记，恐亦无此确中之预言也。乃至如诸葛亮之隆中对，于后来三国鼎足之局若操券以待。虽曰远识之人，鉴往知来，非事理所不可能；然如此铢黍不忒，实足深怪。试思当时备亮两人对谈，谁则知者？除非是两人中之一人有笔记；不然，则两人中一人事后与人谈及，世乃得知耳。事后之言，本质已不能无变；而再加以修史者之文饰。故吾侪对于彼所记，非"打折头"不可也。

（六）有本意并不在述史，不过借古人以寄其理想；故书中所

---

① 据《庄子·人间世》原文，"善"原作"喜"，"两恶"原作"两怒"。

记，乃著者理想中人物之言论行事，并非历史上人物之言论行事。此种手段，先秦诸子多用之，一时成为风气。《孟子》言"有为神农之言者许行"，此语最得真相。先秦诸子，盖最喜以今人而为古人之言者也。前文述晁错引"神农之教"，非神农之教，殆许行之徒之教也。岂惟许行，诸子皆然。彼"言必称尧舜"之孟子，吾侪正可反唇以稽之曰，"有为尧舜之言者孟轲"也。此外如墨家之于大禹，道家阴阳家之于黄帝，兵家之于太公，法家之于管仲，莫不皆然。愈推重其人，则愈举己所怀抱之理想以推奉之，而其人之真面目乃愈淆乱。《韩非子》云："孔子墨子，俱道尧舜，而取舍不同，皆自谓真尧舜。尧舜不复生，谁将使定儒墨之诚乎？"[①]是故吾侪对于古代史料，一方面患其太少，一方面又患其太多。贪多而失真，不如安少而阙疑也已。

人类非机械，故史迹从未有用"印板文字"的方式阅时而再现者。而中国著述家所记史迹，往往不然。例如尧有丹朱，舜必有商均；舜避尧之子于南河，禹必避舜之子于阳城。桀有妹喜，纣必有妲己；桀有酒池，纣必有肉林；桀有倾宫，纣必有琼室；桀有玉杯，纣必有象箸；桀杀龙逢，纣必杀比干；桀囚汤于夏台，纣必囚文王于羑里；夏之将亡，太史令终古出奔商，商之将亡，内史向挚必出奔周。此类乃如骈体文之对偶，枝枝相对，叶叶相当。天下安有此情理？又如齐太公诛华士，子产诛邓析，孔子诛少正卯，三事相去数百年，而其杀人同一目的，同一程序，所杀之人同一性格，乃至其罪名亦几全同，天下又安有此情理？然则所谓桀纣如何如何者，毋乃仅著述家理想中帝王恶德之标准？所谓杀邓析、少正卯云云者，毋乃仅某时代之专制家所捏造以为口

① 据《韩非子·显学》，"谁将"原作"将谁"。

实？（邓析非子产所杀，《左传》已有反证。）吾侪对于此类史料，最宜谨严鉴别，始不致以理想混事实也。

（七）有纯属文学的著述，其所述史迹，纯为寓言；彼固未尝自谓所说者为真事迹也，而愚者刻舟求剑，乃无端惹起史迹之纠纷。例如《庄子》言"鲲化为鹏其大几万里"①，倘有人认此为庄周所新发明之物理学，或因此而诋庄周之不解物理学，吾侪必将笑之。何也？周本未尝与吾侪谈物理也。周岂惟未尝与吾侪谈物理，亦未尝与吾侪谈历史；岂惟周未尝与吾侪谈历史，古今无数作者亦多未尝与吾侪谈历史。据《德充符》而信历史上确有兀者王骀曾与仲尼中分鲁国，人咸笑之；据《人间世》而信历史上确有列御寇其人者则比比然，而《列子》八篇，传诵且与《老》《庄》埒也。据《离骚》而信屈原尝与巫咸对话尝令帝阍开关，人咸笑之；据《九歌》而信尧之二女为湘君、湘夫人者则比比然也。陶潜作《桃花源记》，以寄其乌托邦的理想，而桃源县竟以此得名，千年莫之改也。石崇作《王昭君辞》，谓其出塞时或当如乌孙公主之弹琵琶，而流俗相承，遂以琵琶为昭君掌故也。吾侪若循此习惯以评骘史料，则汉孔融与曹操书，固尝言"武王伐纣，以妲己赐周公"，吾侪其将信之也？清黄宗羲与叶方蔼书，固尝言"首阳二老托孤于尚父，乃得三年食薇，颜色不坏"，②吾侪其亦将信之也？而不幸现在众人共信之史迹，其性质类此者正复不少，夫岂惟关于个人的史迹为然耳？凡文士所描写之京邑宫室舆服以及其他各方面之社会情状，恐多半应作如是观也。

---

① 《庄子·逍遥游》原文作"鲲……化而为鸟，其名为鹏，鹏之背不知其几千里也"。

② 据全祖望《梨洲先生神道碑文》，"叶方蔼（当作'霭'）"当为"徐元文"，"乃"原作"遂"。

以上七例，论伪事之由来，虽不能备，学者可以类推矣。至于吾侪辨证伪事应采之态度，亦略可得言焉：

第一，辨证宜勿支离于问题以外。例如《孟子》："万章曰：尧以天下与舜有诸？孟子曰：否。……"吾侪读至此，试掩卷一思，下一句当如何措词耶？嘻！乃大奇！孟子曰："天子不能以天下与人。"此如吾问"某甲是否杀某乙"，汝答曰："否；人不应杀人。"人应否杀人，此为一问题，某甲曾否杀某乙，此又为一问题，汝所答非我所问也。万章续问曰："然则舜有天下也孰与之？"孟子既主张天下非尧所与，则应别指出与舜之人，抑系舜自取。乃孟子答曰："天与之。"宇宙间是否有天，天是否能以事物与人，非惟万章无征，即孟子亦无征也。两造皆无征，则辩论无所施矣。又如孟子否认百里奚自鬻于秦，然不能举出反证以抶其伪，乃从奚之智不智贤不贤，作一大段循环论理。诸如此类，皆支离于本问题以外，违反辩证公例，学者所首宜切戒也。

第二，正误与辩伪，皆贵举反证。吾既屡言之矣。反证以出于本身者最强有力，所谓以矛陷盾也。例如《汉书·艺文志》云："武帝末，鲁共王坏孔子宅得《古文尚书》，……孔安国献之，遭巫蛊事，未列于学官。"[1]吾侪即从《汉书》本文，可以证此事之伪。其一，《景十三王传》云："鲁共王馀以孝景前二年立，……二十八年薨，子安王光嗣。"景帝在位十六年，则共王应薨于武帝即位之第十三年，即元朔元年也。（《王子侯表》[2]云："元朔元年安王光嗣"，正合。）武帝在位五十四年，则末年安得有共王？其二，孔安国《汉书》无专传，《史记·孔子世家》云："安国为今皇帝博士，蚤卒。"[3]《汉书·儿宽传》云：

---

① "宅"后有删略；"孔安国"之"孔"字原句无。
② 应为"诸侯王表"。
③ "博士"后有删略。

"宽诣博士受业,受业孔安国,补廷尉史,廷尉张汤荐之。"①考《百官表》,汤迁廷尉,在元朔三年;安国为博士,总应在此年以前。假令其年甫逾二十,则下距巫蛊祸作时,已过五十,安得云蚤卒?既已蚤卒,安得献书于巫蛊之年耶?然则此事与本书中他篇之文,处处冲突。王充云:"不得二全,则必一非。"(《论衡·语增篇》)既无法以证明他篇之为伪,则《艺文志》所记此二事,必伪无疑也。

第三,伪事之反证,以能得"直接史料"为最上。例如鱼豢《魏略》谓"诸葛亮先见刘备,备以其年少轻之。亮说以荆州人少,当令客户皆著籍以益众。备由此知亮。"②陈寿《三国志》则云:"先主诣亮,凡三往乃见。"③豢与寿时代略相当,二说果孰可信耶?吾侪今已得最有力之证据:则亮《出师表》云:"先帝不以臣卑鄙,三顾臣于草庐之中。"④苟吾侪不能证明《出师表》之为伪作,又不能证明亮之好妄语,则可决言备先见亮,非亮先见备也。又如《唐书·玄奘传》称奘卒年五十七,《玄奘塔铭》则云六十九,此两说孰可信耶?吾侪亦得最有力之证据:则奘尝于显庆二年九月二十日上表,中有"六十之年飒焉已至"二语,则奘寿必在六十外既无疑。而显庆二年下距奘卒时之麟德元年尚九年,又足为《塔铭》不误之正证也。凡此皆以本人自身所留下之史料为证据,此绝对不可抗之权威也。又如《魏略》云:"刘备在小沛生子禅,后因曹公来伐出奔,禅时年数岁,随人入汉中,有刘括者养以为子。……"⑤欲证此事之伪,则后

---

① "宽"句"宽"与"受业"字原无,"安国"下有删略,"史"前原有"文学卒"三字,此下有删略,末句乃撮述语。
② 此段文字乃撮述语。
③ "诣"前原有"遂"字。
④ "卑鄙"后删去一句。
⑤ 此段文字乃撮述语。

主（禅）即位之明年，诸葛亮领益州牧，与主簿杜微书曰，"朝廷今年十八"①，知后主确以十七岁即位，若生于小沛，则时已三十余岁矣。此史料虽非禅亲自留下，然出于与彼关系极深之诸葛亮，其权威亦相等也。又如《论衡》辨淮南王安之非升仙，云"安坐反而死，天下共闻"②。安与司马迁正同时，《史记》叙其反状死状，始末悉备。故迁所记述，其权威亦不可抗也。右所举四例，其第一第二两例，由当事人自举出反证；第三例由关系人举出反证；第四例由在旁知状之见证人举出反证。皆反证之最有力者也。

第四，能得此种强有力之反证，则真伪殆可一言而决。虽然，吾侪所见之史料，不能事事皆如此完备。例如《孟子》中，万章问孔子在卫是否主痈疽，孟子答以"于卫主颜雠由。……"此次答辩，极合论理，正吾所谓举反证之说也。虽然，孟子与万章皆不及见孔子，孟子据一传说，万章亦据一传说，孟子既未尝告吾侪以彼所据者出何经何典，万章亦然。吾侪无从判断孟子所据传说之价值是否能优于万章之所据。是故吾侪虽极不信"主痈疽"说，然对于"主颜雠由"说，在法律上亦无权以助孟子张目也。遇此类问题，则对于所举反证，有一番精密审查之必要。例如旧说皆云释迦牟尼以周穆王五十二年灭度，当西纪前九百五十年。独《佛祖通载》（卷九）有所谓"众圣点记"之一事，据称梁武帝时有僧伽跋陀罗传来之《善见律》，卷末有无数黑点，相传自佛灭度之年起，佛弟子优波离，在此书末作一点，以后师弟代代相传，每年一点，至齐永明六年，僧伽跋陀罗下最后之一点，共九百七十五点。循此上推，则佛灭度应在周敬王三十五年，当西纪前四百八十五年，与旧说相差至五百三十

---

① "朝廷"下原有"主公"二字，"今年"下原有"始"字。
② 据《论衡·道虚》，"共闻"原作"并闻"。

余年之多。是则旧说之伪误，明明得一强有力之反证矣。虽然，最要之关键，则在此"众圣点记"者是否可信。吾国人前此惟不敢轻信之，故虽姑存此异说，而旧说终不废。及近年来欧人据西藏文之《释迦传》以考定阿阇世王之年代，据印度石柱刻文以考定阿育王之年代，据巴利文之《锡兰岛史》以考定锡兰诸王之年代，复将此诸种资料中有言及佛灭年者，据之与各王年代比较推算，确定佛灭年为纪前四八五年。（或云四百八十七年，所差仅两年耳。）于是众圣点记之价值顿增十倍。吾侪乃确知释迦略与孔子同时，旧说所云西周时人者，绝不可信，而其他书籍所言孔老以前之佛迹，亦皆不可信矣。

第五，时代错迕则事必伪，此反证之最有力者也。例如《商君书·徕民》篇有"自魏襄以来"语，有"长平之胜"语，魏襄死在商君死后四十二年，长平战役在商君死后七十八年，今谓商君能语及此二事，不问而知其伪也。《史记·扁鹊传》，既称鹊为赵简子时人，而其所医治之人，有虢太子，有齐桓侯等，先简子之立百三十九年而虢亡，田齐桓侯午之立，后简子死七十二年，错迕纠纷至此，则鹊传全部事迹，殆皆不敢置信矣。其与此相类者，例如《尚书·舜典》①"帝曰，皋陶，蛮夷猾夏"，此语盖甚可诧。夏为大禹有天下之号，因禹威德之盛，而中国民族始得"诸夏"之名，帝舜时安从有此语？假令孔子垂教而称中国人为汉人，司马迁著书而称中国人为唐人，有是理耶？此虽出圣人手定之经，吾侪终不能不致疑也。以上所举诸例，皆甚简单而易说明，亦有稍复杂的事项，必须将先决问题研究有绪，始能论断本问题者。例如《舜典》②有"金作赎刑"一语，吾侪以为三代以前未有金属货币，此语恐出春秋以后人手笔。又如《孟子》称"舜封象于有庳，象不得有为于其国，天子使吏

治其国而纳其贡赋"①。吾侪以为封建乃周以后之制度,"使吏治其国"云云,又是战国后半期制度,皆非舜时代所宜有。虽然,此断案极不易下;必须将"三代前无金属货币""封建起自周代"之两先决问题经种种归纳的研究立为铁案,然后彼两事之伪乃成信谳也。且此类考证,尤有极难措手之处:吾主张三代前无金属货币,人即可引《舜典》"金作赎刑"一语以为反证;(近人研究古泉文者,有释为"乘正尚金当爱"之一种,即指为唐虞赎刑所用,盖因此而附会及于古物矣。)吾主张封建起自周代,人即可引《孟子》"象封有庳"一事为反证;以此二书本有相当之权威也。是则对书信任与对事信任,又递相为君臣,在学者辛勤审勘之结果何如耳。

第六,有其事虽近伪,然不能从正面得直接之反证者,只得从旁面间接推断之。若此者,吾名曰比事的推论法。例如前所举万章问"孔子于卫主痈疽"事,同时又问"于齐主侍人瘠环"。孟子答案于卫虽举出反证;于齐则举不出反证,但别举"过宋主司城贞子"之一旁证。吾侪又据《史记·孔子世家》称孔子游齐主高昭子,二次三次游卫皆主蘧伯玉,因此可推定孔子所主皆正人君子,而痈疽、瘠环之说,盖伪。又如鲁共王、孔安国与《古文尚书》之关系,既有确据以证其伪;河间献王等与《古文毛诗》之关系,张苍等与《古文左传》之关系,亦别有确据以证其伪;则当时与此三书同受刘歆推奖之《古文周官》《古文逸礼》,虽反证未甚完备,亦可用"晚出古文经盖伪"之一假说略为推定矣。此种推论法,应用于自然科学界,颇极稳健;应用于历史时,或不免危险。因历史为人类所造,而人类之意志情感,常自由发动,不易执一以律其他也。例如孔子喜亲近正人君子,固有证据,然其通变达权,亦有证据。南子而肯见,

---

① 首句乃撮述,非原文;又,"赋"原作"税"。

佛肸、弗扰召而欲往,此皆见于《论语》者,若此三事不伪,又安见其绝对的不肯主痈疽与瘠环也? 故用此种推论法,只能下"盖然"的结论,不宜轻下"必然"的结论。

第七,有不能得"事证"而可以"物证"或"理证"明其伪者。吾名之曰推度的推论法。例如旧说有明建文帝逊国出亡之事,万斯同斥其伪,谓"紫禁城无水关,无可出之理"。(钱大昕著《万季野传》)此所谓物证也。又如旧说有"颜渊与孔子在泰山望阊门白马,颜渊发白齿落"之事,王充斥其伪,谓"人目断不能见千里之外",又言"用睛暂望,影响断不能及于发齿"①。(《论衡·书虚》篇)此皆根据生理学上之定理以立言,虽文籍上别无他种反证,然已得极有价值之结论。此所谓理证也。吾侪用此法以驳历史上种种不近情理之事,自然可以廓清无限迷雾。但此法之应用,亦有限制;其确实之程度,盖当与科学智识骈进。例如古代有指南车之一事,在数百年前之人,或且度理以断其伪,今日则正可度理以证其不伪也。然则史中记许多鬼神之事,吾侪指为不近情理者,安知他日不发明一种"鬼神心理学",而此皆为极可宝之资料耶? 虽然,吾侪今日治学,只能以今日之智识范围为界。"于其所不知盖阙如",终是寡过之道也。

本节论正误辨伪两义,缕缕数万言,所引例或涉及极琐末的事项,吾非谓治史学者宜费全部精神于此等考证,尤非谓考证之功,必须遍及于此等琐事。但吾以为有一最要之观念为吾侪所一刻不可忘者,则吾前文所屡说之"求真"两字——即前清乾嘉诸老所提倡之"实事求是"主义是也。夫吾侪治史,本非徒欲知有此事而止,既知之后,尚需对于此事运吾思想,骋吾批评。虽然,思想批评必

---

① 王充二语乃撮述,非原文。

须建设于实事的基础之上。而非然者,其思想将为枉用,其批评将为虚发。须知近百年来欧美史学之进步,则彼辈能用科学的方法以审查史料,实其发轫也。而吾国宋明以降学术之日流于诞渺,皆由其思想与批评,非根据于实事,故言愈辩而误学者亦愈甚也。韩非曰:"无参验而必之者,愚也;弗能必而据之者,诬也。"孔子曰:"盖有不知而作之者,我无是也。多闻择其善者而从之,多见而识之,知之次也。"又曰:"多闻阙疑,慎言其余,则寡尤。"我国治史者,惟未尝以科学方法驭史料,故不知而作非愚则诬之弊,往往而有。吾侪今日宜筚路蓝缕以辟此涂,务求得正确之史料以作自己思想批评之基础;且为后人作计,使踵吾业者从此得节啬其精力于考证方面,而专用其精力于思想批评方面,斯则吾侪今日对于斯学之一大责任也。

中国之旧史学①

于今日泰西通行诸学科中,为中国所固有者,惟史学。史学者,学问之最博大而最切要者也,国民之明镜也,爱国心之源泉也。今日欧洲民族主义所以发达,列国所以日进文明,史学之功居其半焉。然则,但患其国之无兹学耳,苟其有之,则国民安有不团结,群治安有不进化者!虽然,我国兹学之盛如彼,而其现象如此,则又何也?

今请举中国史学之派别,表示之而略论之(按:见下页表)。

试一翻四库之书,其汗牛充栋、浩如烟海者,非史学书居十六七乎!上自太史公、班孟坚,下至毕秋帆、赵瓯北,以史家名者不下数百,兹学之发达,二千年于兹矣。然而陈陈相因,一丘之貉,未闻有能为史界辟一新天地,而令兹学之功德普及于国民者,何也?吾推其病源,有四端焉:

一曰知有朝廷而不知有国家。吾党常言,二十四史非史也,二十四姓之家谱而已。其言似稍过当,然按之作史者之精神,其实际固不诬也。吾国史家,以为天下者君主一人之天下,故其为史也,不过叙某朝以何而得之,以何而治之,以何而失之而已,舍此则非所闻也。昔人谓《左传》为"相斫书",岂惟《左传》,若"二十四史",

---

① 选自《新史学》,原载 1902 年 2 月《新民丛报》第 1 号。

真可谓地球上空前绝后之一大相斫书也。虽以司马温公之贤，其作《通鉴》，亦不过以备君王之浏览。（其论语，无一非忠告君主者。）盖从来作史者，皆为朝廷上之君若臣而作，曾无有一书为国民而作者也。其大蔽在不知朝廷与国家之分别，以为舍朝廷外无国家。于是乎有所谓正统、闰统之争论，有所谓鼎革前后之笔法。如欧阳之《新五代史》、朱子之《通鉴纲目》等，今日盗贼，明日圣神；甲也天命，乙也僭逆。正如群蛆啄矢，争其甘苦；狙公饲狙，辨其四三；自欺欺人，莫此为甚！吾中国国家思想，至今不能兴起者，数千年之史家，岂能辞其咎耶！

史学	第一　正史	（甲）官书	所谓"二十四史"是也。
		（乙）别史	如华峤《后汉书》、习凿齿《蜀汉春秋》《十六国春秋》《华阳国志》《元秘史》等，其实皆正史体也。
	第二　编年		《资治通鉴》等是也。
	第三　纪事本末	（甲）通体	如《通鉴纪事本末》《绎史》等是也。
		（乙）别体	如平定某某方略、《三案始末》等是也。
	第四　政书	（甲）通体	如《通典》《文献通考》等是也。
		（乙）别体	如《唐开元礼》《大清会典》《大清通礼》等是也。
		（丙）小纪	如《汉官仪》等是也。
	第五　杂史	（甲）综记	如《国语》《战国策》等是也。
		（乙）琐记	如《世说新语》《唐代丛书》《明季稗史》等是也。
		（丙）诏令奏议	《四库》另列一门，其实杂史耳。
	第六　传记	（甲）通体	如《满汉名臣传》《国朝先正事略》等是也。
		（乙）别体	如某帝实录、某人年谱等是也。
	第七　地志	（甲）通体	如各省通志、《天下郡国利病书》等是也。
		（乙）别体	如纪行等书是也。
	第八　学史		如《明儒学案》《国朝汉学师承记》等是也。
	第九　史论	（甲）理论	如《史通》《文史通义》等是也。
		（乙）事论	如《历代史论》《读通鉴论》等是也。
		（丙）杂论	如《廿二史札记》《十七史商榷》等是也。
	第十　附庸	（甲）外史	如《西域图考》《职方外纪》等是也。
		（乙）考据	如《禹贡图考》等是也。
		（丙）注释	如裴松之《三国志注》等是也。

都为十种二十二类。

二曰知有个人而不知有群体。历史者,英雄之舞台也;舍英雄几无历史。虽泰西良史,亦岂能不置重于人物哉!虽然,善为史者,以人物为历史之材料,不闻以历史为人物之画像;以人物为时代之代表,不闻以时代为人物之附属。中国之史,则本纪、列传,一篇一篇,如海岸之石,乱堆错落。质而言之,则合无数之墓志铭而成者耳。夫所贵乎史者,贵其能叙一群人相交涉、相竞争、相团结之道,能述一群人所以休养生息、同体进化之状,使后之读者爱其群、善其群之心,油然生焉。今史家多于鲫鱼,而未闻有一人之眼光,能见及此者,此我国民之群力、群智、群德所以永不发生,而群体终不成立也。

三曰知有陈迹而不知有今务。凡著书贵宗旨。作史者将为若干之陈死人作纪念碑耶?为若干之过去事作歌舞剧耶?殆非也。将使今世之人,鉴之裁之,以为经世之用也。故泰西之史,愈近世则记载愈详。中国不然,非鼎革之后,则一朝之史不能出现。又不惟正史而已,即各体莫不皆然。故温公《通鉴》,亦起战国而终五代。果如是也,使其朝自今以往,永不易姓,则史不其中绝乎?使如日本之数千年一系,岂不并史之为物而无之乎?太史公作《史记》,直至《今上本纪》,且其记述,不少隐讳焉,史家之天职然也。后世专制政体,日以进步,民气学风,日以腐败,其末流遂极于今日。推病根所从起,实由认历史为朝廷所专有物,舍朝廷外无可记载故也。不然,则虽有忌讳于朝廷,而民间之事,其可纪者不亦多多乎,何并此而无也?今日我辈欲研究二百六十八年以来之事实,竟无一书可凭借,非官牍铺张循例之言,则口碑影响疑似之说耳。时或借外国人之著述,窥其片鳞残甲。然甲国人论乙国之事,例固百不得一,况吾国之向闭关不与人通者耶?于是乎吾辈乃穷。语曰:"知古而不知今,谓之陆沉。"夫陆沉我国民之罪,史家实尸之矣！

四曰知有事实而不知有理想。人身者，合四十余种原质而成者也，合眼、耳、鼻、舌、手足、脏腑、皮毛、筋络、骨节、血轮、精管而成者也。然使采集四十余种原质，作为眼、耳、鼻、舌、手足、脏腑、皮毛、筋络、骨节、血轮、精管无一不备，若是者，可谓之人乎？必不可。何则？无其精神也。史之精神维何？曰理想是已。大群之中有小群，大时代之中有小时代，而群与群之相际，时代与时代之相续，其间有消息焉，有原理焉。作史者苟能勘破之，知其以若彼之因，故生若此之果，鉴既往之大例，示将来之风潮，然后其书乃有益于世界。今中国之史，但呆然曰：某日有甲事，某日有乙事。至其事之何以生？其远因何在？近因何在？莫能言也。其事之影响于他事或他日者若何？当得善果？当得恶果？莫能言也。故汗牛充栋之史书，皆如蜡人院之偶像，毫无生气，读之徒费脑力。是中国之史，非益民智之具，而耗民智之具也。

以上四者，实数千年史家学识之程度也。缘此四蔽，复生二病：

其一能铺叙而不能别裁。英儒斯宾塞曰："或有告者曰，邻家之猫，昨日产一子。以云事实，诚事实也；然谁不知为无用之事实乎？何也？以其与他事毫无关涉，于吾人生活上之行为，毫无影响也。然历史上之事迹，其类是者正多，能推此例以读书观万物，则思过半矣。"此斯氏教人以作史、读史之方也。泰西旧史家，固不免之，而中国殆更甚焉：某日日食也，某日地震也，某日册封皇子也，某日某大臣死也，某日有某诏书也，满纸填塞，皆此等"邻猫生子"之事实，往往有读尽一卷，而无一语有入脑之价值者。就中如《通鉴》一书，属稿十九年，别择最称精善，然今日以读西史之眼读之，觉其有用者，亦不过十之二三耳，《通鉴》载奏议最多，盖此书专为格君而作也,吾辈今日读之,实嫌其冗。)其他更何论焉！至如《新五代史》之类,以别裁自命,实则将大事皆删去,而惟存"邻猫生子"等语,其可厌不更甚耶？故今日欲治中国史学,真有无从下手之慨。"二十四史"也,"九通"也,《通鉴》《续通鉴》也,《大清会典》《大清通礼》也,十朝实录、十朝圣训也,此等书皆万不可不读,不读其一,则挂漏正多。然尽此数书而读之,日读十卷,已非三四十年不为功矣！况仅读此数书,而决不能足用,势不可不于前所列十种二十二类者一一涉猎之。(杂史、传志、札记等所载,常有有用过于正史者。何则？彼等常载民间风俗,不似正史专为帝王作家谱也。)人寿几何,何以堪此！故吾中国史学智识之不能普及,皆由无一善别裁之良史故也。

其二能因袭而不能创作。中国万事,皆取"述而不作"主义,而史学其一端也。细数二千年来史家,其稍有创作之才者,惟六人：一曰太史公,诚史界之造物主也。其书亦常有国民思想,如项羽而列诸《本纪》,孔子、陈涉而列诸《世家》,儒林、游侠、刺客、货殖而为之《列传》,皆有深意存焉。其为立传者,大率皆为时代极有关系之人也。而后世之效颦者则胡为也！二曰杜君卿。《通典》之作,不纪事而纪制度。制度于国民全体之关系,有重于事焉者也。前此所无,而杜创之,虽其完备不及《通考》,然创作之功,马何敢望杜耶！三曰郑渔仲。夹漈之史识,卓绝千古,而史才不足以称之。其《通志·二十略》,以论断为主,以记述为辅,实为中国史界放一光明也。惜其为太史公范围所困,以纪传十之七八,填塞全书,支床叠屋,为大体玷。四曰司马温公。《通鉴》亦天地一大文也,其结构之宏伟,其取材之丰赡,使后世有欲著通史者,势不能不据为蓝本,而至今卒未有能逾之者焉。温公亦伟人哉！五曰袁枢。今日西史,大率皆纪事本末之体也,而此体在中国,实惟袁枢创之,其功在史界者亦不少。但其著《通鉴纪事本末》也,非有见于事与事之相联属，而欲求其原因结果也，不过为读《通鉴》之方便法门，著此以代抄录云尔。虽为创作，实则无意识之创作，故其书不过为《通鉴》之一附庸，不能使学者读之有特别之益也。六曰黄梨洲。黄梨洲著《明儒学案》，史家未曾有之盛业也。中国数千年，惟有政治史，而其他一无所闻。梨洲乃创为学史之格，使后人能师其意，则中国文学史可作也，中国种族史可作也，中国财富史可作也，中国宗教史可作也。诸类此者，其数何限！梨洲既成《明儒学案》，复为《宋元学案》，未成而卒。使假以十年，或且有《汉唐学案》《周秦学案》之宏著，未可料也。梨洲诚我国思想界之雄也！若夫此六君子以外，(袁枢实不能在此列。)则皆所谓"公等碌碌，因人成事"。《史记》以后，而二十一部皆刻画《史记》；《通典》以后，而八部皆摹仿《通典》：何其奴隶性至于此甚耶！若琴瑟之专一，谁能听之？以故每一读辄惟恐卧，而思想所以不进也。

合此六弊，其所贻读者之恶果，厥有三端：一曰难读。浩如烟海，穷年莫殚，前既言之矣。二曰难别择。即使有暇日，有耐性，遍读应读之书，而苟非有极敏之眼光、极高之学识，不能别择其某条有用、某条无用，徒枉费时日脑力。三曰无感触。虽尽读全史，而曾无有足以激励其爱国之心，团结其合群之力，以应今日之时势而立于万国者。然则吾中国史学，外貌虽极发达，而不能如欧美各国民之实受其益也，职此之由。

今日欲提倡民族主义，使我四万万同胞强立于此优胜劣败之世界乎？则本国史学一科，实为无老无幼、无男无女、无智无愚、无贤无不肖所皆当从事，视之如渴饮饥食，一刻不容缓者也。然遍览乙库中数十万卷之著录，其资格可以养吾所欲，给吾所求者，殆无一焉。

呜呼！史界革命不起，则吾国遂不可救。悠悠万事，惟此为大！《新史学》之著，吾岂好异哉？吾不得已也。

史学之界说①

　　欲创新史学,不可不先明史学之界说;欲知史学之界说,不可不先明历史之范围。今请析其条理而论述之。

　　第一,历史者,叙述进化之现象也。现象者何? 事物之变化也。宇宙间之现象有二种:一曰为循环之状者,二曰为进化之状者。何谓循环? 其进化有一定之时期,及期则周而复始,如四时之变迁、天体之运行是也。何谓进化? 其变化有一定之次序,生长焉,发达焉,如生物界及人间世之现象是也。循环者,去而复来者也,止而不进者也;凡学问之属于此类者,谓之"天然学"。进化者,往而不返者也,进而无极者也;凡学问之属于此类者,谓之"历史学"。天下万事万物,皆在空间,又在时间,(空间、时间,佛典译语,日本人沿用之。若依中国古义,则空间宇也,时间宙也。其语不尽通行,故用译语。)而天然界与历史界,实分占两者之范围。天然学者,研究空间之现象者也;历史学者,研究时间之现象者也。就天然界以观察宇宙,则见其一成不变,万古不易,故其体为完全,其象如一圆圈;就历史界以观察宇宙,则见其生长而不已,进步而不知所终,故其体为不完全,且其进步又非为一直线,或尺进而寸退,或大涨而小落,其象如一

---

　　① 　选自《新史学》,原载 1902 年 3 月 10 日《新民丛报》第 3 号。

螺线。明此理者，可以知历史之真相矣。

由此观之，凡属于历史界之学，（凡政治学、群学、平准学、宗教学等，皆近历史界之范围。）其研究常较难；凡属于天然界之学，（凡天文学、地理学、物质学、化学等，皆天然界之范围。）其研究常较易。何以故？天然界，已完全者也，来复频繁，可以推算，状态一定，可以试验。历史学，未完全者也，今犹日在生长发达之中，非逮宇宙之末劫，则历史不能终极。吾生有涯，而此学无涯。此所以天然诸科学，起源甚古，今已斐然大成；而关于历史之各学，其出现甚后，而其完备难期也。

此界说既定，则知凡百事物，有生长、有发达、有进步者，则属于历史之范围；反是者，则不能属于历史之范围。又如于一定期中，虽有生长发达，而及其期之极点，则又反其始，斯仍不得不以循环目之。如动植物，如人类，虽依一定之次第，以生以成；然或一年，或十年，或百年，而盈其限焉，而反其初焉。一生一死，实循环之现象也。故物理学、身理学等，皆天然科学之范围，非历史学之范围也。

孟子曰："天下之生久矣，一治一乱。"此误会历史真相之言也。苟治乱相嬗无已时，则历史之象当为循环，与天然等，而历史学将不能成立。孟子此言盖为螺线之状所迷，而误以为圆状，未尝综观自有人类以来万数千年之大势，而察其真方向之所在；徒观一小时代之或进或退、或涨或落，遂以为历史之实状如是云尔。譬之江河东流以朝宗于海者，其大势也；乃或所见局于一部，偶见其有倒流处，有曲流处，因以为江河之行，一东一西，一北一南，是岂能知江河之性矣乎！《春秋》家言，有三统，有三世。三统者，循环之象也，所谓三王之道若循环，周而复始是也。三世者，进化之象也，所谓据乱、升平、太平，与世渐进是也。三世则历史之情状也，三统则非历史之情状也。三世之义，既治者则不能复乱，借曰有小乱，而必非与前此之乱等也。苟其一治而复一乱，则所谓治者，必非真治。故言史学者,当从孔子之义,不当从孟子之义。)吾中国所以数千年无良史者,以其于进化之现象,见之未明也。

第二,历史者,叙述人群进化之现象也。进化之义既定矣;虽然,进化之大理,不独人类为然,即动植物乃至无机世界,亦常有进化者存。而通行历史所纪述,常限于人类者,则何以故?此不徒吾人之自私其类而已。人也者,进化之极则也,其变化千形万状而不穷者也。故言历史之广义,则非包万有而并载之不能完成;至语其狭义,则惟以人类为之界。虽然,历史之范围可限于人类,而人类之事实不能尽纳诸历史。夫人类亦不过一种之动物耳,其一生一死,固不免于循环,即其日用饮食、言论行事,亦不过大略相等,而无进化之可言。故欲求进化之迹,必于人群。使人人析而独立,则进化终不可期,而历史终不可起。盖人类进化云者,一群之进也,非一人之进也。如以一人也,则今人必无以远过于古人。语其体魄,则四肢五官,古犹今也;质点血轮,古犹今也。语其性灵,则古代周、孔、柏(柏拉图)、阿(阿里士多德)之智识能力,必不让于今人,举世所同认矣。然往往有周、孔、柏、阿所不能知之理,不能行之事,而今日乳臭小儿知之能之者,何也?无他,食群之福,享群之利,借群力之相接相较、相争相师、相摩相荡、相维相系、相传相嬗,而智慧进焉,而才力进焉,而道德进焉。进也者,人格之群,非寻常之个人也。(人类天性之能力,能随文明进化之运而渐次增长与否,此问题颇难决定。试以文明国之一小儿,不许受教育,不许蒙社会之感化、沐文明之恩泽,则其长成,能有以异于野蛮国之小儿乎?恐不能也。盖由动物进而为人,已为生理上进化之极点。由小儿进为成人,已为生理上进化之极点。然则,一个人,殆无进化也;进化者,别超出于个人之上之一人格而已,即人群是也。)然则历史所最当致意者,惟人群之事。苟其事不关系人群者,虽奇言异行,而必不足以入历史之范围也。

畴昔史家,往往视历史如人物传者然。夫人物之关系于历史固也，然所以关系者，亦谓其于一群有影响云尔。所重者在一群，非在一人也。而中国作史者，全反于此目的，动辄以立佳传为其人之光宠。驯至连篇累牍，胪列无关世运之人之言论行事，使读者欲卧欲呕；虽尽数千卷，犹不能于本群之大势有所知焉：由不知史之界说限于群故也。

第三，历史者，叙述人群进化之现象，而求得其公理公例者也。凡学问必有客观、主观二界。客观者，谓所研究之事物也；主观者，谓能研究此事物之心灵也。（亦名"所界""能界"。"能""所"二字，佛典译语，常用为名词。）和合二观，然后学问出焉。史学之客体，则过去、现在之事实是也；其主体，则作史、读史者心识中所怀之哲理是也。有客观而无主观，则其史有魄无魂，谓之非史焉可也。（偏于主观而略于客观者，则虽有佳书，亦不过为一家言，不得谓之为史。）是故善为史者，必研究人群进化之现象，而求其公理公例之所在，于是有所谓历史哲学者出焉。历史与历史哲学虽殊科，要之，苟无哲学之理想者，必不能为良史，有断然也。虽然，求史学之公理公例，固非易易。如彼天然科学者，其材料完全，其范围有涯，故其理例亦易得焉。如天文学，如物质学，如化学，所已求得之公理公例不可磨灭者，既已多端；而政治学、群学、宗教学等，则瞠乎其后，皆由现象之繁赜而未到终点也。但其事虽难，而治此学者不可不勉。大抵前者史家不能有得于是者，其蔽二端：一曰知有一局部之史，而不知自有人类以来全体之史也。或局于一地，或局于一时代。如中国之史，其地位则仅叙述本国耳；于吾国外之现象，非所知也。（前者他国之史亦如是。）其时代，则上至书契以来，下至胜朝之末止矣；前乎此，后乎此，非所闻也。夫欲求人群进化之真相，必当合人类全体而比较之，通古今文野之界而观察之。内自乡邑之法团，（凡民间之结集而成一人格之团体者，谓之法团，亦谓之法人。法人者，法律上视之与一个人无异也。一州之州会，一市之市会，乃至一学校、一会馆、一公司，皆统名为法团。)外至五洲之全局；上自穹古之石史，(地质学家从地底僵石中考求人物进化之迹，号曰石史。)下至昨今之新闻，何一而非客观所当取材者！综是焉以求其公理公例，虽未克完备，而所得必已多矣。问畴昔之史家，有能焉者否也？二曰徒知有史学，而不知史学与他学之关系也。夫地理学也，地质学也，人种学也，人类学也，言语学也，群学也，政治学也，宗教学也，法律学也，平准学也(即日本人所谓经济学)，皆与史学有直接之关系；其他如哲学范围所属之伦理学、心理学、论理学、文章学，及天然科学范围所属之天文学、物质学、化学、生理学，其理论亦常与史学有间接之关系，何一而非主观所当凭借者。取诸学之公理公例，而参伍钩距之，虽未尽适用，而所得又必多矣。问畴昔之史家，有能焉者否也？

夫所以必求其公理公例者，非欲以为理论之美观而已，将以施诸实用焉，将以贻诸来者焉。历史者，以过去之进化，导未来之进化者也。吾辈食今日文明之福，是为对于古人已得之权利；而继续此文明，增长此文明，孳殖此文明，又对于后人而不可不尽之义务也。而史家所以尽此义务之道，即求得前此进化之公理公例，而使后人循其理、率其例以增幸福于无疆也。史乎史乎！其责任至重，而其成就至难。中国前此之无真史家也，又何怪焉！而无真史家，亦即吾国进化迟缓之一原因也。吾愿与同胞国民，筚路蓝缕以辟此途也。

以上说"界说"竟。作者初研究史学，见地极浅，自觉其界说尚有未尽未安者；视吾学他日之进化，乃补正之。著者识。

历史与人种之关系[①]

    历史者何？叙人种之发达与其竞争而已。舍人种则无历史。何以故？历史生于人群，而人之所以能群，必其于内焉有所结，于外焉有所排，是即种界之所由起也。故始焉自结其家族以排他家族，继焉自结其乡族以排他乡族，继焉自结其部族以排他部族，终焉自结其国族以排他国族，此实数千年世界历史经过之阶级。而今日则国族相结相排之时代也。夫群与群之互有所排也，非大同太平之象也。而无如排于外者不剧，则结于内者不牢；结于内者不牢，则其群终不可得合，而不能占一名誉之位置于历史上。以故世界日益进步，而种族之论亦日益昌明。呜呼！后乎此者，其有种界尽破万国大同之郅治乎？吾不敢知。若在今日，则虽谓人种问题为全世界独一无二之问题，非过言也。

    有"历史的"人种，有"非历史的"人种。等是人种也，而历史的、非历史的何以分焉？曰：能自结者为历史的，不能自结者为非历史的。何以故？能自结者则排人；不能自结者则排于人。排人者则能扩张本种以侵蚀他种，骎骎焉垄断世界历史之舞台；排于人者则本种日以陵夷衰微，非惟不能扩张于外，而且渐灭于内，寻至

---

    ① 选自《新史学》，原载 1902 年《新民丛报》第 14 号。

失其历史上本有之地位，而舞台为他人所占。故夫叙述数千年来各种族盛衰兴亡之迹者，是历史之性质也；叙述数千年来各种族所以盛衰兴亡之故者，是历史之精神也。

近世言人种学者，其论不一：或主张一元说，而以为世界只有一人种；或主张多元说，而区分为四种（康德），为五种（布曼伯），为六种（巴科安），为七种（韩特），为八种（亚加智），其多者乃至十一种、十五种、十六种、二十二种、六十种，其最多者分为六十三种（巴喀），甚者以言语之分而区为一千乃至二千余人种。然今所通行，则五种之说，所谓黄色种、白色种、棕色种、黑色种、红色种是也；或以南洋群岛、太平洋群岛、纽西仑诸土人，及中亚美利加之土人，合于黄种，以澳洲、南印度之土人合于黑种，而成为三大种。今勿具论。要之缘附于此抟抟员舆上之千五百兆生灵，其可以称为历史的人种者，不过黄、白两族而已。今条其派别如下（见下页）。

同为历史的人种也，而有"世界史的"与"非世界史的"之分。何谓"世界史的"？其文化武力之所及，不仅在本国之境域，不仅传本国之子孙，而扩之充之以及于外，使全世界之人类，受其影响，以助其发达进步，是名为世界史的人种。吾熟读世界史，察其彼此相互之关系，而求其足以当此名者，其后乎此者吾不敢知，其前乎此者，则吾不得不以让诸白种，不得不以让诸种中之阿利安种。而于其中复分为两大时期：前期为阿利安种与哈密忒、沁密忒两种合力运动时代；后期为阿利安种独力运动时代。于前期之中，复分为三小时期：一哈密忒全盛时代，二沁密忒全盛时代，三阿利安与哈、沁融合时代。于后期之中，亦分为三小时期：一希腊罗马人时代，二条顿人时代，三斯拉夫人时代。（所谓各时代者，非此时代终而彼时代乃始也，其界限常不能甚分明，往往后时代中仍抱前时代之余波，前时代中已含前代之种子；不过就其大势，略区别之，取便称呼耳。观下文自明。）试略论之。

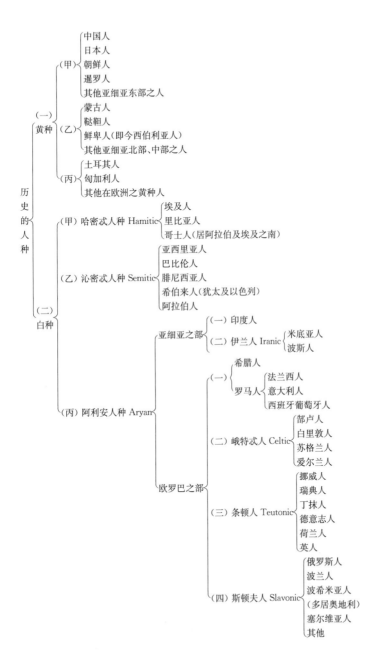

以狭义言之，则欧罗巴文明实为今日全世界一切文明之母。此有识者所同认也。欧罗巴文明何自起？其发明光大之者，为阿利安民族；其组织而导引之者，为哈密忒与沁密忒之两民族。若世界文明史而有正统也，则其统不得不托始于哈密忒人。代表哈密忒者曰埃及。埃及文明之花，实现于距今四五千年以前，于金字塔观其工艺之伟大，（金字塔者，埃及古王坟陵也。其最大者，容积七千四百万立方英尺，底阔七百六十四英尺，侧袤四百八十英尺，世界最大之石碑也。其能运如许重大之石材，上举于数百丈之高处，则其时工械力之大可想。）于木乃伊想其化学之发明，（木乃伊者，埃及古王之尸体，以药物浸裹之使其不朽，至今犹有存者。则当时之人已明化学可以概见。）尼罗河畔，实历史上最荣誉之纪念场哉！自摩西为埃及王女所收养，遍学其教术，吸取其智识，既乃率同族以开犹太，（详见《旧约全书·出埃及记》。）是沁密忒文明出于埃及之明证也。（其余巴比伦、叙利亚文明，亦得力于埃及不少，史家能言其详。）希腊古哲，如德黎 Thales，如毕达哥拉 Pythagoras，如梭伦 Solon，如德谟吉来图 Democritus，如柏拉图 Plato，皆尝受教于埃及僧侣；而德谟吉来图、柏拉图二氏，且躬自游历埃土；而遏狄加人（希腊四大族之一。）之宗教，及其群治制度，多承埃及之遗迹：是阿利安文明出于埃及之明证也。故今日欧洲文明，以希腊为父，以沁密忒为祖，以哈密忒为祖之所自出。虽然，哈密忒人，能创造之以待人取法者也；沁密忒人，能创造之且能传播之者也；阿利安人，能创造之、能传播之且最能取法于人者也：故三族之优劣胜败于此判焉矣。

哈密忒于世界文明，仅有间接之关系，至沁密忒而始有直接之关系。当希腊人文未发达之始，其政治学术宗教，卓然有牢笼一世之概者，厥惟亚西里亚（或译叙利亚。）、巴比伦、腓尼西亚诸国。沁密忒人，实世界宗教之源泉也。犹太教起于是，基督教起于是，回回教起于是，希腊古代之神话，其神名及其祭礼，无一不自亚西里亚、腓尼西亚而来。新旧巴比伦之文学美术,影响于后代,其尤著者也。腓尼西亚之政体,纯然共和政治,为希腊所取法;其商业及航海术亦然,且以贸易之力,传播其文明,直普及于意大利,作罗马民族之先驱。故腓尼西亚国虽小,而关系于世界史者最大。若希伯来人之有摩西、耶稣两教主,其势力浸润全欧人民之脑中者,更不待论矣。故世界史正统之第二段在沁密忒人,而亚里西亚、巴比伦、希伯来为其主脑,腓尼西亚为其枢机。

其在第三段为世界史之主人翁者,则希腊也。希腊代表阿利安种之一部,其民族则土著之"毕拉士治"Pelasgi 人与西迁之阿利安人(阿利安分亚洲之部、欧洲之部两者,已详前表。希腊之阿利安,则自伊兰高原西来者也。)混合而成者也。阿利安族之所长,在贵自由,重考验,务进步。惟贵自由,故其于政治也,不甘压制而倡言平等;惟重考验,故其于学问也,不徇现象而探求原理;惟务进步,故其于社会一切事物也,不泥旧例而日事革新。阿利安族所以亘数千年至今,常执全世界之牛耳者,皆此之由。而希腊人其最初之登场者也。希腊之代表,惟雅典与斯巴达。雅典右文,斯巴达尚武。两者虽不调和,而皆足以发挥阿利安族之特性。故史家或以今世欧罗巴,为古代希腊之放影;以古代希腊,为今世欧罗巴之缩图,非过言也。然其民族之团结力,只能建设市府政治,不能成就国家政治,故虽握霸权于历史上者七百年,卒服属于他国以致灭亡。

其在第四段为世界之主人翁者,则罗马也。罗马位于古代史与近世史之过渡时代,而为其津梁。其武力既能挥斥八极,建设波斯以来梦想不及之绝大帝国;而其立法的智识,权利的思想,实为古代文明国所莫能及。集无量异种之民族,置之中央集权制度之下,为一定之法律以部勒之。故自罗马建国以后,而前此之旧民族,皆同化于罗马,如果赢之与螟蛉;自罗马解纽以后,而后此之新民族,皆赋形于罗马,如大河之播九派。今日欧洲大陆诸国,其言语、文学、宗教、风俗,各不相远,皆由其曾合并于罗马一统之下,浸润于同种之泽使然也。故希腊能吸集哈密忒、沁密忒两族之文明,纳诸阿利安族中,以成一特色;而罗马则承希腊正统,举其所吸集者、所结构者,以兵力而播之于世界,虽谓罗马为希腊之一亢宗子可也。虽然,罗马文明,其传袭希腊者固多,其独自结构者亦不少,如法律之制定,宗教之传播,其尤著也。

自希腊、罗马以后,世界史之主位,既全为阿利安人所占;及于罗马末路,而阿利安族中之新支派,纷纷出现。除拉丁民族(即罗马族。)外,则峨特民族、条顿民族、斯拉夫民族,其最著者也。峨特民族在阿利安中,以战胜攻取闻,其人为印度阿利安之一派,自西历纪元前四世纪,即已侵入欧洲。发轫于小亚细亚,越今之瑞典、德意志、法兰西、意大利、西班牙诸地,直至爱尔兰之西岸,苏格兰之高原,皆有其足迹焉;后乃自中部欧罗巴,蹂躏希腊、马基顿,蔓延全陆。所至竞争斗恣杀掠,使人战栗。故峨特人在世界史上,其影响所及亦不鲜。虽然,其人能冒险而不能忍耐,故战胜之结果,无一可表见。而其血气之勇,终不足以敌罗马节制之师,卒被征服。及罗马亡后,遂服属于条顿人之轭下。今之苏格兰人、爱尔兰人及法兰西人之一部,实峨特民族性质之代表也。

条顿民族之移住欧洲也,在拉丁、峨特两族之后,而其权力之影响于历史则过之。自中世以后,欧罗巴历史之中心点,实条顿人也。其民族移动之原因及其年代,虽不可确考,要之自西历纪元三、四世纪,始出现于欧罗巴东部,而其中有势力于历史上者,复分四派:其在东欧者曰高特族 Goth,其在西欧者曰福伦喀族 Frank,其在北欧者曰撒逊族 Saxon,亦称日耳曼族,其在南欧者曰阿里曼族 Alemanni。兹将千余年前条顿民族之位置列表如下:

条顿民族之位置沿革表

	西历纪元 三世纪	四世纪	五世纪	六世纪以后
高特族 之位置		本世纪中叶，西高特族始见于多瑙河之下流；其末叶，东高特族自多瑙河下流入布加里亚。	西高特族建设王国，东高特族转入意大利建国焉。	本世纪末叶，为东罗马帝国所灭，其支派占有北日耳曼之地。
福伦喀族 之位置	居莱茵河之下流。	本世纪中叶，入于加利亚，建设多数之小王国。	本世纪末叶，大败罗马军，使法兰西（指今地）境内不留罗马只骑，复胜高特、阿里曼诸族。	建设查里曼大帝国，成今日欧洲群雄树立之势。
撒逊族 之位置	自埃士河越埃尔比河，宅居于今荷斯顿及丁抹诸地。		本世纪中叶，撒逊人分为两派：一派越海，与盎格鲁人共征服英国之大部，别成所谓盎格鲁撒逊民族者；其一派蹂躏大陆诸邦。	六世纪以来，屡与福伦喀族争斗；至九世纪，福伦喀王国建立，撒逊人亦全占有北日耳曼之全部；十一世纪，盎格鲁撒逊人全征服英国。
阿里曼族 之位置	居多瑙、莱茵两河间，即日耳曼中部也。势力颇强，屡挫罗马军。		本世纪之末，为福伦喀族所阻遏其进路。	

由是观之，世界文明史之第五段，实惟阿利安族中罗马人与条顿人争长时代。而罗马人达于全盛，为日中将昃之形；条顿人气象方新，有火然泉达之观；峨特人虽奋血气之勇，偶耸动一世耳目，而其

内力不足以敌此两族，昙花一现，遂为天演所淘汰，归于劣败之数。自六世纪以后，而全欧文明之霸权，渐全归条顿人矣。

蹑条顿人之迹而有大势力于历史上者，斯拉夫人也。以冒险之精神、道义之观念论之，条顿人迥非斯拉夫人所能及；若夫坚实耐久，立于千苦万难之中，毅然终始不失其特性者，则斯拉夫人殆冠宇内而无两也。彼等好战之心，不如条顿人之盛，若一旦不得已而跃马执剑，则无论如何之大敌，决不足以慑其前。彼等个人自由之观念，视条顿人虽大有所缺乏，至其注意公益，服从于一定主权之下，听其指麾，全部一致，以为国民的运动，又远非条顿人所能几也。故识者谓世界史之正统，其代条顿人以兴者，将在斯拉夫人，非虚言也。

条顿民族既兴以后，而罗马民族之力尚未衰。中世史之末叶，意大利自由市府勃兴，实为今世国家之嚆矢。而西班牙、葡萄牙、法兰西人，当十四、五世纪，国势且蒸蒸日上，西辟美洲，东略印度，南开南洋，阿利安人之势力范围，始磅礴于欧洲以外，其主动者皆罗马人也。虽然，以物竞天择之公例，罗马人之老大，终不敌条顿人之少年。未几而荷兰人起，与之竞争；未几而英吉利人起，一举而代之；近则德意志人，复骎骎然凌厉中原矣。故觇罗马、条顿两族之盛衰，但于其殖民历史之沿革焉足矣。北阿美利加也。（初为法人、班人所开，今全属盎格鲁撒逊族矣。）南阿美利加也，（本为班人、葡人所开，今全为德意志势力范围。）印度也，（初为法人所经营，后卒全归英辖。）南洋群岛也，（初亦班、荷人航海所觅，今全为英、荷属。）皆告我辈以两民族消长之明效也。今日全地球之土地主权，其百分中之九十分，属于白种人；而所谓白种人者，则阿利安人而已；所谓阿利安人者，则条顿人而已。条顿人实今世史上独一无二之主人翁也。

论正统①

　　中国史家之谬，未有过于言正统者也。言正统者，以为天下不可一日无君也，于是乎有统；又以为天无二日，民无二王也，于是乎有正统。统之云者，殆谓天所立而民所宗也；正之云者，殆谓一为真而余为伪也。千余年来，陋儒断断于此事，攘臂张目，笔斗舌战，支离蔓衍，不可穷诘。一言蔽之曰，自为奴隶根性所束缚，而复以煽后人之奴隶根性而已。是不可以不辨。

　　"统"字之名词何自起乎？殆滥觞于《春秋》。《春秋公羊传》曰："何言乎王正月，大一统也。"此即后儒论正统者所援为依据也。庸讵知《春秋》所谓大一统者，对于三统而言。《春秋》之大义非一，而通三统实为其要端。通三统者，正以明天下为天下人之天下，而非一姓之所得私有，与后儒所谓统者，其本义既适相反对矣。故夫统之云者，始于霸者之私天下，而又惧民之不吾认也，乃为是说以钳制之曰：此天之所以与我者，吾生而有特别之权利，非他人所能几也。因文其说曰："亶聪明，作父母。"曰："辨上下，定民志。"统之既立，然后任其作威作福，恣睢蛮野，而不得谓之不义；而人民之稍强立不挠者，乃得坐之以不忠不敬、大逆无道诸恶名，以锄之摧之。

---

　　①　选自《新史学》，原载1902年7月5日《新民丛报》第11号。

此统之名所由立也。记曰："得乎丘民,而为天子。"若是乎,无统则已,苟其有统,则创垂之而继续之者,舍斯民而奚属哉!故泰西之良史,皆以叙述一国国民系统之所由来及其发达进步、盛衰兴亡之原因结果为主,诚以民有统而君无统也。借曰君而有统也,则不过一家之谱牒,一人之传记,而非可以冒全史之名,而安劳史家之哓哓争论也。然则以国之统而属诸君,则固已举全国之人民视同无物,而国民之资格,所以永坠九渊而不克自拔,皆此一义之为误也。故不扫君统之谬见,而欲以作史,史虽充栋,徒为生民毒耳。

统之义已谬,而正与不正,更何足云!虽然,亦既有是说矣,其说且深中于人心矣,则辞而辟之,固非得已。正统之辨,昉于晋而盛于宋。朱子《通鉴纲目》所推定者,则秦也,汉也,东汉也,蜀汉也,晋也,东晋也,宋、齐、梁、陈也,隋也,唐也,后梁、后唐、后汉、后晋、后周也。本朝乾隆间御批《通鉴》从而续之,则宋也,南宋也,元也,明也,清也。所谓正统者,如是如是。而其所据为理论,以衡量夫正不正者,约有六事:

一曰以得地之多寡,而定其正不正也。凡混一宇内者,无论其为何等人,而皆奉之以正。如晋、元等是。

二曰以据位之久暂,而定其正不正也。虽混一宇内,而享之不久者,皆谓之不正。如项羽、王莽等是。

三曰以前代之血胤为正,而其余皆为伪也。如蜀汉、东晋、南宋等是。

四曰以前代之旧都所在为正,而其余皆为伪也。如因汉而正魏,因唐而正后梁、后唐、后晋、后汉、后周等是。

五曰以后代之所承者所自出者为正,而其余为伪也。如因唐而正隋,因宋而正周等是。

六曰以中国种族为正,而其余为伪也。如宋、齐、梁、陈等是。

此六者互相矛盾,通于此则窒于彼,通于彼则窒于此。而据朱子《纲目》及《通鉴辑览》等所定,则前后互歧,进退失据,无一而可焉。请穷诘之。夫以得地之多寡而定,则混一者固莫与争矣,其不能混一者,自当以最多者为最正。则苻秦盛时,南至邛僰,东抵淮泗,西极西域,北尽大碛,视司马氏版图过之数倍;而宋金交争时代,金之幅员亦有天下三分之二,而果谁为正而谁为伪也? 如以据位之久暂而定,则如汉、唐等之数百年,不必论矣。若夫拓跋氏之祚,迥轶于宋、齐、梁、陈;钱镠、刘隐之系,远过于梁、唐、晋、汉、周;而西夏李氏,乃始唐乾符,终宋宝庆,凡三百五十余年,几与汉、唐埒,地亦广袤万里,又谁为正而谁为伪也? 如以前代之血胤而定,则杞、宋当二日并出,而周不可不退处于篡僭;而明李槃以宇文氏所臣属之萧岿为篡贼,萧衍延苟全之性命而使之统陈,以沙陀夷族之朱邪存勖、不知所出之徐知诰冒李唐之宗而使之统分据之天下者,将为特识矣。而顺治十八年间,故明弘光、隆武、永历,尚存正朔,而视同闰位,何也? 而果谁为正而谁为伪也? 如以前代旧都所在而定,则刘、石、慕容、苻、姚、赫连、拓跋所得之土,皆五帝三王之故宅也,女真所抚之众,皆汉唐之遗民也,而又谁为正而谁为伪也? 如以后代所承所自出者为正,则晋既正矣,而晋所自出之魏,何以不正? 前既正蜀,而后复正晋,晋自篡魏,岂承汉而兴邪? 唐既正矣,且因唐而正隋矣,而隋所自出之宇文,宇文所以自出之拓跋,何以不正? 前正陈而后正隋,隋岂因灭陈而始有帝号邪? 又乌知夫谁为正而谁为伪也? 若夫以中国之种族而定,则诚爱国之公理,民族之精神,虽迷于统之义,而犹不悖于正之名也;而惜乎数千年未有持此以为鹄者也。李存勖、石敬瑭、刘智远,以沙陀三小族,窃一掌之地,而觑然奉为共主;自宋至明百年间,黄帝子孙,无尺寸土,而史家所谓正统者,仍不绝如故也,而果谁为正而谁为伪也? 于是乎而持正统论者，果无说以自完矣。

大抵正统之说之所以起者，有二原因：

其一，则当代君臣自私本国也。温公所谓"宋魏以降，各有国史，互相排黜，南谓北为索虏，北谓南为岛夷。朱氏代唐，四方幅裂，朱邪入汴，比之穷新，（原注："唐庄宗自以为继唐，比朱梁于有穷篡夏，新室篡汉。"）运历年纪，弃而不数。此皆私己之偏辞，非大公之通论也"。（《资治通鉴》卷六十九。）诚知言矣。自古正统之争，莫多于蜀魏问题。主都邑者，以魏为真人，主血胤者，以蜀为宗子。而其议论之变迁，恒缘当时之境遇。陈寿主魏，习凿齿主蜀，寿生西晋，而凿齿东晋也。西晋踞旧都，而上有所受，苟不主都邑说，则晋为僭矣。故寿之正魏，凡以正晋也。凿齿时则晋既南渡，苟不主血胤说，而仍沿都邑，则刘、石、苻、姚正而晋为僭矣。凿齿之正蜀，凡亦以正晋也。其后温公主魏，而朱子主蜀，温公生北宋，而朱子南宋也。宋之篡周宅汴，与晋之篡魏宅许者同源，温公之主都邑说也，正魏也，凡以正宋也。南渡之宋与江东之晋同病，朱子之主血胤说也，正蜀也，凡亦以正宋也。盖未有非为时君计者也。至如五代之亦觍然目为正统也，更宋人之谰言也。彼五代抑何足以称代？朱温盗也，李存勖、石敬瑭、刘智远沙陀犬羊之长也。温可代唐，则侯景、李全可代宋也；沙陀三族可代中华之主，则刘聪、石虎可代晋也。郭威非夷非盗，差近正矣，而以黥卒乍起，功业无闻，乘人孤寡，夺其穴以篡立，以视陈霸先之能平寇乱，犹奴隶耳。而况彼五人者，所掠之地，不及禹域二十分之一，所享之祚，合计仅五十二年，而顾可以圣仁神武某祖某皇帝之名奉之乎？其奉之也，则自宋人始也。宋之得天下也不正，推柴氏以为所自受，因而溯之，许朱温以代唐，而五代之名立焉。（以上采王船山说。）其正五代也，凡亦以正宋也。至于本朝，以异域龙兴，入主中夏，与辽、金、元前事相类，故顺治二年三月,议历代帝王祀典,礼部上言,谓辽则宋曾纳贡,金则宋尝称侄,帝王庙祀,似不得遗,骎骎乎欲伪宋而正辽、金矣。后虽惮于清议,未敢悍然,然卒增祀辽太祖、太宗、景宗、圣宗、兴宗、道宗,金太祖、太宗、世宗、章宗、宣宗、哀宗,其后复增祀元魏道武帝、明帝、孝武帝、文武帝、献文帝、孝文帝、宣武帝、孝明帝。岂所谓兔死狐悲,恶伤其类者耶? 由此言之,凡数千年来晓晓于正不正、伪不伪之辨者,皆当时之霸者与夫霸者之奴隶,缘饰附会,以为保其一姓私产之谋耳。而时过境迁之后,作史者犹慷他人之慨,断断焉辨得失于鸡虫,吾不知其何为也!

其二,由于陋儒误解经义,煽扬奴性也。陋儒之说,以为帝王者圣神也。陋儒之意,以为一国之大,不可以一时而无一圣神焉者,又不可以同时而有两圣神焉者。当其无圣神也,则无论为乱臣,为贼子,为大盗,为狗偷,为仇雠,为夷狄,而必取一人一姓焉,偶像而尸祝之曰:此圣神也! 此圣神也! 当其多圣神也,则于群圣群神之中,而探阄焉,而置棋焉,择取其一人一姓而膜拜之曰:此乃真圣神也,而其余皆乱臣、贼子、大盗、狗偷、仇雠、夷狄也。不宁惟是,同一人也,甲书称之为乱贼、偷盗、仇雠、夷狄,而乙书则称之为圣神焉。甚者同一人也,同一书也,而今日称之为乱贼、偷盗、仇雠、夷狄,明日则称之为圣神焉。夫圣神自圣神,乱贼自乱贼,偷盗自偷盗,夷狄自夷狄,其人格之相去,不可以道里计,一望而知,无能相混者也,亦断未有一人之身,而能兼两涂者也。异哉! 此至显、至浅、至通行、至平正之方人术,而独不可以施诸帝王也! 谚曰:“成即为王,败即为寇。”此真持正统论之史家所奉为月旦法门者也。夫众所归往谓之王,窃夺殃民谓之寇。既王矣,无论如何变相,而必不能堕而为寇;既寇矣,无论如何变相,而必不能升而为王,未有能相即焉者也。如美人之抗英而独立也,王也,非寇也,此其成者也；即不成焉，如菲律宾之抗美，波亚之抗英，未闻有能目之为寇者也。元人之侵日本，寇也，非王也，此其败者也；即不败焉，如蒙古蹂躏俄罗斯，握其主权者数百年，未闻有肯认之为王者也。中国不然。兀术也，完颜亮也，在《宋史》则谓之为贼、为虏、为仇，在《金史》则某祖、某皇帝矣，而两皆成于中国人之手，同列正史也。而诸葛亮入寇、丞相出师等之差异，更无论也。朱温也，燕王棣也，始而曰叛曰盗，忽然而某祖、某皇帝矣。而曹丕、司马炎之由名而公，由公而王，由王而帝，更无论也。准此以谈，吾不能不为匈奴冒顿、突厥颉利之徒悲也，吾不能不为汉吴楚七国、淮南王安、晋八王、明宸濠之徒悲也，吾不能不为上官桀、董卓、桓温、苏峻、侯景、安禄山、朱泚、吴三桂之徒悲也，吾不得不为陈涉、吴广、新市、平林、铜马、赤眉、黄巾、窦建德、王世充、黄巢、张士诚、陈友谅、张献忠、李自成、洪秀全之徒悲也。彼其与圣神相去不能以寸耳，使其稍有天幸，能于百尺竿头，进此一步，何患乎千百年后赡才博学、正言谠论、倡天经明地义之史家，不奉以"承天广运、圣德神功、肇纪立极、钦明文思、睿哲显武、端毅弘文、宽裕中和、大成定业、太祖高皇帝"之徽号！而有腹诽者则曰大不敬，有指斥者则曰逆不道也。此非吾过激之言也。试思朱元璋之德，何如窦建德？萧衍之才，何如王莽？赵匡胤之功，何如项羽？李存勖之强，何如冒顿？杨坚传国之久，何如李元昊？朱温略地之广，何如洪秀全？而皆于数千年历史上巍巍然圣矣神矣！吾无以名之，名之曰幸不幸而已。若是乎，史也者，赌博耳，儿戏耳，鬼蜮之府耳，势利之林耳。以是而为史，安得不率天下而禽兽也！而陋儒犹嚣嚣然曰：此天之经也，地之义也，人之伦也，国之本也，民之坊也。吾不得不深恶痛绝夫陋儒之毒天下如是其甚也！

　　然则不论正统则亦已耳，苟论正统，吾敢翻数千年之案而昌言曰：自周秦以后，无一朝能当此名者也。第一，夷狄不可以为统，则胡元及沙陀三小族在所必摈，而后魏、北齐、北周、契丹、女真更无论矣。第二，篡夺不可以为统，则魏、晋、宋、齐、梁、陈、北齐、北周、隋、后周、宋在所必摈，而唐亦不能免矣。第三，盗贼不可以为统，则后梁与明在所必摈，而汉亦如惟之与阿矣。然则正统当于何求之？曰：统也者，在国非在君也，在众人非在一人也。舍国而求诸君，舍众人而求诸一人，必无统之可言，更无正之可言。必不获已者，则如英、德、日本等立宪君主之国，以宪法而定君位继承之律；其即位也，以敬守宪法之语誓于大众，而民亦公认之。若是者，其犹不谬于得丘民为天子之义，而于正统庶乎近矣。虽然，吾中国数千年历史上，何处有此？然犹断断焉于百步五十步之间，而曰统不统、正不正，吾不得不怜其愚而恶其妄也。后有良史乎，盍于我国民系统盛衰、强弱、主奴之间，三致意焉尔。

论书法^①

新史氏曰：吾壹不解夫中国之史家，何以以书法为独一无二之天职也。吾壹不解夫中国之史家，何以以书法为独一无二之能事也。吾壹不解夫中国之史家，果据何主义以衡量天下古今事物，而敢嚣嚣然以书法自鸣也。史家之言曰：书法者，本《春秋》之义，所以明正邪，别善恶，操斧钺权，褒贬百代者也。书法善，则为良史；反是，则为秽史。嘻！此誓言也！《春秋》之书法，非所以褒贬也。夫古人往矣，其人与骨皆已朽矣，孔子岂其不惮烦，而一一取而褒贬之？《春秋》之作，孔子所以改制而自发表其政见也。生于言论不自由时代，政见不可以直接发表，故为之符号标识焉以代之。书尹氏卒，非贬尹氏也，借尹氏以讥世卿也；书仲孙忌帅师围运，非贬仲孙忌也，借仲孙忌以讥二名也。此等符号标识，后世谓之书法。惟《春秋》可以有书法。《春秋》经也，非史也；明义也，非记事也。使《春秋》而史也，而记事也，则天下不完全无条理之史，孰有过于《春秋》者乎？后人初不解《春秋》之为何物，胸中曾无一主义，摭拾一二断烂朝报，而规规然学《春秋》，天下之不自量，孰此甚也！吾敢断言曰：有《春秋》之志者，可以言书法；无《春秋》之志

---

^①　选自《新史学》，原载 1902 年 9 月 16 日《新民丛报》第 16 号。

者,不可以言书法。

问者曰:书法以明功罪,别君子小人,亦使后人有所鉴焉。子何绝之甚?曰:是固然也。虽然,史也者,非纪一人一姓之事也,将以述一民族之运动、变迁、进化、堕落,而明其原因结果也。故善为史者,必无暇断断焉褒贬一二人,亦决不肯断断焉褒贬一二人。何也?褒贬一二人,是专科功罪于此一二人,而为众人卸其责任也;上之启枭雄私天下之心,下之堕齐民尊人格之念。非史家所宜出也。吾以为一民族之进化堕落,其原因决不在一二人,以为可褒则宜俱褒,以为可贬则宜俱贬。而中国史家,只知有一私人之善焉、恶焉、功焉、罪焉,而不知有一团体之善焉、恶焉、功焉、罪焉。以此牖民,此群治所以终不进也。吾非谓书法褒贬之必可厌,吾特厌夫作史者以为舍书法褒贬外,无天职、无能事也。

今之谈国事者,辄曰恨某枢臣病国,恨某疆臣殃民。推其意,若以为但能屏逐此一二人,而吾国之治,即可与欧美最文明国相等者然。此实为旧史家谬说所迷也。吾见夫今日举国之官吏士民,其见识与彼一二人者相伯仲也,其意气相伯仲也,其道德相伯仲也,其才能相伯仲也。先有无量数病国殃民之人物,而彼一二人乃乘时而出焉,偶为其同类之代表而已。一二人之代表去,而百千万亿之代表者,方且比肩而立,接踵而来。不植其本,不清其源,而惟视进退于一二人,其有济乎?其无济乎?乃举国之人,莫或自讥自贬,而惟讥贬此一二人,吾不能不为一二人呼冤也。史也者,求有益于群治也。以此为天职,为能事,问能于群治有丝毫之影响焉否也?

且旧史家所谓功罪善恶,亦何足以为功罪善恶?彼其所纪载,不外君主与其臣妾交涉之事。大率一切行谊,有利于时君者则谓之功,谓之善;反是者则谓之罪,谓之恶。其最所表彰者,则死节之臣也;其最所痛绝者,则叛逆及事二姓者也。夫君子何尝不贵死节?虽然,古人亦有言:"君为社稷死则死之,为社稷亡则亡之;苟为己死而为己亡,非其亲昵,谁敢任之?"若是乎,死节之所以可贵者,在死国,非在死君也。试观二十四史,所谓忠臣,其能合此资格者几何人也?事二姓者,一奴隶之不足,而再奴隶焉,其无廉耻,不待论也。虽然,亦有辨焉:使其有救天下之志,而欲凭借以行其道也,则佛肸召,而子欲往矣,公山召,而子欲往矣,伊尹且五就汤,而五就桀矣,未见其足以为圣人病也;苟不尔者,则持禄保位,富贵骄人,以终身于一姓之朝,安用此斗量车载之忠臣为也!《纲目》书"莽大夫扬雄死",后世言书法者所最津津乐道也。吾以为扬雄之为人,自无足取耳,若其人格之价值,固不得以事莽不事莽为优劣也。新莽之治与季汉之治,则何择焉?等是民贼也。而必大为鸿沟以划之曰:事此贼者忠义也;事彼贼者奸佞也。吾不知其何据也!雄之在汉,未尝得政,未尝立朝,即以旧史家之论理律之,其视魏征之事唐,罪固可末减焉矣。而雄独蒙此大不韪之名,岂有他哉?李世民幸而王莽不幸,故魏征幸而扬雄不幸而已。吾非欲为儇薄卑靡之扬雄讼冤,顾吾见夫操斧钺权之最有名者,其衡量人物之论据,不过如是,吾有以见史家之与人群渺不相涉也。至于叛逆云者,吾不知泗上之亭长,何以异于渔阳之戍卒;晋阳之唐公,何以异于宸濠之亲藩;陈桥之检点,何以异于离石之校尉;乃一则夷三族而复被大憝之名,一则履九五而遂享神圣之号。天下岂有正义哉?惟权力是视而已!其间稍有公论者,则犯颜死谏之臣时或表彰之是已。虽然,其所谓敢谏者,亦大率为一姓私事十之九,而为国民公义者十之一。即有一二,而史家之表彰之者,亦必不能如是其力也。嘻!吾知其故矣。霸者之所最欲者,则臣妾之为之死节也;其次则匡正其子孙之失德而保其祚也。所最恶者,臣妾之背之而事他人也;其尤甚者,则发难而与己为敌也。故其一赏一罚,皆以此为衡。汉高岂有德于雍齿而封之?岂有憾于丁公而杀之?所谓为人妇,则欲其和我,为我妇,则欲其为我詈人耳。而彼等又知夫人类有尚名誉之性质,仅以及身之赏罚而不足以惩劝也,于是鼎革之后,辄命其臣妾修前代之史,持此衡准以赏罚前代之人,因以示彼群臣群妾曰:尔其效此,尔其毋效彼。此霸者最险最黠之术也。当崇祯、顺治之交,使无一洪承畴,则本朝何以有今日?使多一史可法,则本朝又何以有今日?而洪则为《国史·贰臣传》之首,史则为《明史·忠烈传》之魁矣。夫以此两途判别洪、史之人格,夫谁曰不宜?顾吾独不许夫霸者之利用此以自固而愚民也。问二千年来史家之书法,其有一字非为霸者效死力乎?无有也。霸者固有所为而为之,吾无责焉;独不解乎以名山大业自期者,果何德于彼,而必以全力为之拥护也。故使克林威尔生于中国,吾知其必与赵高、董卓同诉;使梅特涅生于中国,吾知其必与武乡、汾阳齐名。何也?中国史家书法之性质则然也。

吾非谓史之可以废书法,顾吾以为书法者,当如布尔特奇之《英雄传》,以悲壮淋漓之笔,写古人之性行事业,使百世之下,闻其风者,赞叹舞蹈,顽廉懦立,刺激其精神血泪,以养成活气之人物;而必不可妄学《春秋》,侈衮钺于一字二字之间,使后之读者,加注释数千言,犹不能识其命意之所在。吾以为书法者,当如吉朋之《罗马史》,以伟大高尚之理想,褒贬一民族全体之性质,若者为优,若者为劣,某时代以何原因而获强盛,某时代以何原因而致衰亡,使后起之民族读焉,而因以自鉴曰,吾侪宜尔,吾侪宜毋尔;而必不可专奖励一姓之家奴走狗,与夫一二矫情畸行,陷后人于狭隘偏枯的道德之域,而无复发扬蹈厉之气。君不读龙门《史记》乎，史公虽非作史之极轨，至其为中国史家之鼻祖，尽人所同认矣。《史记》之书法也，岂尝有如庐陵之《新五代史》、晦庵之《通鉴纲目》，咬文嚼字，矜愚饰智，断断于缌小功之察，而问无齿决者哉！

论纪年①

　　或问新史氏曰：子之驳正统论,辩矣;虽然,昔之史家说正统者,其意非必皆如吾子所云云也。盖凡史必有纪年,而纪年必藉王者之年号,因不得不以一为主,而以馀为闰也。司马温公尝自言之矣。(《资治通鉴》卷六十九。)新史氏曰:审如是也,则吾将更与子论纪年。(余于丁酉冬曾为《纪年公理》一篇,后登《清议报》中。今演旧说而更发明之。)

　　纪年者何义也? 时也者,过而不留者也。立乎今日以指往日,谓之去年,谓之前年,谓之前三年、前十年,再推而上之,则词穷矣。言者既凌乱而难为之名,听者亦瞀惑而莫知所指矣。然人生在世,则已阅数十寒暑,其此年与彼年交涉比较之事,不一而足;而人之愈文明者,其脑筋所容之事物愈多,恒喜取数百年数千年以前之事而记诵之、讨论之。然而年也者,过而不留者也,至无定而无可指者也。无定而无可指,则其所欲记之事,皆无所附丽,故不得不为之立一代数之记号,化无定为有定,然后得以从而指名之,于是乎有纪年。凡天地间事物之名号,其根原莫不出于指代,而纪年亦其一端也。

　　凡设记号者,皆将使人脑筋省力也,故记号恒欲其简不欲其

---

① 　选自《新史学》,原载 1902 年 11 月《新民丛报》第 20 号。

繁。当各国之未相通也，各自纪年，盖记号必不能暗同，无可如何也。及诸国既已相通，交涉之事日多，而所指之年，其代数记号，各参差不相符，则于人之脑筋甚劳，而于事甚不便。故孔子作《春秋》，首据其义，曰诸侯不得改元，惟王者然后改元。所以齐万而为一，去繁而就简，有精意存焉也。（孔子前皆各国各自纪元，详见《纪年公理》。）

既明纪年之性质及其公例矣，然则一地之中，而并时有数种纪年，固为不便；百年之内，而纪年之号屡易，其不便亦相等明矣。何也？一则横繁，一则竖繁也。是故欲去繁而就简者，必不可不合横竖而皆一之。今吾国史家之必以帝王纪年也，岂不以帝王为一国之最巨物乎哉？然而帝王在位之久，无过六十年者；（康熙六十一年，在中国数千年中实独一无二也。）其短者，或五年，或三年，或二年、一年乃至半年。加以古代一帝之祚，改元十数，瞀乱繁杂，不可穷诘。故以齐氏《纪元编》①所载年号，合正统僭伪计之，不下千余。即专以史家所谓正统者论，计自汉孝武建元（以前无年号）以迄今光绪，二千年间，而为年号者三百十有六。今试于此三百十六之中任举其一以质诸学者，虽极淹博者，吾知其不能具对也。于是乎强记纪元，遂为谈史学者一重要之学科，其縻脑筋于无用亦甚矣！试读西史，观其言几千几百年，或言第几世纪，吾一望而知其距今若干年矣。或有译本以中国符号易之，而曰唐某号某年，宋某号某年，则棼然不知其何指矣。（译西书而易以中国年号，最为无理，非惟淆乱难记，亦乖名从主人之义。若言中国事而用西历，其谬更不待辩矣。）夫中国人与中国符号相习，宜过于习他国矣，然难易若天渊焉者何也？一极简一极繁也。苟通此义，则帝王纪年之法，其必可以久行于今日文明繁备之世，复何

---

① 齐召南所著原名《历代帝王年表》。《纪元编》作者为李兆洛。

待言。

西人之用耶稣纪元，亦自千四百年以来耳。古代之巴比伦人，以拿玻纳莎王为纪元；(在今西历纪元前七百四十七年。)希腊人初时，以执政官或大祭司在位之年纪之，其后改以和灵比亚之大祭为纪元；(当纪元前七百六十七年。)罗马人以罗马府初建之年为纪元；(当纪元前七百五十三年。)回教国民以教祖摩哈麦德避难之年为纪元；(当纪元后六百二十二年。)犹太人以《旧约·创世纪》所言世界开辟为纪元；(当纪元前三千七百六十一年。)自耶稣立教以后，教会以耶稣流血之年为纪元，至第六世纪，罗马一教士，倡议改用耶稣降生为纪元，至今世界用之者过半。此泰西纪年之符号逐渐改良，由繁杂而趋于简便之大略也。要之苟非在极野蛮时代，断无以一帝一号为纪元者；有之，其惟亚洲中之中国、朝鲜、日本诸国而已。(日本近亦以神武天皇开国为纪元。)

曰然则中国当以何纪？曰：昔上海强学会之初开也，大书孔子卒后二千四百七十三年。当时会中一二俗士，闻之舌挢汗下色变，曰是不奉今王正朔也，是学耶稣也；而不知此实太史之例也。《史记》于《老子列传》，大书孔子卒后二百七十五年，而其余各国《世家》，皆书孔子卒。此史公开万世纪元之定法也。近经学者讨论，谓当法其生不法其死，以孔子卒纪，不如以孔子生纪。至今各报馆用之者既数家，达人著书，亦往往采用，此号殆将易天下矣。用此为纪，厥有四善：符号简，记忆易，一也；不必依附民贼，纷争正闰，二也；孔子为我国至圣，纪之使人起尊崇教主之念，爱国思想亦油然而生，三也；国史之繁密而可纪者，皆在孔子以后，故用之甚便，其在孔子前者，则用西历纪元前之例，逆而数之，其事不多，不足为病，四也。有此四者，则孔子纪元，殆可以俟诸百世而不惑矣。或以黄族鼻祖之故，欲以黄帝纪；或以孔子大同托始故，欲以帝尧纪；或以中国开辟于夏后故，欲以大禹纪；或以中国一统于秦故，欲以秦纪：要皆以事理有所窒，于公义无所取，故皆不足置辨。然则以孔子生纪元，殆后之作史者所宜同认矣。

纪元之必当变也，非以正统闰统之辨而始然也。然纪元既不以帝号，则史家之争正统者，其更无说以自文矣。不然，以新莽之昏虐，武后之淫暴，而作史者势不能不以其始建国、天凤、地皇、光宅、垂拱、永昌、天授、长寿、延载、天册、登封、神功、圣历、久视、长安等年号厕之于建元之下，光绪之上，其为我国史污点也，不亦甚乎！况污点国史者，又岂直新莽、武后乎哉！

历史统计学①

　　历史统计学，是用统计学的法则，拿数目字来整理史料，推论史迹。这个名称，是我和我几位朋友们杜撰的。严格的说：应该名为"史学上之统计的研究法"。因贪省便，姑用今名。但我们确信他是研究历史一种好方法，而且在中国史学界尤为相宜。我们正在那里陆续试验，成绩很是不坏。所以我愿意把我们所拟的方法介绍诸君，盼望多得些同志共同做去。

　　我们为什么想用这种方法研究历史呢？我们以为：欲知历史真相，决不能单看台面上几个大人物几桩大事件便算完结；最要的是看出全个社会的活动变化。全个社会的活动变化，要集积起来比较一番才能看见。往往有很小的事，平常人绝不注意者，一旦把他同类的全搜集起来，分别部居一研究，便可以发现出极新奇的现象，而且发明出极有价值的原则。比方我们看见一两只蝴蝶，算得什么呢？一旦到了动物学者的手里，成千成万的蝴蝶标本聚拢起来，综合一番，分析一番，便成绝大学问。我们做史学的人对于史料之搜集整理，也是如此。

---

　　① 本文为1922年11月10日为南京东南大学史地学会讲演稿，初刊同年11月17日《时事新报·学灯》及11月28—30日《晨报副镌》，复收入《梁任公学术讲演集》第三辑(商务印书馆1923年9月初版)及《饮冰室合集·文集》之三十九。

统计学的作用，是要"观其大较"。换句话说：是专要看各种事物的平均状况，拉匀了算总帐。近来这种技术应用到各方面，种种统计表出来；我们想研究那件事，只要拿他的专门统计表一看，真相立刻了然。所以"统计年鉴"等类之出版物，真算得绝好的现代社会史。假如古代也有这种东西传下来，我们便根据着他看出许多历史上"大较"的真相，然后究其所以然之故，岂非快事！这种现成饭固然没得给我们，但我们用自己的努力，也许有许多方面能弥补这种缺憾来。

用统计方法治史，也许是中国人最初发明。《史记》的"表"是模仿那"旁行斜上"的《周谱》。《周谱》这部书，今虽失传，想来该是西纪前三四百年人做的。后来历代正史都有表，给我们留下种种好资料和好方法。可惜范围还太窄，许多我们想知道"大较"的事件，都没有用表的形式排列出来。到清初，有位顾栋高先生著成一部五十卷的《春秋大事表》，把全部《左传》拆碎了，从各方面分析研究，很有统计学的精神。我从小读过这部书，实在爱他不过。常常想：我几时能有工夫，定要把全部"二十四史"照他样子按着我自己所要研究的目的分类做一部《通表》才算快事哩！我这个心愿，怀抱了二十多年；但我很惭愧，到今日还没有动手。

我想：我们中国的史学家做这件事，便宜极了。因为我们纸片上的史料是丰富不过的。一切别史、杂史、文集、笔记之类且不必说，就以一部"二十四史"而论，真算得文献宝藏。就学校里头学历史的学生看，固然恨他"浩如烟海"，就我们专门做史学的人看，真不能不感谢我们先辈给我们留下这大份遗产。我们只要肯在里头爬梳，什么宝贝都可以发见出来。

以上把这种学问的理论大略说明了，以下要说我们着手的试验及其成绩。

我多年想做一张表，将"二十四史"里头的人物分类：学者、文学家、政治家、军人、大盗……等等，每人看他本传第一句"某某地方人也"；因此研究某个时代多产某种人，某个地方多产某种人。我这计画曾经好几次和我的朋友丁文江先生谈起，他很赞成。后来他说：先且不必分类，只要把正史上有传的人的籍贯列下来再说。他自己便干起来了。现在还没有完全成功，只是把几个统一的朝代——汉、唐、宋、明做成了，编出一张很有趣的"历史人物之地理分配表"如下（见下页）。

这张表的体例，是将《汉书》《后汉书》《新唐书》《宋史》《明史》中有传的人都列出，调查他们的籍贯，分配现今各省。再拿所有的列传总数，按照各省人数，列出百分比例。例如两汉通共六百六十五篇传，河南人二百零九，占百分之三十一零四三；山东人一百十八，占百分之十七零七五；湖南人只有两个，占百分之三厘；福建人只有一个，占百分之一厘五。广东、云南、贵州一个也没有。全表以是为推。我们在这表中，可以看出几个原则：

（一）帝都所在地，人物往往特多。例如后汉之河南，占百分之三十七而强；唐之陕西，占百分之二十一而强；北宋之河南，占百分之二十三而强；南宋之浙江，占百分之二十二而强。都是居全比例之第一位。但其中有两个例外：前汉的陕西，仅占百分之十，居第四位，不惟远在山东、河南之下，而且还在江苏之下。明的直隶仅占百分之七，居第五位。

（二）南北升降之迹甚显著。如山东、陕西、直隶、山西，汉唐时平均比例皆在百分之十以上，多者至二三十以上；宋明后皆落至十分以下，平均不过五六分。内中惟河南勉强保持平度，然亦有落下的趋势。反之如江苏、安徽、江西、浙江，汉唐时甚微微，以次渐升，至明时皆涨至百分之十以上。此种现象，恐由于宋南渡后南方

历史人物之地理分配表

省别	前汉		后汉		汉		唐		北宋		南宋		宋		明	
	人数	%	人数	%	人数	%	人数	%	人数	%	人数	%	人数	%	人数	%
陕西	22	10.58	73	15.91	95	14.96	248	21.60	63	4.31	6	0.99	69	3.34	80	4.51
直隶	21	10.10	28	6.12	49	7.36	212	18.48	212	14.51	7	1.16	219	10.60	128	7.22
山西	10	4.92	16	3.50	26	3.91	176	15.33	141	9.65	17	2.81	158	7.65	56	3.16
河南	39	18.75	170	37.20	209	31.43	203	17.68	324	23.80	37	6.12	361	17.58	123	6.94
山东	61	29.33	57	12.47	118	17.75	89	7.83	156	10.68	13	2.15	169	8.17	93	5.25
江苏	23	11.06	12	2.84	36	5.41	76	6.62	97	6.63	49	8.20	146	7.07	241	13.61
浙江	2	0.96	14	2.99	16	2.40	32	2.78	84	8.74	136	22.50	220	10.65	288	14.51
湖北	7	3.36	11	2.48	18	2.70	23	2.00	19	1.30	14	2.32	33	1.60	76	4.29
四川	4	1.92	26	5.68	30	4.51	9	0.78	93	6.36	71	11.75	164	7.94	57	3.21
安徽	3	1.44	24	5.25	27	2.06	19	1.65	53	3.62	38	6.29	91	4.40	199	11.24
江西	1	0.49	2	0.42	3	0.45	2	0.17	81	5.54	83	13.40	164	7.94	204	11.52

续 表

省别	前汉		后汉		汉		唐		北宋		南宋		宋		明	
	人数	%	人数	%	人数	%	人数	%	人数	%	人数	%	人数	%	人数	%
湖南	0	0	2	0.42	2	0.30	2	0.17	12	0.82	12	1.98	24	1.16	27	1.52
福建	0	0	1	0.21	1	0.15	0	0	95	6.50	88	14.60	183	8.80	92	5.19
广东	0	0	0	0	0	0	3	0.26	3	0.20	4	0.66	7	0.33	50	2.82
广西	0	0	1	0.21	1	0.15	0	0	2	0.13	6	0.99	8	0.38	13	0.73
贵州	0	0	0	0	0	0	1	0.08	0	0	0	0	0	0	10	0.56
云南	0	0	0	0	0	0	0	0	0	0	0	0	0	0	14	0.79
甘肃	10	4.92	17	3.72	27	4.06	50	4.35	19	1.30	23	3.89	42	2.03	23	1.29
奉天（汉人）	0	0	0	0	0	0	3	0.26	0	0	0	0	0	0	0	0
内蒙古（汉人）	3	1.44	1	0.21	4	0.60	0	0	0	0	0	0	0	0	0	0
外族	2	0.96	1	0.21	3	0.45	40	3.48	7	0.61	0	0	7	0.34	14	0.79
总数	208		457		665		1,149		1,461		604		2,065		1,771	

之人为的开发，与蒙古侵入后北方之意外的蹂躏。但人民自身猛进与退婴之精神，亦不容轻轻看过。

（三）原则上升降皆以渐；然亦有突进者。例如四川在前汉，不及百分之二，后汉忽升至百分之六；其后即上下于此圈内。浙江向来不过百分二三之间，北宋忽升至百分之八，南宋又升至百分之二十二。江西向来不到百分之一，北宋忽升至百分之五以上，南宋忽升至百分之十三以上。福建情形与江西亦大略相等。我们想：这种情形，系由文化之新开辟。从前这些地方，离中央文化圈很远；一经接触之后，再加以若干年之酝酿醇化，便产出一种新化学作用。美国近年之勃兴，就是这种道理。以此推之，还有许多新地方也该如此。这表现仅编到明为止，若继续编下去，当又有新资料可以证明这个公例。例如湖南始终没有到过百分之二，倘将清史编出来，恐怕要骤涨到百分之十以上；广东向来差不多都是零度，倘将民国十年史编出来，恐怕也涨到百分之十以上。

（四）此外尤有一最显著之现象，则人物分配日趋平均。前汉山东占百分三十而弱，河南占百分二十而弱，后汉河南占百分三十七而强，山东占百分十二而强；仅此两省占汉史人物之半数。其余长江流域各省，没有能到百分之五的，湖南、福建、两广、云、贵都是零度。唐宋时各省都渐渐有人，均匀许多了。到明时越发均遍，没有一省没有人，除广西、云、贵三省不满一分外，其余各省最高的不过百分之十三四，最低的也有百分之一二；十八省中之九省，皆来往于百分三与百分七平均度数之间。可见我们文化普及之程度，一天比一天进步。倘若将《清史》编下去，只怕各省不平等的现象还要格外减少哩！

诸君想想：像这样粗枝大叶的一张表，我们已经可以从这里头发现出四个原则来，而且还能逐个求出他所以然之故，这是何等有趣的事？凡做学问,总要在客观正确的事实之上才下判断,这是人人共知的。史学对象的事实,你说单靠几位大英雄的战记、几位大学者的著述吗？这些固然可以表现社会的特殊力,却不能表示社会的一般力。我们搜集史料,断不能以此为满足。许多事实,并不必从个人有意的动作看出来。即如这张表所根据的材料,不过每篇传的头一句——"某处人也"。这样干燥无味的句子,从前读史的人,谁又肯信这里头还有研究价值？殊不知拆开了一句一句,诚丝毫无意味；聚拢起来一综合、一分析,无限意味都发生出来了。这表所编,仅限于两汉、唐、宋、明五朝,而且是不管人物如何,有一篇传算一篇,倘若把"二十四史"全数编出,再将人物分类,恐怕继续发明的原则还要多哩！青年诸君啊！须知学问的殖民地丰富得很,到处可以容你做哥仑布,只看你有无志气,有无耐性罢了。

我又请说我们别方面的试验：我近来因为研究佛教史,有一回发生起趣味,要调查我们先辈留学印度的事实。我费不少的劳力,考据出二百来个人,内中有姓名可考者一百零五,无姓名可考者八十二。我做了一篇文,叫做《千五百年前之中国留学生》,曾经登在《改造》杂志。我在那篇文章里头做了种种统计：

（一）年代别

西历第三纪后半　　二人

　　第　四　纪　　五人

　　第　五　纪　　六十一人

　　第　六　纪　　十四人

　　第　七　纪　　五十六人

　　第八纪前半　　三十一人

（二）籍贯别（内籍贯可考者仅六十五人）

甘肃十人　　河南八人　　山西七人

两广七人　　　四川六人　　　湖北五人

直隶四人　　　陕西四人　　　山东四人

新疆四人　　　辽东四人　　　湖南三人

（三）行迹别

1 已到印度学成后安返中国者四十二人

2 已到西域而曾否到印度无可考者十六人

3 未到印度而中途折回者十四人（？）

4 已到印度随即折回者二人

5 未到印度而死于道路者三十一人

6 留学期中病死者六人

7 学成归国而死于道路者五人

8 归国后第二次再留学者六人

9 留而不归者七人

10 归留生死无考者八十人（？）

（四）留学期间别（可考者）

四十年以上一人

三十年以上一人

二十年以上八人

十五年以上八人

十年以上五人

五年以上三十九人

（五）经途别（可考者但有往返殊途者）

海道六十八人

西域葱岭路七十七人

于阗罽宾路二人

西藏尼波罗路七人

云南缅甸路二十许人

我根据这些数目字,知道事实上"如此如此",我便逐件推寻他"为什么如此如此"。于是得了好多条假说或定说,对于那回事情的真相大概都明了了。我高兴到了不得,好像学期试验得了一回最优等。诸君若要知道详细,请把那篇文章一看。

我研究佛教史,从各方面应用这种统计法,觉得成绩很不坏。我也曾从各家金石目录中把几千种关于佛教的石刻——如造像经幢之类,调查出土的地方,调查年代,调查所刻文字的内容——如所造像为释迦像,为弥勒像,为阿弥陀像;所刻经为《心经》,为《金刚经》,为《陀罗尼经咒》等等。我因此对于各时代各地方信仰态度之变迁,得着一部分很明了的印象。我又也曾将正续《高僧传》及各家《经录》中凡关于佛教著述的目录搜寻出一千来种,用他们所解释的经论分类,一看下去,便可以知道某时代某宗派兴衰状况何如。这些都是我现时正在进行的工作。我做这种麻烦的工作,很劳苦;但是我很快乐,因为我常常在我的工作中发见意外的光明。我确信我的工作,做一分定有一分成绩,做十分定有十分成绩。

我想这种方法,可以应用到史学的全部分。我的脑筋喜欢乱动,一会发生一个问题,一会又发生一个问题。我对于我所发的问题都有趣味,只可惜我不能把每日二十四点钟扩充为四十八点,所以不能逐件逐件的去过我的瘾。现在请把我想做而未能做的题目,随便说几个请教诸君。

(一)我们试做一篇"历代战乱统计表":把战乱所起的年月,所经过的年月;所起的地方,所波及的地方;为何事起;起于某种性质的人;为敌国相攻抑人民造反;为自相残杀抑对外防卫;……诸如此类,预定十几个条目,依格填去。也不必泛滥许多书籍,只要把正续《资治通鉴》编完,我信得过可以成一张很好的表。根据这表研究他"为什么如此"，一定可以发明许多道理来。

（二）我们试做一篇"异族同化人物表"：先把各史有传的人姓氏、谱系、来历稍为蹊跷的——如长孙、宇文之类，都去研究一下，考定某姓出于某族，并不是很困难的事。一面将各史传中明记某人本属某族——如金日磾本籍匈奴，王思礼本籍高丽之类，一一列出。其族别则分为匈奴，鲜卑，氐羌，蛮诏，高丽，女真，蒙古，满洲……等等。看某种族人数何如，某时代人数何如，某地方人数何如。此表若成，则各外族同化程度及我们现在的中华民族所含成分如何，大概可以了解。

（三）我们试做一篇"地方统治离合表"：其各地在本族主权者统治之下者不计，其北魏、元、清三朝，虽属外族而势力统一全国或半国者亦不计。自余各地，约以现制各道为区域；每一区域，先记其未隶中国版图之年代，既隶之后，或本地异族据而自立，或外来异族侵据，皆记之。也不必记详细事迹，但记分立侵据之年代及年数。有这么一张表，我们各地方进化退化之迹，自然有许多发明。

（四）我们试做一篇"历代著述统计表"：把各史的《艺文志》和各人的本传凡有著述者，将其书名、部数、卷数列出。再将书的性质分类，将著书的年代、籍贯分类。求出某时代某地方人关于某类学问的著述有几多部、几多卷。只把数目字列出，便可以知道某时代某种学问发达或衰落，某地方文化程度或高或低，或进化或退化。

（五）我们试做一篇"历代水旱统计表"：我们历代史官，对于这类灾异极为注意，试把各史的《本纪》和《五行志》做底本，参以各省府县志，以年代地方为别，做一张表。看隔多少年发一回，何时代多，何时代少。这样一来，上而气候、地质的变化，下而政治的修明和颓废，都可以推测得几分。诸君试想：天下最无用的东西，还有过于《五行志》吗？到了我们这些刁钻古怪的史学家手里头，也许有废物利用的日子哩！

像这种大大小小的统计题目，常常在我脑子里转的，不下几十个。我也无暇细述，姑且举这五个不伦不类的讲讲。诸君举一反三，或者想出来的题目比我还多还好哩。总之，凡做学问，不外两层工夫：第一层，要知道"如此如此"，第二层，要推求"为什么如此如此"。论智识之增殖，自然以第二层为最可宝贵。但是若把第一层看轻了，怕有很大的危险；倘若他并不是如此，你模模糊糊的认定他如此，便瞎猜他为什么如此，这工夫不是枉用吗？枉用还不要紧，最糟是瞎猜的结论，自误误人。所以我们总要先设法知道他"的确如此如此"。知道了过后，我自己能跟着推求他"为什么如此"，固然最好；即不能，把事实摆出来让别人推求，也是有益的事。问设什么法才能知道"的确如此如此"呢？我简单回答一句："有路便钻"。统计法便是这里头一条路。

我并非说这是研究史学的惟一好方法；但我敢说最少也是好方法中之一种。因为史家最大任务，是要研究人类社会的"共相"和"共业"。而这种"观其大较"的工作，实为"求共"之绝妙法门。所以我们很喜欢他。加以我们现存的史料，实在丰富，越发奖励我们工作的兴味。但是这种工作，是很麻烦很劳苦的，而且往往失败。我自己就曾经失败过好几回。我并不劝各位同学都向这条路上走；但哪一位对于这种工作有兴味，不妨找一两个题目试一试。须知从麻烦劳苦中得着一点成功，便是人生最快乐的事；或者还可以说人生目的就在此哩。

论学术之势力左右世界[①]

亘万古，衾九垓，自天地初辟以迄今日，凡我人类所栖息之世界，于其中而求一势力之最广被而最经久者，何物乎？将以威力乎？亚历山大之狮吼于西方，成吉思汗之龙腾于东土，吾未见其流风余烈，至今有存焉者也。将以权术乎？梅特涅执牛耳于奥地利，拿破仑第三弄政柄于法兰西，当其盛也，炙手可热，威震环瀛，一败之后，其政策亦随身名而灭矣。然则天地间独一无二之大势力，何在乎？曰智慧而已矣，学术而已矣。

今且勿论远者，请以近世史中文明进化之迹，略举而证明之。凡稍治史学者，度无不知近世文明先导之两原因，即十字军之东征，与希腊古学复兴是也。夫十字军之东征也，前后凡七役，亘二百年，（起一千〇九十六年，迄一千二百七十年。）卒无成功，乃其所获者不在此而在彼。以此役之故，而欧人得与他种民族相接近，传习其学艺，增长其智识，盖数学、天文学、理化学、动物学、医学、地理学等，皆至是而始成立焉；而拉丁文学、宗教裁判等，亦因之而起。此其远因也。中世之末叶，罗马教皇之权日盛，哲学区域，为安士林（Anselm，罗马教之神甫也。）派所垄断；及十字军罢役以后，西欧与

---

① 原载 1902 年 2 月《新民丛报》第 1 号。

希腊、亚剌伯诸邦,来往日便,乃大从事于希腊语言文字之学,不用翻译,而能读亚里士多德诸贤之书,思想大开,一时学者不复为宗教迷信所束缚,卒有路得新教之起,全欧精神,为之一变。此其近因也。其间因求得印书之法,而文明普遍之途开;求得航海之法,而世界环游之业成。凡我等今日所衣所食、所用所乘、所闻所见,一切利用前民之事物,安有不自学术来者耶? 此犹曰其普通者。请举一二人之力左右世界者,而条论之。

一曰哥白尼(Copernicus,生于一四七三年,卒于一五四三年。)之天文学。泰西上古天文家言,亦如中国古代,谓天圆地方,天动地静。罗马教会,主持是论,有倡异说者,辄以非圣无法罪之。当时哥仑布虽寻得美洲,然不知其为西半球,谓不过亚细亚东岸之一海岛而已。及哥白尼地圆之学说出,然后玛志仑(Magellan,以一五一九年始航太平洋一周。)始寻得太平洋航海线,而新世界始开。今日之有亚美利加合众国,灿然为世界文明第一,而骎骎握全地球之霸权者,哥白尼之为之也。不宁惟是,天文学之既兴也,从前宗教家种种凭空构造之谬论,不复足以欺天下,而种种格致实学,从此而生。虽谓天文学为宗教改革之强援,为诸种格致学之鼻祖,非过言也。哥白尼之关系于世界何如也!

二曰培根、笛卡儿之哲学①。中世以前之学者,惟尚空论,呶呶然争宗派、争名目,口崇希腊古贤,实则重诬之,其心思为种种旧习所缚,而曾不克自拔。及培根出,专倡格物之说,谓言理必当验诸事物而有征者,乃始信之。及笛卡儿出,又倡穷理之说,谓论学必当反诸吾心而自信者,乃始从之。此二派行,将数千年来学界之奴性犁庭扫穴,靡有孑遗,全欧思想之自由,骤以发达,日光日大,

---

① 二人国籍及生卒年见 1902 年 2 月《新民丛报》学说门。

而遂有今日之盛。故哲学家恒言，二贤者，近世史之母也。培根、笛卡儿之关系于世界何如也！

三曰孟德斯鸠（Montesquieu，法国人，生于一六八九年，卒于一七五五年。）之著《万法精理》。十八世纪以前，政法学之基础甚薄，一任之于君相之手，听其自腐败自发达。及孟德斯鸠出，始分别三种政体，论其得失，使人知所趣向。又发明立法、行法、司法三权鼎立之说，后此各国，靡然从之，政界一新，渐进以迄今日。又极论听讼之制，谓当废拷讯，设陪审，欧美法庭，遂为一变。又谓贩卖奴隶之业，大悖人道，攻之不遗余力，实为后世美、英、俄诸国放奴善政之嚆矢。其他所发之论，为法兰西及欧洲诸国所采用，遂进文明者，不一而足。孟德斯鸠实政法学之天使也。其关系于世界何如也！

四曰卢梭（Rousseau，法国人，生于一七一二年，卒于一七七八年。）之倡天赋人权。欧洲古来，有阶级制度之习，一切政权、教权，皆为贵族所握，平民则视若奴隶焉。及卢梭出，以为人也者生而有平等之权，即生而当享自由之福，此天之所以与我，无贵贱一也。于是著《民约论》（Social Contract），大倡此义。谓国家之所以成立，乃由人民合群结约，以众力而自保其生命财产者也，各从其意之自由，自定约而自守之，自立法而自遵之，故一切平等。若政府之首领及各种官吏，不过众人之奴仆，而受托以治事者耳。自此说一行，欧洲学界，如旱地起一霹雳，如暗界放一光明，风驰云卷，仅十余年，遂有法国大革命之事。自兹以往，欧洲列国之革命，纷纷继起，卒成今日之民权世界。《民约论》者，法国大革命之原动力也；法国大革命，十九世纪全世界之原动力也。卢梭之关系于世界何如也！

五曰富兰克林（Franklin，美国人，生于一七○六年，卒于一七九○年。）之电学，瓦特（Watt，英人，生于一七三六年，卒于一八一九年。）之汽机学。十九世纪所以异于前世纪者何也？十九世纪有缩地之方。前人以马力行，每日不能过百英里者，今则四千英里之程，行于海者十三日而可达，行于陆者三日而可达矣，则轮船铁路之为之也。昔日制帽、制靴、纺纱、织布等之工，以若干时而能制成一枚者，今则同此时刻，能制至万枚以上矣。伦敦一报馆一年所用之纸，视十五世纪至十八世纪四百年间所用者，有加多焉，则制造机器之为之也。美国大统领下一教书，仅一时许，而可以传达于支那，上午在印度买货，下午可以在伦敦银行支银，则电报之为之也。凡此数者，能使全世界之政治、商务、军事，乃至学问、道德，全然一新其面目。而造此世界者，乃在一煮沸水之瓦特，（瓦特因沸水而悟汽机之理。）与一放纸鸢之富兰克林。（富氏尝放纸鸢以验电学之理。）二贤之关系于世界何如也！

六曰亚当·斯密（Adam Smith，英国人，生于一七二三年，卒于一七九〇年。）之理财学。泰西论者，每谓理财学之诞生日何日乎？即一千七百七十六年是也。何以故？盖以亚丹·斯密氏之《原富》（Inquiry into the Nature and Causes of the Wealth of Nations，此书侯官严氏近译，未成。）出版于是年也。此书之出，不徒学问界为之变动而已，其及于人群之交际，及于国家之政治者，不一而足。而一八四六年以后，英国决行自由贸易政策（Free Trade），尽免关税，以致今日商务之繁盛者，斯密氏《原富》之论为之也。近世所谓人群主义（Socialism），专务保护劳力者，使同享乐利，其方策渐为自今以后之第一大问题，亦自斯密氏发其端，而其徒马尔沙士大倡之。亚当·斯密之关系于世界何如也！

七曰伯伦知理（Bluntschili，德国人，生于一八〇八年，卒于一八八一年。）之国家学。伯伦知理之学说，与卢梭正相反对者也。虽然，卢氏立于十八世纪，而为十九世纪之母；伯氏立于十九世纪，而为二十世纪之母。自伯氏出，然后定国家之界说，知国家之性质、精神、作用为何物，于是国家主义乃大兴于世。前之所谓国家为人民而生者，今则转而云人民为国家而生焉，使国民皆以爱国为第一之义务，而盛强之国乃立，十九世纪末世界之政治则是也。而自今以往，此义愈益为各国之原力，无可疑也。伯伦知理之关系于世界何如也！

八曰达尔文（Charles Darwin，英国人，生于一八〇九年，卒于一八八二年。）之进化论。前人以为黄金世界在于昔时，而末世日以堕落；自达尔文出，然后知地球人类，乃至一切事物，皆循进化之公理，日赴于文明。前人以为天赋人权，人生而皆有自然应得之权利；及达尔文出，然后知物竞天择，优胜劣败，非图自强，则决不足以自立。达尔文者，实举十九世纪以后之思想，彻底而一新之者也。是故凡人类智识所能见之现象，无一不可以进化之大理贯通之。政治法制之变迁，进化也；宗教道德之发达，进化也；风俗习惯之移易，进化也。数千年之历史，进化之历史；数万里之世界，进化之世界也。故进化论出，而前者宗门迷信之论，尽失所据。教会中人，恶达氏滋甚，谓有一魔鬼住于其脑云，非无因也。此义一明，于是人人不敢不自勉为强者、为优者，然后可以立于此物竞天择之界。无论为一人，为一国家，皆向此鹄以进，此近世民族帝国主义（National Imperialism，民族自增植其势力于国外，谓之民族帝国主义。）所由起也。此主义今始萌芽，他日且将磅礴充塞于本世纪而未有已也。虽谓达尔文以前为一天地，达尔文以后为一天地可也。其关系于世界何如也！

以上所列十贤，不过举其荦荦大者。至如牛顿（Newton，英人，生于一六四三年，卒于一七二七年。）之创重学，嘉列（Guericke，德国人，生于一六〇二年，卒于一六八六年。），杯黎（Boyle，英人，生于一六二六年，卒于一六九一年。）之制排气器，连挪士（Linnaeus，瑞典人，生于一七〇七年，卒于一七七八年。）之开植物学，康德（Kant，德国人，生于一七二四年，卒于一八〇四年。）之开纯全哲学,皮里士利(Priestley,英人,生于一七三三年,卒于一八〇四年。)之化学,边沁(Bentham,英人,生于一七四七年,卒于一八三二年。)之功利主义,黑拔(Herbart,生于一七七六年,卒于一八四一年。)之教育学,仙士门(St. Simon,法人。)、喀谟德(Comte,法人,生于一七九八年,卒于一八五七年。)之倡人群主义及群学,约翰弥勒(John Stuart Mill,英人,生于一八〇六年,卒于一八七三年。)之伦理学、政治学、女权论,斯宾塞(Spencer,英人,生于一八二〇年,今犹生存。)之群学等,皆出其博学深思之所独得,审诸今后时势之应用;非如前代学者,以学术为世界外遁迹之事业,如程子所云"玩物丧志"也。以故其说一出,类能耸动一世,饷遗后人。呜呼! 今日光明灿烂、如荼如锦之世界,何自来乎? 实则诸贤之脑髓、之心血,之口沫、之笔锋,所组织之而庄严之者也。

亦有不必自出新说,而以其诚恳之气,清高之思,美妙之文,能运他国文明新思想,移植于本国,以造福于其同胞,此其势力,亦复有伟大而不可思议者。如法国之福禄特尔(Voltaire,生于一六九四年,卒于一七七八年。)、日本之福泽谕吉(去年卒)、俄国之托尔斯泰(Tolstoi,今尚生存。)诸贤是也。福禄特尔当路易第十四全盛之时,愁然忧法国前途,乃以其极流丽之笔,写极伟大之思,寓诸诗歌、院本、小说等,引英国之政治,以讥讽时政;被锢被逐,几濒于死者屡焉,卒乃为法国革新之先锋,与孟德斯鸠、卢梭齐名。盖其有造于法国民者,功不在两人下也。福泽谕吉当明治维新以前,无所师授,自学英文,尝手抄《华英字典》一过,又以独力创一学校,名曰庆应义塾,创一报馆,名曰《时事新报》,至今为日本私立学校、报馆之巨擘焉。著书数十种,专以输入泰西文明思想为主义。日本人之知有西学,自福泽始;其维新改革之事业,亦顾问于福泽者十而六七也。托尔斯泰,生于地球第一专制之国,而大倡人类同胞兼爱平等主义,其所论盖别有心得,非尽凭借东欧诸贤之说者焉。其所著书，大率皆小说，思想高彻，文笔豪宕，故俄国全国之学界，为之一变。近年以来，各地学生咸不满于专制之政，屡屡结集，有所要求，政府捕之、锢之、放之、逐之，而不能禁，皆托尔斯泰之精神所鼓铸者也。由此观之，福禄特尔之在法兰西，福泽谕吉之在日本，托尔斯泰之在俄罗斯，皆必不可少之人也。苟无此人，则其国或不得进步，即进步亦未必如是其骤也。然则如此等人者，其于世界之关系何如也！

吾欲敬告我国学者曰：公等皆有左右世界之力，而不用之，何也？公等即不能为培根、笛卡儿、达尔文，岂不能为福禄特尔、福泽谕吉、托尔斯泰？即不能左右世界，岂不能左右一国？苟能左右我国者，是所以使我国左右世界也。吁嗟山兮，穆如高兮；吁嗟水兮，浩如长兮。吾闻足音之跫然兮，吾欲溯洄而从之兮，吾欲馨香而祝之兮！

复古思潮平议①

　　吾友蓝君,尝著论辟复古之谬,登载本报第一号②。海内人士读之,多骇汗谯诃,即鄙人乍见,亦不免失色相诧,思宜有所以折衷之,乃为平议如次:

　　吾以为蓝君所言,洵诡激而失诸正鹄,吾不能为之阿辩也。然此种诡激之言,曷为发生于今日,则固有使之者焉,亦不可不深省也。蓝君之论最骇人听闻者,彼对于忠孝节义,皆若有所怀疑,而对于崇拜孔子,亦若有所不慊。此其持论诚偏宕而不足为训也。盖忠孝节义诸德,其本质原无古今中外之可言。昔人不云乎,天下之善一也。凡道德上之抽象名词,若智仁勇、诚明、忠信、笃敬、廉让乃至若某若某,虽其涵孕之范围广狭全偏或有不同,然其同于为美德,则无以易。盖事理善恶之两面,譬则犹光明之与暗黑,讨论事理者,辩析若何而足为光明之标准焉可也,研究若何而能使光明之焕发赓续焉可也,若乃贱斥光明而尊尚暗黑,则岂惟螫理,实乃拂情。即如忠孝节义四德者,原非我国所可独专,又岂外国所能独弃。古昔固尊为典彝,来兹亦焉能泯蔑?以忠孝节义与复古并为

---

① 原载 1915 年 7 月 20 日《大中华》第 1 卷第 7 期。
② 蓝公武《辟近日复古之谬》一文,刊《大中华》第 1 卷第 1 期。

一谭,揆诸论理,既已不辞;以厌恶复古故而致疑于忠孝节义,其瞀缪又岂仅因噎废食之比云尔!若夫孔子教义,其所以育成人格者,体用周备,放诸四海而皆准,由之终身而不能尽。以校泰西古今群哲,得其一体而加粹精者,盖有之矣;若孟子所谓集大成,庄生所谓大小精粗其运无乎不备,则固未有加于孔子者。孔子而可毁,斯真虽欲自绝,其何伤于日月也!且试思我国历史,若将孔子夺去,则暗然复何颜色。且使中国而无孔子,则能否抟捖此民族以为一体,盖未可知。果尔,则二千年来之中国知作何状?又况孔子之教,本尊时中,非若其他教宗之树厓岸、排异己,有以锢人之灵明而封之以故见也。然则居今日而教人以诵法孔子,又岂有几微足为国民进取之障者?故蓝君此论,实诡激而失正鹄。其说若昌,弊且不可纪极,吾断不能为之阿辩也。

顾以吾所知,蓝君盖粹美君子人也。其钻仰孔子之论著,且尝传诵于世(见《庸言报》)。今曷为而忽有此诡激恣谬之论?且其论既出,而国中一部分人,犹或于骇责之中含恕谅之意。吾默察世变,觉其几甚微,而逆想回环激荡之所由,乃不禁栗然以惧,是故不得不折其衷而两是正之。

夫提倡旧道德,(道德本无新旧之可言,"旧道德"三字,实不成名词,但行文之便,姑就时流之名名之耳。)宁非谋国知本之务。然此论何以忽盛于今日,则其机有不可不察者。自前清之季,举世竞言新政新学,竺旧之徒,本大有所不慊,而壁垒无以自坚,日即靡伏。虽曰靡伏,而谋所以堙遏之者,卒未尝怠。以不可堙遏之势而强事堙遏,故激而横决,以有辛亥之革命。又正惟以堙遏之结果,其迁流之势,不轨于正,故其所演生之现象,无一焉能餍人望。其间桀黠轻儇之辈,复乘此嬗蜕抢攘之隙,恣为纵欲败检之行,乃益在在惹起社会之厌苦,而予人以集矢之的。一年以来,则其极端反动力之表现时代也。是故吾辈自昔固汲汲于提倡旧道德,然与一年来时流之提倡旧道德者,其根本论点,似有不同。吾侪以为道德无时而可以蔑弃,且无中外新旧之可言。正惟倾心新学新政,而愈感旧道德之可贵;亦正惟实践旧道德,而愈感新学新政之不容已。今之言旧道德者不然。彼睹目前社会泯棼之象,曾不深求其所以然,不知其为种种复杂原因之所和合蕴酿,而一切以府罪于其所不喜之新学新政。其意若曰:天下扰扰,正坐此辈横议处士兴风作浪造言生事,苟不尔者,吾国今日固犹是唐虞三代也。又若曰:吾国自有所以善治之道,可以无所待于外,今特患不能复吾故步耳;苟其能焉,他复何求! 此非吾故为深刻之言,试质诸多数老辈之良心,是否有此两种见地蟠据于其脑际而确乎不拔者? 此种见地展转谬演,于是常觉新学新政之为物,恒与不道德相缘;欲挫新学新政之焰而难于质言,则往往假道德问题以相压迫。坐是之故,引起新学家一部分人之疑惑,亦谓道德论与复古论相缘,凡倡道德,皆假之以为复古地也,非起而与角,则退化之运,将不知所届。此所以互相搏激而异论日起也。

然则新思潮与旧道德果有不相容者存乎? 道德论与复古论果有何种之缘系乎? 请得而博论之。

今都会之地,士大夫群居相语,每一矢口,辄相与太息于人心风俗之败坏。败坏云者,劣于昔之云也。吾以为全国多数小民之风俗,固不敢谓视前加良,亦未见其视前加坏。于营营蠛蠛之中,仍略带浑浑噩噩之气,与他国风俗相校,各有得失,不能尽诬也。然则今日,曷为以风俗特坏闻? 曰:特坏者,惟吾曹号称士大夫者流耳。盖日日太息于人心风俗败坏之人,即败坏人心风俗之主动者也。而如吾曹者,其亦孰不诵孔氏之书,服忠孝节义之训,而其所造业,胡乃适得其反? 譬言某药可以辟疫,而常备此药之家,乃即为播疫之丛。是必所备药或非其真也，或备而未尝服也，或服之不以其法也，或其他不良之起居食息与药力相消也。不探其源以治之，而但侈言置药以御疫，疫不得御，徒反使人致疑于药而已。夫孰不知提倡道德为改良风俗之大原，然以今日社会周遭之空气，政治手段之所影响，中外情势之所诱胁，苟无道以解其症而廓其障，则虽日以道德论喃喃于大众之前，曷由有效？徒损道德本身之价值耳！尤可异者，竺旧者流，侈然俨以道德为其专卖品，于是老官僚、老名士之与道德家，遂俨成三位一体之关系。而欲治革命以还道德堕落之病者，乃径以老官僚、老名士为其圣药，而此辈亦几居之不疑。夫此辈中固多操行洁白之士，吾岂敢尽诬！要之当前清末叶，此辈固多已在社会上占优越之地位，其言论行事，本有风行草偃之资，此辈诒谋苟臧，中国岂至有今日？

平心论之，中国近年风气之坏，坏于佻浅不完之新学说者，不过十之二三；坏于积重难返之旧空气者，实十而七八。今之论者，动辄谓自由平等之邪说，深中人心，将率天下而入于禽兽。申令文告，反复诵言；坐论偶语，群焉集矢。一若但能廓清此毒，则治俗即可立致清明。夫当鼎革之交二三年间，此种狂焰，固尝披靡一时，吾侪痛心疾首，视今之论者未多让焉。今日则兹焰殆尽熄矣，而治俗又作何象者？盖今日风气之坏，其孽因实造自二十年以来，彼居津要之人，常利用人类之弱点，以势利富贵奔走天下，务斫丧人之廉耻，使就我范围。社会本已不尚气节，遭此诱胁，益从风而靡；重以使贪使诈之论，治事者奉为信条，恬壬乘之，纷纷以自跻于青云；其骄盈佚乐之举动，又大足以歆动流俗，新进之俦，艳羡仿效，薪火相续，日以蔓滋。俗之大坏，职此之由。故一般农工商社会，其良窳无以大异于前，而独所谓士大夫者，日日夷于妾妇而沦于禽兽。此其病之中于国家者，其轻重深浅，以视众所指目之自由平等诸邪说何如？夫假自由平等诸名以败德者，不过少数血气未定之青年，其力殊不足以左右社会。若乃所谓士大夫居高明之地者，开口孔子，闭口礼教，实则相率而为败坏风俗之源泉。今谋国者方日日蹈二十年来之覆辙，汩流以扬波，而徒翘举方严广漠之门面语曰尊崇孔子曰维持礼教者，以相扇奖，冀此可以收效。殊不知此等语者，今之所谓士大夫，人人优能言之，无所施其扇奖；其在一般社会，则本自率循，又无所深待于扇奖。而欲求治俗之正本清源，要视乎在上位者之真好恶以为祈向。义袭而取，恐未有能济者也。

读者幸勿疑吾谓此种扇奖之可以已也，吾固日日从事于扇奖之一人，此天下所共见也。顾吾谓扇奖之道，贵用其中而蕲其平，一有所倚，则弊之所届，恒出意外。譬诸树表，表之歆以分寸，影之斜以寻丈，此最不可不慎也。今指当道为有意复古，必且斳斳自辩曰：吾曷尝尔尔。然而事实所趋，遂章章不可掩也。此亦无待吾一一胪举其迹，吾但请读者闭目以思，最近一二年来，上自中央地方各级机关之组织，下逮各部大小行政之措施，曷尝有一焉非尽反民国元二年之所为？岂惟民国元二年而已，前清光、宣之交，凡所规画、所建置，殆无不废变停顿。夫光、宣之政，诚不足以餍人望也，民国初元之政，诚尤不足以餍人望也，然岂必其政之本体，绝对不适用于中国，毋亦行之非其道非其人耳？既察某制度为今后所万不可不采行，前此行之而有弊，只能求其弊之所在，而更张补救之耳。若并制度其物而根本摧弃之，天下宁有此政猷？例如民选议会制度，既为今世各国所共由，且为共和国体所尤不可缺，前此议会未善，改正其选举法可也，直接间接以求政党之改良可也，厘定其权限可也；若乃并议会其物而去之，安见其可？例如司法独立，既天下之通义，前此法庭未善，改变其级制可也，改变其程序可也，改变其任用法可也；若乃并法庭其物而去之，安见其可？推之百政,莫不皆然。

彼其制度,既为早晚必须采用之制度,今虽废之,不旋踵为时势所迫,必胥谋所以复兴之。而一废一兴之际,第一,则使国运进步迟阻若干年;第二,则隳已肇之基础,将来作始更难;第三,则使人民彷徨迷惑,减国家之威信耳。昔吴淞铁路初建,政府以二十余万金购而毁之,在彼时曷尝不以为有所大不得已者存?既毁之际,曷尝不多数人称快!由今思之,所为何来?夫今日众共集矢之制度,后之视今,必且与吴淞铁路同感,可断言也,而狐埋狐拍,天下其谓政府何?又或有所瞻顾,不敢悍然径废其名,遂复换面改头,指鹿为马,此其为弊,殆更甚焉。夫作法于真,其敝犹伪;作法于伪,敝将若之何?今凡百设施,多属创举,既非夙习,运用倍难,苟诚心以赴,期于必成,使当事者怀靖共毋忝之心,使社会作拭目观成之想,其庶黾勉,日起有功。今也不然,于其本所不欲之事,阴摧坏其实而阳涂饰其名。受其事者曰,此敷衍吾侪耳,吾毋宁以敷衍应之。而自爱之心与践职义务之观念,日趋薄弱。社会亦曰:某项事业,所以敷衍某类人耳。先怀一种轻蔑之心以对此事业;甚者从而掎之,而进行乃益以艰;及其挫跌,则抚掌称快,曰吾固谓此种制度之不可采,今果如是也。呜呼!凡今之所以应付各种新政者,何一非尔尔耶?则旁观者嚣然以复古为疑,亦何足怪!

以言夫用人耶,鼎革之交,万流杂进,羊胃羊头,见者呃逆,谋澄叙之,宜也。而一矫其弊,遂乃以前清官历为衡才独一之标准。问其故,则曰尊经验也。夫前清官吏中,其洁白干练通达治理者,原大有人在,吾诚不敢挟主奴之见,漫为抵排。虽然,其中大多数,锢蔽龌龊,恡黠偷靡,晚清之败坏,岂不以此辈?革命之局,宁非此辈实助长之?其尤无耻者,则朝失清室之官,暮入同盟之会,极口骂项,胁肩美新,及事势一迁,又反颜下石。第其品质,宜在豺虎不食之班，即予优容，亦惟高阁束之已足。而今皆弹冠联翩，专诚相望，且俨然以挽回风习、主持大化自命，为上游所器赏，为社会所欢承。不旋踵而赃证狼籍，对簿跄踉，而败落相寻，继踵犹昔。叩其所谓经验，则期会书簿，钩距掊克，对面盗贼，暮夜苞苴，乃至以财政厅长而不解预算之字义，以兼理司法之知事而不知有新刑律其物。类此笑柄，更仆难罄，犹且能名鹊起，一岁屡迁，俯睨新进，视如无物。呜呼！凡今日登庸人才之标准，岂不如是耶？则旁观者器然以复古为疑，又何足怪！

甚矣国人之善忘也。记有之："不知来，视诸往。"彼晚清以来之陈迹，岂不犹历历在人耳目耶？使其所操术而可以措国家于治安，则清室其至今存矣。二十年前，而所谓旧法者，已失其维持国家之功用，国人不胜其敝，乃骇汗号呼以求更新；今又以不胜新之敝也，乃更思力挽之以返于二十年前之旧。二十年前所共患苦者，若全然忘却；岂惟忘却，乃更颠倒歆慕：视为盛世郅治而思追攀之。（此非吾过言，试以一年来所规画之政策，与二十年前政象比较，其刻意追攀之点不知凡几。吾他日更当为文列举评之。）夫目之于色，有同美焉。二十年前共指为甚恶者，二十年后忽能变为甚美，此宁非天下大可怪之事！而或者曰：清之亡非亡于其恋旧也，而实亡于其骛新。使清廷非惟新是骛，而坚持其旧者以相始终，夫安得有今日？若此论者，微论其言之终不能成理也，借曰事理或然，然尤当知清廷之骛新，本非其所欲也。非所欲而曷为骛之？则以旧制之作用已穷，事势所驱，不得不出于此。譬诸行旅，所遵之路，荆棘已塞，乃始改从他涂。夫在今日，彼路之荆棘是否能刈除？能否不为事势所驱，更折而出于骛新之举？终已不能，则将来几经波折之后，卒亦取清廷所回旋之覆辙而次第一一复蹈之，可断言耳。夫清廷曷为以骛新而得亡？正以其本不改新，而徒以大势所迫勉趋于新。虽勉趋于新，而于新之性质、新之价值,实未有所了解,常以恋旧之精神牵制于其间,故新与旧之功用两相消,进退失据,而一败涂地也。今以恋旧责当局,而当局决不肯自刈。虽然,试静气一自勘其心理,其有以异于二十年前老辈之心理者几何?凡所设施,又何一非新与旧功用相消者?此复古之疑,所以虽晓辩而终无以自解于天下也。

或曰:病斯有待于药,药求已病而已。复古论虽曰可议,然以药数年来骛新太过之病,安见其不可?应之曰:斯固然也。然在一二年前病象颇剧之时,服之或不失为良药;今则病征已变,犹服之不已,则药反成病矣。大抵一时偶感之病,来势虽勇,而祛除实易;积年蟠结之病,不甚惹警觉,而绵久遂不可复救。夫恋旧者人类之通性也,当其一时受刺激于外,骛新太过,就令任其自然,不加矫正,非久必为惰力性作用所支配,自能返其故态。然此惰力性作用猖獗之后,欲更从而振之,恐非加以雷霆万钧,莫之能致。夫惮于趋新而狃于安旧,圆颅通性,固已有然。况我民族尤以笃旧为特长,而以自大为凤禀;而坐谈礼教,吐弃学艺,又最足以便于空疏涂饰之辈。靡然从风,事有固然。若详推其利害之所届,则此种方严广漠之门面语,其于矫正末俗,实际上收效能几,殊未敢知;而惰力性或且缘此大增,率国人共堕入于奄奄无生气之境,此则吾所为眢眢而忧者耳。

若夫蓝君所论之诡激,吾既已不惮辞而辟之。要之此二者,皆社会心理之病征而已,而其病则不能相克而常相生。蔑古论昌,则复古论必乘之;复古论昌,则蔑古论又必乘之。以极端遇极端,累反动以反动,则其祸之中于国家社会者遂不可纪极。孟子曰:"生于其心,害于其政;发于其政,害于其事。"是以君子慎之也。

五十年中国进化概论^①

一

　　《申报》馆里的朋友,替他们"馆翁申老先生"做五十整寿,出了许多题目找人做寿文,把这个题目派给我。呵呵!恰好我和这位"申老先生"是同庚,只怕我还是忝长几天的老哥哥哩!所以我对于这篇寿文,倒有点特别兴味。

　　却是一件,我们做文章的人,最怕人出题目叫我做。因为别人标的题,不见得和我所要说的话内容一致;我到底该做他的题呀,还是该说我的话呢? 即如这个题目,头一桩受窘的是范围太广阔:若要做一篇名副其实的文章,恐怕非几十万字不可。再不然,我可以说一句"请看本书第二第三两编里头那几十篇大文",我便交白卷完事。第二桩受窘的是目的太窄酷:题目是五十年的进化,许我说他的退化不呢? 既是庆寿文章,逼着要带几分"善颂善祷"的应制体裁,那末,可是更难着笔了。

　　既已硬派我在这个题目底下做文章,我却有两段话须得先声明:

　　第一,我所说的不能涉及中国全部事项,因为对于逐件事项观

---

　　① 原载 1923 年申报馆印行的《最近之五十年》(抱一编)。

察批评，我没有这种学力。我若是将某件某件如何进步说个大概，我这篇文章，一定变成肤廓滥套的墨卷。我劝诸君，不如看下边那几十篇大文好多着哩。诸君别要误认我这篇是下边几十篇的总括，我不过将我下笔时候感触的几件事随便写下来，绝无组织，绝无体例。老实说：我这篇只算是"杂感"，不配说是"概论"。

第二，题目标的是"进化"，我自然不能不在进化范围内说；但要我替中国瞎吹，我却不能。我对于我们所亲爱的国家，固然想"隐恶而扬善"；但是他老人家有什么毛病，我们也不应该"讳疾忌医"，还是直说出来大家想法子补救补救才好。所以我虽说他进化，那不进化的地方，也常常提及。

这样说来，简直是"文不对题"了。好吗！就把不对题的文胡乱写出来。

二

有一件大事，是我们五千年来祖宗继续努力，从没有间断过的，近五十年，依然猛烈进行，而且很有成绩。是件什么事呢？我起他一个名，叫做"中华民族之扩大"。原来我们中华民族，起初不过小小几个部落，在山东河南等处地方得些根据地。几千年间慢慢地长……长……长成一个硕大无朋的巨族，建设这泱泱雄风的大国。他长的方法有两途：第一是把境内境外无数的异族叫他同化于我。第二是本族的人年年向边境移植，把领土扩大了。五千年来的历史，都是向这条路线进行，我也不必搬多少故事来作证了。近五十年，对于这件事，有几方面成功很大，待我说来：

一、洪杨乱后，跟着西南地方有苗乱，蔓延很广，费了十几年工夫才平定下来。这一次平定，却带几分根本解决性质，从此以后，我敢保中国再不会有"苗匪"这名词了。原来我族对苗族，乃是黄帝尧舜以来一桩大公案,闹了几千年,还没有完全解决。在这五十年内,才把黄帝伐蚩尤那篇文章做完最末的一段,确是历史上值得特笔大书的一件事。

二、辛亥革命,满清逊位,在政治上含有很大意义,下文再说。专就民族扩大一方面看来,那价值也真不小。原来东胡民族,和我们捣乱捣了一千七八百年,五胡南北朝时代的鲜卑,甚么慕容燕,拓拔魏,宇文周;唐宋以后,契丹跑进来叫做辽;女真跑进来叫做金;满洲跑进来叫做清;这些都是东胡族,我们吃他们的亏真算吃够了。却是跑进来过后,一代一代的都被我们同化。最后来的这帮满洲人,盘据是盘据得最久,同化也同化得最透。满洲算是东胡民族的大总汇,也算是东胡民族的大结束。近五十年来,满人的汉化,以全速率进行;到了革命后,个个满人头上都戴上一个汉姓,从此世界上可真不会有满洲人了。这便是把二千年来的东胡民族,全数融纳进来,变了中华民族的成分,这是中华民族扩大的一大段落。

三、内地人民向东北、西北两方面发展,也是近五十年一大事业。东三省这块地方,从前满洲人预备拿来做退归的老巢,狠用这封锁手段,阻止内地人移植。自从经过中日、日俄几场战争,这块地方变成四战之区,交通机关大开,经济现状激变。一方面虽然许多利权落在别人手上,一方面关内外人民关系之密度,确比从前增加好些,东三省人和山东、直隶人渐渐打成一片了。再看西北方面,自从左宗棠开府甘陕,内地的势力,日日往那边膨胀。光绪间新疆改建行省,于是两汉以来始终和我们若即若离的西域三十六国,算是完全编入中国版图,和内地一样了。这种民族扩大的势力,现在还日日向各方面进行,外蒙古、阿尔泰、青海、川边等处,都是在进步活动中。

四、海外殖民事业，也在五十年间很有发展。从前南洋一带，自明代以来，闽粤人已经大行移植，近来跟着欧人商权的发达，我们侨民的经济势力，也确立得些基础。还有美洲、澳洲等处，从前和我们不相闻问，如今华侨移住，却成了世界问题了。这都是近五十年的事，都是我们民族扩大的一种表征。

民族扩大，是最可庆幸的一件事，因此可以证明我们民族正在青春时代，还未成年，还天天在那里长哩。这五十年里头，确能将几千年未了的事业了他几桩，不能不说是国民努力的好结果。最可惜的，有几方面完全失败了。第一是台湾，第二是朝鲜，第三是安南。台湾在这五十年内的前半期，很成了发展的目的地，和新疆一样，到后半期被人抢去了。朝鲜和安南，都是祖宗屡得屡失的基业，到我们手上完全送掉。海外殖民，也到处被人迎头痛击。须知我们民族会往前进，别的民族也会往前进。今后我们若是没有新努力，恐怕只有兜截转来，再没有机会能继续扩大了。

三

学问和思想的方面，我们不能不认为已经有多少进步，而且确已替将来开出一条大进步的路径。这里头最大关键，就是科举制度之扑灭。科举制度，有一千多年的历史，真算得深根固蒂。他那最大的毛病，在把全国读书人的心理都变成虚伪的、因袭的、笼统的，把学问思想发展的源泉都堵住了。废科举的运动，在这五十年内的初期，已经开始，像郭嵩焘、冯桂芬等辈，都略略发表这种意见。到"戊戌维新"前后，当时所谓新党如康有为、梁启超一派，可以说是用全副精力对于科举制度施行总攻击。前后约十年间，经了好几次波折，到底算把这件文化障碍物打破了。如今过去的陈迹，很象平常，但是用历史家眼光看来，不能不算是五十年间一件大事。

这五十年间我们有什么学问可以拿出来见人呢？说来惭愧，简直可算得没有。但是这些读书人的脑筋，却变迁得真厉害。记得光绪二年有位出使英国大臣郭嵩焘，做了一部游记，里头有一段，大概说："现在的夷狄，和从前不同，他们也有二千年的文明。"嗳哟！可了不得！这部书传到北京，把满朝士大夫的公愤都激动起来了。人人唾骂日日奏参，闹到奉旨毁板才算完事。曾几何时，到如今"新文化运动"这句话，成了一般读书社会的口头禅；马克思差不多要和孔子争席，易卜生差不多要推倒屈原。这种心理对不对？另一问题，总之这四十几年间思想的剧变，确为从前四千余年所未尝梦见。比方从前思想界是一个死水的池塘，虽然许多浮萍荇藻掩映在面上，却是整年价动也不动；如今居然有了"源泉混混不舍昼夜"的气象了。虽然他流动的方向和结果，现在还没有十分看得出来，单论他由静而动的那点机势，谁也不能不说他是进化。

古语说得好："学然后知不足。"近五十年来，中国人渐渐知道自己的不足了。这点子觉悟，一面算是学问进步的原因，一面也算是学问进步的结果。第一期，先从器物上感觉不足。这种感觉，从鸦片战争后渐渐发动，到同治年间借了外国兵来平内乱，于是曾国藩、李鸿章一班人，很觉得外国的船坚炮利，确是我们所不及，对于这方面的事项，觉得有舍己从人的必要，于是福建船政学堂、上海制造局等等渐次设立起来。但这一期内，思想界受的影响很少；其中最可纪念的，是制造局里头译出几部科学书。这些书现在看起来虽然很陈旧很肤浅，但那群翻译的人，有几位颇忠实于学问，他们在那个时代，能够有这样的作品，其实是亏他。因为那时读书人都不会说外国话，说外国话的都不读书，所以这几部译本书，实在是替那第二期"不懂外国话的西学家"开出一条血路了。第二期，是从制度上感觉不足。自从和日本打了一个败仗下来，国内有心人，真像睡梦中着了一个霹雳。因想道堂堂中国为什么衰败到这田地，都为的是政制不良，所以拿"变法维新"做一面大旗，在社会上开始运动，那急先锋就是康有为梁启超一班人。这班人中国学问是有底子的，外国文却一字不懂。他们不能告诉人"外国学问是什么？应该怎么学法？"只会日日大声疾呼，说"中国旧东西是不够的，外国人许多好处是要学的。"这些话虽然像是囫囵，在当时却发生很大的效力。他们的政治运动，是完全失败，只剩下前文说的废科举那件事，算是成功了。这件事的确能够替后来打开一个新局面，国内许多学堂，国外许多留学生，在这期内蓬蓬勃勃发生，第三期新运动的种子，也可以说是从这一期播殖下来。这一期学问上最有价值的出品，要推严复翻译的几部书，算是把十九世纪主要思潮的一部分介绍进来。可惜国里的人能够领略的太少了。第三期，便是从文化根本上感觉不足。第二期所经过时间，比较的很长——从甲午战役起到民国六七年间止。约二十年的中间，政治界虽变迁很大，思想界只能算同一个色彩。简单说：这二十年间，都是觉得我们政治、法律等等，远不如人，恨不得把人家的组织形式，一件件搬进来，以为但能够这样，万事都有办法了。革命成功将近十年，所希望的件件都落空，渐渐有点废然思返。觉得社会文化是整套的，要拿旧心理运用新制度，决然不可能，渐渐要求全人格的觉悟。恰值欧洲大战告终，全世界思潮都添许多活气。新近回国的留学生，又狠出了几位人物，鼓起勇气做全部解放的运动。所以最近两三年间，算是划出一个新时期来了。

这三期间思想的进步，试把前后期的人物做个尺度来量他一下，便很明白。第一期，如郭嵩焘、张佩纶、张之洞等辈，算是很新很新的怪物。到第二期时，嵩焘、佩纶辈已死去，之洞却还在。之洞在第二期前半，依然算是提倡风气的一个人，到了后半，居然成了老朽思想的代表了。在第二期，康有为、梁启超、章炳麟、严复等辈，都是新思想界勇士，立在阵头最前的一排。到第三期时，许多新青年跑上前线，这些人一躺一躺被挤落后，甚至已经全然退伍了。这种新陈代谢现象，可以证明这五十年间思想界的血液流转得很快，可以证明思想界的体气，实已渐趋康强。

拿过去若干个五十年和这个五十年来比，这五十年诚然是进化了；拿我们这五十年和别人家的这五十年来比，我们可是惭愧无地。试看这五十年的美国何如，这五十年的日本何如，这五十年的德国何如，这五十年的俄国何如。他们政治上虽然成败不同苦乐不等，至于学问思想界，真都算得一日千里。就是英法等老国，又哪一个不是往前飞跑？我们闹新学闹了几十年，试问科学界可曾有一两件算得世界的发明，艺术家可曾有一两种供得世界的赏玩，出版界可曾有一两部充得世界的著述？哎！只好等第三期以后看怎么样罢。

四

"五十年里头，别的事都还可以勉强说是进化，独有政治，怕完全是退化吧？"这句话，几乎万口同声都是这样说，连我也很难得反对。虽然，从骨子里看来，也可以说这五十年的中国，最进化的便是政治。

原来政治是民意所造成，不独"德谟克拉西"政治是建设在多数人意识之上，即独裁政治寡头政治，也是建设在多数人意识之上。无论何种政治，总要有多数人积极的拥护——最少亦要有多数人消极的默认，才能存在。所以国民对于政治上的自觉，实为政治进化的总根源。这五十年来中国具体的政治，诚然可以说只有退化并无进化;但从国民自觉的方面看来,那意识确是一日比一日鲜明,而且一日比一日扩大,自觉。觉些甚么呢?

第一:觉得凡不是中国人都没有权来管中国的事。

第二:觉得凡是中国人都有权来管中国的事。

第一种是民族建国的精神;第二种是民主的精神。这两种精神,从前并不是没有;但那意识常在睡眠状态之中,朦朦胧胧的;到近五十年——实则是近三十年——却很鲜明的表现出来了。我敢说:自从满洲退位以后,若再有别个民族想抄袭五胡元魏辽金元清那套旧文章再来"入主中国",那可是海枯石烂不会出来的事。我敢说:已经挂上的民国招牌,从今以后千千万万年再不会卸下。任凭你像尧、舜那么贤圣,像秦始皇、明太祖那么强暴,像曹操、司马懿那么狡猾,再要想做中国皇帝,乃永远没有人答应。这种事实,你别要看轻他了,别要说他只有空名并无实际。古语说得好:"名者实之宾",凡事能够在社会上占得个"正名定分",那么,第二步的"循名责实",自然会跟着来。总之在最近三十年间我们国民所做的事业,第一件,是将五胡乱华以来一千多年外族统治的政治根本铲除。第二件,是将秦始皇以来二千多年君主专制的政治永远消灭。而且这两宗事业,并非无意识的偶然凑会。的确是由人民一种根本觉悟,经了很大的努力,方才做成。就这一点看来,真配得上进化这两个字了。

民国成立这十年来,政治现象,诚然令人呕气。但我以为不必失望。因为这是从两个特别原因造成,然而这些原因都快要消灭了。第一件:革命时候,因为人民自身力量尚未充足,不能不借重固有势力来做应援。这种势力,本来是旧时代的游魂。旧时代是有二千多年历史的,他那游魂,也算得"取精用宏",一二十年的猖獗,势所难免。如今他的时运,也过去大半了,不久定要完全消灭。

经过一番之后,政治上的新时代,自然会产生出来。(不是委心任命的话,其实事理应该如此。)第二件:社会上的事物,一张一弛,乃其常态。从甲午戊戌到辛亥,多少仁人志士,实在是闹得筋疲力倦,中间自然会发生一时的惰力。尤为可惜的,是许多为主义而奋斗的人物,都做了时代的牺牲死去了,后起的人,一时接不上气来。所以中间这一段,倒变成了黯然无色。但我想这时代也过去了。从前的指导人物,像是已经喘过一口气,从新觉悟,从新奋斗。后方的战斗力,更是一天比一天加厚。在这种形势之下,当然有一番新气象出来。

要而言之,我对于中国政治前途,完全是乐观的,我的乐观,却是从一般人的悲观上发生出来。我觉得这五十年来的中国,正像蚕变蛾蛇蜕壳的时代,变蛾蜕壳,自然是一件极艰难极苦痛的事,哪里能够轻轻松松的做到。只要他生理上有必变必蜕的机能,心理上还有必变必蜕的觉悟,那么,把那不可逃避的艰难苦痛经过了,前途便别是一个世界。所以我对于人人认为退化的政治,觉得他进化的可能性却是最大哩。

五

此外社会上各种进化状况,实在不少,可惜我学力太薄,加以时日仓卒,不能多举了。好在还有各位专门名家的论著,可以发挥光大。我姑且把我个人的"随感",胡乱写出来,并且表示我愿意和我们老同年"申老先生"继续努力。

治国学的两条大路①

  诸君！我对于贵会，本来预定讲演的题目，是"古书之真伪及其年代"。中间因为有病，不能履行原约。现在我快要离开南京了，那个题目不是一回可以讲完，而且范围亦太窄。现在改讲本题，或者较为提纲挈领于诸君有益罢。

  我以为研究国学有两条应走的大路：

  一，文献的学问。应该用客观的科学方法去研究。

  二，德性的学问。应该用内省的和躬行的方法去研究。

  第一条路，便是近人所讲的"整理国故"这部分事业。这部分事业最浩博、最繁难而且最有趣的，便是历史。我们是有五千年文化的民族；我们一家里弟兄姊妹们，便占了全人类四分之一；我们的祖宗世世代代在"宇宙进化线"上头不断的做他们的工作；我们替全人类积下一大份遗产，从五千年前的老祖宗手里一直传到今日没有失掉。我们许多文化产品，都用我们极优美的文字记录下来。虽然记录方法不很整齐，虽然所记录的随时散失了不少；但即以现存的正史、别史、杂史、编年、纪事本末、法典、政书、方志、谱牒，以至各种笔记、金石刻文，等类而论，十层大楼的图书馆也容不

---

  ① 原载 1923 年 1 月 23 日《时事新报·学灯》。

下。拿历史家眼光看来，一字一句，都藏有极可宝贵的史料。又不独史部书而已，一切古书，有许多人见为无用者，拿他当历史读，都立刻变成有用。章实斋说："六经皆史"，这句话我原不敢赞成；但从历史家的立脚点看，说"六经皆史料"，那便通了。既如此说，则何只六经皆史？也可以说诸子皆史，诗文集皆史，小说皆史。因为里头一字一句都藏有极可宝贵的史料，和史部书同一价值。我们家里头这些史料，真算得世界第一个丰富矿穴。从前仅用土法开采，采不出什么来；现在我们懂得西法了，从外国运来许多开矿机器了。这种机器是什么？是科学方法。我们只要把这种方法运用得精密巧妙而且耐烦，自然会将这学术界无尽藏的富源开发出来，不独对得起先人，而且可以替世界人类恢复许多公共产业。

这种方法之应用，我在我去年所著的《历史研究法》和前两个月在本校所讲的《历史统计学》里头，已经说过大概。虽然还有许多不尽之处，但我敢说这条路是不错的，诸君倘肯循着路深究下去，自然也会发出许多支路，不必我细说了。但我们要知道：这个矿太大了，非分段开采不能成功，非一直开到深处不能得着宝贝。我们一个人一生的精力，能够彻底开通三几处矿苗，便算了不得的大事业。因此我们感觉着有发起一个"合作运动"之必要，合起一群人在一个共同目的共同计画之下，各人从其性之所好以及平时的学问根柢，各人分担三两门做"窄而深"的研究，拼着一二十年工夫下去，这个矿或者可以开得有点眉目了。

此外和史学范围相出入或者性质相类似的文献学还有许多，都是要用科学方法研究去。例如：

（一）文字学　我们的单音文字，每一个字都含有许多学问意味在里头。若能用新眼光去研究，做成一部《新说文解字》，可以当作一部民族思想变迁史或社会心理进化史读。

（二）社会状态学　我国幅员广漠，种族复杂。数千年前之初民的社会组织，与现代号称最进步的组织同时并存。试到各省区的穷乡僻壤，更进一步入到苗子番子居住的地方，再拿"二十四史"里头蛮夷传所记的风俗来参证，我们可以看见现代社会学者许多想象的事项，或者证实，或者要加修正。总而言之，几千年间一部竖的进化史，在一块横的地平上可以同时看出，除了我们中国以外恐怕没有第二个国了。我们若从这方面精密研究，真是最有趣味的事。

（三）古典考释学　我们因为文化太古，书籍太多，所以真伪杂陈，很费别择；或者文义艰深，难以索解。我们治国学的人，为节省后人精力而且令学问容易普及起见，应该负一种责任，将所有重要古典，都重新审定一番，解释一番。这种工作，前清一代的学者已经做得不少。我们一面凭借他们的基础，容易进行；一面我们因外国学问的触发，可以有许多补他们所不及。所以从这方面研究，又是极有趣味的事。

（四）艺术鉴评学　我们有极优美的文学美术作品。我们应该认识它的价值，而且将赏鉴的方法传授给多数人，令国民成为"美化"。这种工作，又要另外一帮人去做。我们里头有性情近于这一路的，便应该以此自任。

以上几件，都是举其最重要者。其实文献学所包含的范围还有许多，就是以上所讲的几件，剖析下去，每件都有无数的细目。我们做这类文献学问，要悬着三个标准以求到达：

第一求真　凡研究一种客观的事实，须先要知道它"的确是如此"，才能判断它"为什么如此"。文献部分的学问，多属过去陈迹，以讹传讹失其真相者甚多。我们总要用很谨严的态度，仔细别择，把许多伪书和伪事剔去，把前人的误解修正，才可以看出真面目来。这种工作，前清"乾嘉诸老"也曾努力做过一番；有名的清学正统派之考证学便是。但依我看来，还早得很哩。他们的工作，算是经学方面做得最多，史学、子学方面便差得远，佛学方面却完全没有动手呢。况且我们现在做这种工作，眼光又和先辈不同，所凭借的资料也比先辈们为多。我们应该开出一派"新考证学"，这片大殖民地，很够我们受用咧。

第二求博　我们要明白一件事物的真相，不能靠单文孤证便下武断。所以要将同类或有关系的事情网罗起来贯串比较，愈多愈妙。比方做生物学的人，采集各种标本，愈多愈妙。我们可以用统计的精神作大量观察。我们可以先立出若干种"假定"，然后不断的搜罗资料，来测验这"假定"是否正确。若能善用这些法门，真如韩昌黎说的"牛溲马勃，败鼓之皮，兼收并蓄，待用无遗"。许多前人认为无用的资料，我们都可以把它废物利用了。但求博也有两个条件。荀子说"好一则博"；又说"以浅持博"。我们要做博的功夫，只能择一两件专门之业为自己性情最近者做去，从极狭的范围内生出极博来。否则件件要博，便连一件也博不成。这便是好一则博的道理。又，满屋散钱，穿不起来，虽多也是无用。资料越发丰富，则驾驭资料越发繁难，总须先求得个"一以贯之"的线索，才不至"博而寡要"。这便是以浅持博的道理。

第三求通　好一固然是求学的主要法门。但容易发生一种毛病，这毛病我替它起个名叫做"显微镜生活"。镜里头的事物看得纤悉周备，镜以外却完全不见。这样子做学问，也常常会判断错误。所以我们虽然专门一种学问，却切不要忘却别门学问和这门学问的关系；在本门中，也常要注意各方面相互之关系。这些关系，有许多在表面上看不出来的，我们要用锐利眼光去求得它。能常常注意关系，才可以成通学。

以上关于文献学，算是讲完，两条路已言其一。此外则为德性学。此学应用内省及躬行的方法来研究，与文献学之应以客观的科学方法研究者绝不同。这可说是国学里头最重要的一部分，人人应当领会的。必走通了这一条路，乃能走上那一条路。

近来国人对于知识方面，很是注意，整理国故的名词，我们也听得纯熟，诚然整理国故，我们是认为急务；不过若是谓除整理国故外，遂别无学问，那却不然。我们的祖宗遗予我们的文献宝藏，诚然足以傲世界各国而无愧色，但是我们最突出之点，仍不在此。其学为何？即人生哲学是。

欧洲哲学上的波澜，就哲学史家的眼光看来，不过是主智主义与反主智主义两派之互相起伏。主智者主智；反主智者即主情、主意。本来人生方面，也只有智、情、意三者。不过欧人对主智，特别注重；而于主情、主意，亦未能十分贴近人生。盖欧人讲学，始终未以人生为出发点。至于中国先哲则不然。无论何时代何宗派之著述，凤皆归纳于人生这一途，而于西方哲人精神萃集处之宇宙原理，物质公例等等，倒都不视为首要。故《荀子·儒效》篇曰："道，仁之隆也。……非天之道，非地之道，人之所以道也。"儒家既纯以人生为出发点，所以以"人之所以为道"为第一位，而于天之道等等，悉以置诸第二位。而欧西则自希腊以来，即研究他们所谓的形而上学。一天到晚，只在那里高谈宇宙原理，凭空冥索，终少归宿到人生这一点。苏格拉底号称西方的孔子，很想从人生这一方面做功夫，但所得也十分幼稚。他的弟子柏拉图，更不晓得循着这条路去发挥，至全弃其师传，而复研究其所谓天之道。亚里士多德出，于是又反趋于科学。后人有谓道源于亚里士多德的话，其实他也不过仅于科学方面，有所创发，离人生毕竟还远得很。迨后斯端一派，大概可与中国的墨子相当；对于儒家，仍是望尘莫及。一到中世纪，欧洲全部，统成了宗教化。残酷的罗马与日耳曼人，悉受了宗教的感化，而渐进于迷信。宗教方面，本来主情意的居多；但是纯以客观的上帝来解决人生，终竟离题尚远。后来再一个大反动，便是"文艺复兴"，遂一变主情主意之宗教，而代以理智。近代康德之讲范畴，范围更过于严谨，好像我们的临"九宫格"一般。所以他们这些，都可说是没有走到人生的大道上去。直到詹姆士、柏格森、倭铿等出，才感觉到非改走别的路不可，很努力的从体验人生上做去，也算是把从前机械的、唯物的人生观，拨开几重云雾。但是果真拿来与我们儒家相比，我可以说仍然幼稚。

总而言之，西方人讲他的形而上学，我们承认有他独到之处。换一方面，讲客观的科学，也非我们所能及。不过最奇怪的，是他们讲人生也用这种方法，结果真弄到个莫名其妙。譬如用形而上学的方法讲人，绝不想到是从人生的本体来自证，却高谈玄妙，把冥冥莫测的上帝来对喻。再如用科学的方法讲，尤为妙极。试问人生是什么？是否可以某部当几何之一角，三角之一边？是否可以用化学的公式来化分化合，或是用几种原质来造成？再如达尔文之用生物进化说来讲人生，征考详博，科学亦莫能摇动，总算是壁垒坚固；但是果真要问他人之所以异于禽兽者安在？人既自猿进化而来，为什么人自人而猿终为猿？恐怕他也不能给我们以很有理由的解答。总之，西人所用的几种方法，仅能够用之以研究人生以外的各种问题；人，决不是这样机械易懂的。欧洲人却始终未彻悟到这一点，只盲目的往前做，结果造成了今日的烦闷，彷徨莫知所措。盖中世纪时，人心还能依赖着宗教过活；及乎今日，科学昌明，赖以醉麻人生的宗教，完全失去了根据。人类本从下等动物蜕化而来，哪里有什么上帝创造？宇宙一切现象，不过是物质和它的运动，还有什么灵魂？来世的天堂，既不可凭；眼前的利害，复日相肉迫。怀疑失望，都由之而起，真正是他们所谓的世纪末了。

以上我等看西洋人何等可怜！肉搏于这种机械唯物的枯燥生活当中，真可说是始终未闻大道！我们不应当导他们于我们祖宗这一条路上去吗？以下便略讲我们祖宗的精神所在。我们看看是否可以终身受用不尽；并可以救他们西人物质生活之疲敝？

我们先儒始终看得知行是一贯的，从无看到是分离的。后人多谓知行合一之说，为王阳明所首倡，其实阳明也不过是就孔子已有的发挥。孔子一生为人，处处是知行一贯。从他的言论上，也可以看得出来。他说"学而不厌"，又说"为之不厌"，可知"学"即是"为"，"为"即是"学"。盖以知识之扩大，在人努力的自为，从不像西人之从知识方法而求知识。所以王阳明曰："知而不行，是谓不知。"所以说这类学问，必须自证，必须躬行，这却是西人始终未看得的一点。

又儒家看得宇宙人生是不可分的。宇宙绝不是另外一件东西，乃是人生的活动。故宇宙的进化，全基于人类努力的创造。所以《易经》曰："天行健，君子以自强不息。"又看得宇宙永无圆满之时，故易卦六十四，始"乾"而以"未济"终。盖宇宙"既济"，则乾坤已息，还复有何人类？吾人在此未圆满的宇宙中，只有努力的向前创造。这一点，柏格森所见的，也很与儒家相近。他说宇宙一切现象，乃是意识流转所构成，方生已灭，方灭已生，生灭相衔，方成进化；这些生灭，都是人类自由意识发动的结果。所以人类日日创造，日日进化。这意识流转，就唤作精神生活，是要从内省直觉得来的。他们既知道变化流转，就是宇宙真相，又知道变化流转之权，操之在我，所以孔子曰："人能弘道；非道弘人。"儒家既看清了以上各点，所以他的人生观，十分美渥，生趣盎然。人生在此不尽的宇宙当中，不过是蜉蝣朝露一般，向前做得一点是一点，既不望其成功,苦乐遂不系于目的物,完全在我,真所谓"无入而不自得"。有了这种精神生活,再来研究任何学问,还有什么不成? 那么,或有人说,宇宙既是没有圆满的时期,我们何不静止不作,好吗? 其实不然。人既为动物,便有动作的本能,穿衣吃饭,也是要动的。既是人生非动不可,我们就何妨就我们所喜欢做的,所认为当做的做下去? 我们最后的光明,固然是远在几千万年几万万年之后,但是我们的责任,不是叫一蹴而就的达到目的地;是叫我们的目的地,日近一日。我们的祖宗,尧,舜,禹,汤,孔,孟,……在他们的进行中,长的或跑了一尺,短的不过跑了数寸,积累而成,才有今日。我们现在无论是一寸半分,只要往前跑,才是。为现在及将来的人类受用,这都是不可逃的责任。孔子曰:"士不可以不弘毅;任重而道远。仁以为己任,不亦重乎? 死而后已,不亦远乎?"所以我们虽然晓得道远之不可致,还是要努力的到死而后已。故孔子是"知其不可而为之者"。正为其知其不可而为,所以生活上才含着春意。若是不然,先计较他可为不可为,那么,情志便系于外物,忧乐便关乎得失;或竟因为计较利害的原故,使许多应做的事,反而不做。这样,还哪里领略到生活的乐趣呢?

再其次,儒家是不承认人是单独可以存在的。故"仁"的社会,为儒家理想的大同社会。"仁"字,从二人;郑玄曰:"仁,相人偶也。"(《礼记注》)非人与人相偶,则"人"的概念不能成立。故孤行执异,绝非儒家所许。盖人格专靠各个自己,是不能完成。假如世界没有别人,我的人格,从何表现? 譬如全社会都是罪恶,我的人格受了传染和压迫,如何能健全? 由此可知人格是个共同的,不是孤零的。想自己的人格向上,惟一的方法,是要社会的人格向上。然而社会的人格,本是各个自己化合而成。想社会的人格向上,惟一的方法,又是要自己的人格向上。明白这个,意力和环境提携,便成进化的道理。所以孔子教人"己欲立，而立人；己欲达，而达人"。所谓立人达人，非立达别人之谓，乃立达人类之谓。彼我合组成人类，故立达彼，即是立达人类。立达人类，即是立达自己。更用"取譬"的方法，来体验这个达字，才算是"仁之方"。其他《论语》一书，讲仁字的，屡见不一见。儒家何其把仁字看得这么重要呢？即上面所讲的，儒家学问，专以研究"人之所以道"为本。明乎仁，人之所以道自见。孟子曰："仁也者，人也；合而言之，道也。"盖仁之概念，与人之概念相函，人者，通彼我而始得名。彼我通，乃得谓之仁。知乎人与人相通，所以我的好恶，即是人的好恶。我的精神中，同时也含有人的精神。不徒是现世的人为然，即如孔孟远在二千年前，他的精神，亦浸润在国民脑中不少。可见彼我相通，虽历百世不变。儒家从这一方面看得至深且切，而又能躬行实践，"无终食之间违仁"，这种精神，影响于国民性者至大。即此一分家业，我可以说真是全世界惟一无二的至宝。这绝不是用科学的方法可以研究得来的，要用内省的功夫，实行体验。体验而后，再为躬行实践，养成了这副美妙的仁的人生观，生趣盎然的向前进。无论研究什么学问，管许是兴致勃勃。孔子曰："仁者不忧"，就是这个道理。不幸汉以后这种精神便无人继续的弘发，人生观也渐趋于机械。八股制兴，孔子的真面目日失。后人日称"寻孔颜乐处"，究竟孔颜乐处在哪里？还是莫名其妙。我们既然诵法孔子，应该好好保存这分家私，——美妙的人生观——才不愧是圣人之徒啊！

此外我们国学的第二源泉，就是佛教。佛，本传于印度；但是盛于中国，现在大乘各派，五印全绝。正法一派，全在中国。欧洲人研究佛学的甚多，梵文所有的经典，差不多都翻出来。但向梵文里头求大乘，能得多少？我们自创的宗派，更不必论了。像我们的禅宗，真可算得应用的佛教，世间的佛教间的确是印度以外才能发生，的确是表现中国人的特质，叫出世法与入世法并行不悖。他所讲的宇宙精微，的确还在儒家之上。说宇宙流动不居，永无圆满，可说是与儒家相同。曰："一众生不成佛，我誓不成佛"，即孔子立人达人之意。盖宇宙最后目的，乃是求得一大人格实现之圆满相，绝非求得少数个人超拔的意思。儒佛所略不同的，就是一偏于现世的居多；一偏于出世的居多。至于它们的共同目的，都是愿世人精神方面，完全自由。现在自由二字，误解者不知多少。其实人类外界的束缚，他力的压迫，终有方法解除；最怕的是"心为形役"，自己做自己的奴隶。儒佛都用许多的话来教人，想叫把精神方面的自缚，解放净尽，顶天立地，成一个真正自由的人。这点，佛家弘发得更为深透，真可以说佛教是全世界文化的最高产品。这话，东西人士，都不能否认。此后全世界受用于此的正多，我们先人既辛苦的为我们创下这份产业，我们自当好好的承受。因为这是人生惟一安身立命之具，有了这种安身立命之具，再来就性之所近的，去研究一种学问，那么，才算尽了人生的责任。

诸君听了我这夜的演讲，自然明白我们中国文化，比世界各国并无逊色。那一般沉醉西风，说中国一无所有的人，自属浅薄可笑。《论语》曰："人虽欲自绝，其何伤于日月乎？多见其不知量也！"这边的诸同学，从不对于国学轻下批评，这是很好的现象。自然，我也闻听有许多人讽刺南京学生守旧，但是只要旧的是好，守旧又何足诟病？所以我很愿此次的讲演，更能够多多增进诸君以研究国学的兴味！

学问之趣味^①

　　我是个主张趣味主义的人：倘若用化学化分"梁启超"这件东西，把里头所含一种元素名叫"趣味"的抽出来，只怕所剩下仅有个 0 了。我以为：凡人必常常生活于趣味之中，生活才有价值。若哭丧着脸挨过几十年，那么，生命便成沙漠，要来何用？中国人见面最喜欢用的一句话："近来作何消遣？"这句话我听着便讨厌。话里的意思，好象生活得不耐烦了，几十年日子没有法子过，勉强找些事情来消他遣他。一个人若生活于这种状态之下，我劝他不如早日投海！我觉得天下万事万物都有趣味，我只嫌二十四点钟不能扩充到四十八点，不够我享用。我一年到头不肯歇息，问我忙什么？忙的是我的趣味。我以为这便是人生最合理的生活，我常常想运动别人也学我这样生活。

　　凡属趣味，我一概都承认他是好的。但怎么样才算"趣味"，不能下一个注脚。我说："凡一件事做下去不会生出和趣味相反的结果的，这件事便可以为趣味的主体。"赌钱趣味吗？输了怎么样？吃酒趣味吗？病了怎么样？做官趣味吗？没有官做的时候怎么样？……诸如此类，虽然在短时间内象有趣味，结果会闹到俗语说

---

① 原载 1922 年 8 月 12 日《时事新报·学灯》。

的"没趣一齐来",所以我们不能承认他是趣味。凡趣味的性质,总要以趣味始以趣味终。所以能为趣味之主体者,莫如下列的几项:一,劳作;二,游戏;三,艺术;四,学问。诸君听我这段话,切勿误会以为:我用道德观念来选择趣味。我不问德不德,只问趣不趣。我并不是因为赌钱不道德才排斥赌钱,因为赌钱的本质会闹到没趣,闹到没趣便破坏了我的趣味主义,所以排斥赌钱;我并不是因为学问是道德才提倡学问,因为学问的本质能够以趣味始以趣味终,最合于我的趣味主义条件,所以提倡学问。

学问的趣味,是怎么一回事呢? 这句话我不能回答。凡趣味总要自己领略,自己未曾领略得到时,旁人没有法子告诉你。佛典说的:"如人饮水,冷暖自知。"你问我这水怎样的冷,我便把所有形容词说尽,也形容不出给你听,除非你亲自呷一口。我这题目——学问之趣味,并不是要说学问如何如何的有趣味,只要如何如何便会尝得着学问的趣味。

诸君要尝学问的趣味吗? 据我所经历过的有下列几条路应走:

第一,"无所为"(为读去声):趣味主义最重要的条件是"无所为而为"。凡有所为而为的事,都是以别一件事为目的而以这件事为手段;为达目的起见勉强用手段,目的达到时,手段便抛却。例如学生为毕业证书而做学问,著作家为版权而做学问,这种做法,便是以学问为手段,便是有所为。有所为虽然有时也可以为引起趣味的一种方便,但到趣味真发生时,必定要和"所为者"脱离关系。你问我"为什么做学问?"我便答道:"不为什么。"再问,我便答道:"为学问而学问";或者答道:"为我的趣味。"诸君切勿以为我这些话掉弄虚机;人类合理的生活本来如此。小孩子为什么游戏?为游戏而游戏;人为什么生活? 为生活而生活。为游戏而游戏,游戏便有趣;为体操分数而游戏,游戏便无趣。

第二,不息:"鸦片烟怎样会上瘾?""天天吃。""上瘾"这两个字,和"天天"这两个字是离不开的。凡人类的本能,只要那部分阁久了不用,他便会麻木、会生锈。十年不跑路,两条腿一定会废了;每天跑一点钟,跑上几个月,一天不得跑时,腿便发痒。人类为理性的动物,"学问欲"原是固有本能之一种;只怕你出了学校便和学问告辞,把所有经管学问的器官一齐打落冷宫,把学问的胃弄坏了,便山珍海味摆在面前也不愿意动筷子。诸君啊!诸君倘若现在从事教育事业或将来想从事教育事业,自然没有问题,很多机会来培养你学问胃口。若是做别的职业呢?我劝你每日除本业正当劳作之外,最少总要腾出一点钟,研究你所嗜好的学问。一点钟那里不消耗了?千万别要错过,闹成"学问胃弱"的证候,白白自己剥夺了一种人类应享之特权啊!

第三,深入的研究:趣味总是慢慢地来,越引越多;像到吃甘蔗,越往下才越得好处。假如你虽然每天定有一点钟做学问,但不过拿来消遣消遣,不带有研究精神,趣味便引不起来。或者今天研究这样明天研究那样,趣味还是引不起来。趣味总是藏在深处,你想得着,便要人去。这个门穿一穿,那个窗户张一张,再不会看见"宗庙之美,百官之富",如何能有趣味?我方才说:"研究你所嗜好的学问",嗜好两个字很要紧。一个人受过相当的教育之后,无论如何,总有一两门学问和自己脾胃相合,而已经懂得大概可以作加工研究之预备的。请你就选定一门作为终身正业(指从事学者生活的人说)或作为本业劳作以外的副业。(指从事其他职业的人说)不怕范围窄,越窄越便于聚精神;不怕问题难,越难越便于鼓勇气。你只要肯一层一层的往里面追,我保你一定被他引到"欲罢不能"的地步。

第四，找朋友：趣味比方电，越摩擦越出。前两段所说，是靠我本身和学问本身相摩擦；但仍恐怕我本身有时会停摆，发电力便弱了。所以常常要仰赖别人帮助。一个人总要有几位共事的朋友，同时还要有几位共学的朋友。共事的朋友，用来扶持我的职业；共学的朋友和共顽的朋友同一性质，都是用来摩擦我的趣味。这类朋友，能够和我同嗜好一种学问的自然最好，我便和他研究。即或不然——他有他的嗜好，我有我的嗜好，只要彼此都有研究精神，我和他常常在一块或常常通信，便不知不觉把彼此趣味都摩擦出来了。得着一两位这种朋友，便算人生大幸福之一。我想只要你肯找，断不会找不出来。

　　我说的这四件事，虽然象是老生常谈，但恐怕大多数人都不曾会这样做。唉！世上人多么可怜啊！有这种不假外求不会蚀本不会出毛病的趣味世界，竟自没有几个人肯来享受！古书说的故事"野人献曝"；我是尝冬天晒太阳的滋味尝得舒服透了，不忍一人独享，特地恭恭敬敬的来告诉诸君。诸君或者会欣然采纳吧？但我还有一句话：太阳虽好，总要诸君亲自去晒，旁人却替你晒不来。

科学精神与东西文化[①]

一

今日我感觉莫大的光荣，得有机会在一个关系中国前途最大的学问团体——科学社的年会来讲演。但我又非常惭愧而且惶恐，像我这样对于科学完全门外汉的人，怎样配在此讲演呢？这个讲题——"科学精神与东西文化"，是本社董事部指定要我讲的。我记得科举时代的笑话：有些不通秀才去应考，罚他先饮三斗墨汁，预备倒吊着滴些墨点出来。我今天这本考卷，只算倒吊着滴墨汁，明知一定见笑大方。但是句句话都是表示我们门外汉对于门内的"宗庙之美，百官之富"如何欣羡、如何崇敬、如何爱恋的一片诚意。我希望国内不懂科学的人或是素来看轻科学、讨厌科学的人听我这番话得多少觉悟，那么，便算我个人对于本社一点贡献了。

近百年来科学的收获如此其丰富：我们不是鸟，也可以腾空；不是鱼，也可以入水；不是神仙，也可以和几百千里外的人答话……诸如此类，哪一件不是受科学之赐？任凭怎么顽固的人，谅来"科学无用"这句话，再不会出诸口了。然而中国为什么直到今

---

① 原载 1922 年 8 月 23 日《时事新报·学灯》。

日还得不着科学的好处？直到今日依然成为"非科学的国民"呢？我想，中国人对于科学的态度，有根本不对的两点：

其一，把科学看得太低了，太粗了。我们几千年来的信条，都说的："形而上者谓之道，形而下者谓之器""德成而上，艺成而下"这一类话。多数人以为：科学无论如何高深，总不过属于艺和器那部分，这部分原是学问的粗迹，懂得不算稀奇，不懂得不算耻辱。又以为：我们科学虽不如人，却还有比科学更宝贵的学问——什么超凡入圣的大本领，什么治国平天下的大经纶，件件都足以自豪；对于这些粗浅的科学，顶多拿来当一种补助学问就够了。因为这种故见横亘在胸中，所以从郭筠仙、张香涛这班提倡新学的先辈起，都有两句自鸣得意的话，说什么"中学为体，西学为用"。这两句话现在虽然没有从前那么时髦了，但因为话里的精神和中国人脾胃最相投合，所以话的效力，直到今日，依然为变相的存在。老先生们不用说了，就算这几年所谓新思潮所谓新文化运动，不是大家都认为蓬蓬勃勃有生气吗？试检查一检查他的内容，大抵最流行的莫过于讲政治上、经济上这样主义那样主义，我替他起个名字叫做西装的治国平天下大经纶；次流行的莫过于讲哲学上、文学上这种精神那种精神，我也替他起个名字叫做西装的超凡入圣大本领。至于那些脚踏实地平淡无奇的科学，试问有几个人肯去讲求？学校中能够有几处像样子的科学讲座？有了，几个人肯去听？出版界能够有几部有价值的科学书、几篇有价值的科学论文？有了，几个人肯去读？我固然不敢说现在青年绝对的没有科学兴味，然而兴味总不如别方面浓。须知，这是积多少年社会心理遗传下来，对于科学认为"艺成而下"的观念，牢不可破。直到今日，还是最爱说空话的人最受社会欢迎。做科学的既已不能如别种学问之可以速成，而又不为社会所尊重，谁肯埋头去学他呢？

其二，把科学看得太呆了，太窄了。那些绝对的鄙厌科学的人且不必责备，就是相对的尊重科学的人，还是十个有九个不了解科学性质。他们只知道科学研究所产结果的价值，而不知道科学本身的价值；他们只有数学、几何学、物理学、化学……等等概念，而没有科学的概念。他们以为学化学便懂化学，学几何便懂几何；殊不知并非化学能教人懂化学，几何能教人懂几何，实在是科学能教人懂化学和几何。他们以为只有化学、数学、物理、几何……等等才算科学，以为只有学化学、数学、物理、几何……等等才用得着科学；殊不知所有政治学、经济学、社会学……等等只要够得上一门学问的没有不是科学，我们若不拿科学精神去研究，便做那一门子学问也做不成。中国人因为始终没有懂得"科学"这个字的意义，所以五十年前很有人奖励学制船、学制炮，却没有人奖励科学；近十几年学校里都教的数学、几何、化学、物理，但总不见教会人做科学；或者说：只有理科工科的人们才要科学，我不打算当工程师，不打算当理化教习，何必要科学？中国人对于科学的看法大率如此。

我大胆说一句话：中国人对于科学这两种态度倘若长此不变，中国人在世界上便永远没有学问的独立；中国人不久必要成为现代被淘汰的国民。

二

科学精神是什么？我姑从最广义解释："有系统之真智识，叫做科学；可以教人求得有系统之真智识的方法，叫做科学精神。"这句话要分三层说明：

第一层，求真智识：智识是一般人都有的，乃至连动物都有；科学所要给我们的，就争一个真字。一般人对于自己所认识的事物，很容易便信以为真；但只要用科学精神研究下来，越研究便越觉求真之难。譬如说"孔子是人"，这句话不消研究，总可以说是真，因为人和非人的分别是很容易看见的。譬如说"老虎是恶兽"，这句话真不真便待考了。欲证明他是真，必要研究兽类具备某种某种性质才算恶，看老虎果曾具备了没有？若说老虎杀人算是恶，为什么人杀老虎不算恶？若说杀同类是恶，只听见有人杀人，从没听见老虎杀老虎，然则人容或可以叫做恶兽，老虎却绝对不能叫做恶兽了。譬如说"性是善"或说"性是不善"，这两句话真不真，越发待考了。到底什么叫做"性"，什么叫做"善"，两方面都先要弄明白，倘如孟子说的性咧，情咧，才咧，宋儒说的义理咧，气质咧，闹成一团糟，那便没有标准可以求真了。譬如说"中国现在是共和政治"，这句话便很待考：欲知他真不真，先要把共和政治的内容弄清楚，看中国和他合不合。譬如说"法国是共和政治"，这句话也待考：欲知他真不真，先要问"法国"这个字所包范围如何，若安南也算法国，这句话当然不真了。看这几个例，便可以知道：我们想对于一件事物的性质得有真知灼见，很是不容易；要钻在这件事物里头去研究，要绕着这件事物周围去研究，要跳在这件事物高头去研究，种种分析研究结果，才把这件事物的属性大略研究出来，算是从许多相类似容易混淆的个体中，发现每个个体的特征。换一个方向，把许多同有这种特征的事物，归成一类，许多类归成一部，许多部归成一组，如是综合研究的结果，算是从许多各自分离的个体中发现出他们相互间的普遍性。经过这种种工夫，才许你开口说"某件事物的性质是怎么样"。这便是科学第一件主要精神。

第二层，求有系统的真智识：智识不但是求知道一件一件事物便了，还要知道这件事物和那件事物的关系；否则零头断片的智识全没有用处。知道事物和事物相互关系，而因此推彼，得从所已知求出所未知，叫做有系统的智识。系统有二：一竖，二横。横的系统，即指事物的普遍性——如前段所说。竖的系统，指事物的因果律——有这件事物，自然会有那件事物；必须有这件事物，才能有那件事物；倘若这件事物有如何如何的变化，那件事物便会有或才能有如何如何的变化；这叫做因果律。明白因果，是增加新智识的不二法门，因为我们靠他才能因所已知推见所未知；明白因果，是由智识进到行为的向导，因为我们预料结果如何，可以选择一个目的做去。虽然因果是不轻容易谈的：第一，要找得出证据；第二，要说得出理由。因果律虽然不能说都要含有"必然性"，但总是愈逼近"必然性"愈好；最少也要含有很强的"盖然性"；倘若仅属于"偶然性"的便不算因果律。譬如说："晚上落下去的太阳，明早上一定再会出来"，说："倘若把水煮过了沸度，他一定会变成蒸汽"，这等算是含有必然性；因为我们积千千万万回的经验，却没有一回例外；而且为什么如此，可以很明白的说出理由来。譬如说："冬间落去的树叶明年春天还会长出来"，这句话便待考；因为再长出来的并不是这块叶，而且这树也许碰着别的变故再也长不出叶来。譬如说："西边有虹霓，东边一定有雨"，这句话越发待考；因为虹霓不是雨的原因，他是和雨同一个原因，或者还是雨的结果。翻过来说："东边有雨，西边一定有虹霓"，这句话也待考；因为雨虽然可以为虹霓的原因，却还须有别的原因凑拢在一处，虹霓才会出来。譬如说："不孝的人要着雷打"，这句话便大大待考；因为虽然我们也曾听见某个不孝着雷，但不过是偶然的一回，许多不孝的人不见得都着雷，许多着雷的东西不见得都不孝；而且宇宙间有个雷公会专打不孝人，这些理由完全说不出来。譬如说："人死会变鬼"，这句话越发大大待考；因为从来得不着绝对的证据，而且绝对的说不出理由。譬如说："治极必乱，乱极必治"，这句话便很要待考；因为我们从中国历史上虽然举出许多前例,但说治极是乱的原因,乱极是治的原因,无论如何,总说下去。譬如说:"中国行了联省自治制后一定会太平",这话也待考;因为联省自治虽然有致太平的可能性,无奈我们未曾试过。看这些例,便可知我们想应用因果律求得有系统的智识,实在不容易。总要积无数的经验——或照原样子继续忠实观察,或用人为的加减改变试验,务找出真凭实据,才能确定此事物与彼事物之关系。这还是第一步。再进一步,凡一事物之成毁,断不止一个原因,知道甲和乙的关系还不够,又要知道甲和丙、丁、戊……等等关系;原因之中又有原因,想真知道乙和甲的关系,便须先知道乙和庚、庚和辛、辛和壬……等等关系。不经过这些工夫,贸贸然下一个断案说某事物和某事物有何等关系,便是武断,便是非科学的。科学家以许多有证据的事实为基础,逐层看出他们的因果关系,发明种种含有必然性或含有极强盖然性的原则;好像拿许多结实麻绳织组成一张网。这网愈织愈大,渐渐的涵盖到这一组智识的全部,便成了一门科学。这是科学第二件主要精神。

第三层,可以教人的智识:凡学问有一个要件,要能"传与其人"。人类文化所以能成立,全由于一人的智识能传给多数人,一代的智识能传给次代。我费了很大的工夫得一种新智识,把他传给别人,别人费比较小的工夫承受我的智识之全部或一部,同时腾出别的工夫又去发明新智识,如此教学相长,递相传授,文化内容自然一日一日的扩大。倘若智识不可以教人,无论这项智识怎样的精深博大,也等于"人亡政息",于社会文化绝无影响。中国凡百学问,都带一种"可以意会不可以言传"的神秘性,最足为智识扩大之障碍。例如医学,我不敢说中国几千年没有发明,而且我还信得过确有名医,但总没有法传给别人,所以今日的医学,和扁鹊、仓公时代一样,或者还不如。又如修习禅观的人,所得境界,或者真是圆满庄严，但只好他一个人独享，对于全社会文化竟不发生丝毫关系。中国所有学问的性质，大抵都是如此。这也难怪，中国学问，本来是由几位天才绝特的人"妙手偶得"——本来不是按部就班的循着一条路去得着，何从把一条应循之路指给别人？科学家恰恰相反，他们一点点智识，都是由艰苦经验得来。他们说一句话总要举出证据，自然要将证据之如何搜集、如何审定一概告诉人。他们主张一件事总要说明理由，理由非能够还原不可，自然要把自己思想经过的路线，顺次详叙。所以别人读他一部书或听他一回讲义，不惟能够承受他研究所得之结果，而且一并承受他如何能研究得此结果之方法，而且可以用他的方法来批评他的错误。方法普及于社会，人人都可以研究，自然人人都会有发明。这是科学第三件主要精神。

<h1 style="text-align:center">三</h1>

　　中国学术界因为缺乏这三种精神，所以生出如下之病证：

　　一、笼统。标题笼统——有时令人看不出他研究的对象为何物。用语笼统——往往一句话容得几方面解释。思想笼统——最爱说大而无当不着边际的道理，自己主张的是什么，和别人不同之处在那里，连自己也说不出。

　　二、武断。立说的人，既不必负找寻证据说明理由的责任，判断下得容易，自然流于轻率。许多名家著述，不独违反真理而且违反常识的，往往有有。既已没有讨论学问的公认标准，虽然判断谬误，也没有人能驳他；谬误便日日侵蚀社会人心。

　　三、虚伪。武断还是无心的过失。既已容许武断，便也容许虚伪。虚伪有二：一，语句上之虚伪，如隐匿真证杜撰假证或曲说理由等等。二，思想内容之虚伪，本无心得，貌为深秘，欺骗世人。

四、因袭。把批评精神完全消失，而且没有批评能力，所以一味盲从古人，剽窃些绪余过活。所以思想界不能有弹力性随着时代所需求而开拓，倒反留着许多沈淀废质在里头为营养之障碍。

　　五、散失。间有一两位思想伟大的人，对于某种学术有新发明，但是没有传授与人的方法，这种发明，便随着本人的生命而中断。所以他的学问，不能成为社会上遗产。

　　以上五件，虽然不敢说是我们思想界固有的病证，这病最少也自秦汉以来受了二千年。我们若甘心抛弃文化国民的头衔，那更何话可说？若还舍不得吗？试想！二千年思想界内容贫乏到如此，求学问的途径榛塞到如此，长此下去，何以图存？想救这病，除了提倡科学精神外没有第二剂良药了。

　　我最后还要补几句话：我虽然照董事部指定的这个题目讲演，其实科学精神之有无，只能用来横断新旧文化，不能用来纵断东西文化。若说欧美人是天生成科学的国民，中国人是天生成非科学的国民，我们可绝对的不能承认。拿我们战国时代和欧洲希腊时代比较，彼此都不能说是有现代这种崭新的科学精神，彼此却也没有反科学的精神。秦汉以后，反科学精神弥漫中国者二千年，罗马帝国以后，反科学精神弥漫于欧洲者也一千多年。两方比较，我们隋唐佛学时代，还有点"准科学的"精神不时发现，只有比他们强，没有比他们弱。我所举五种病证，当他们教会垄断学问时代，件件都有。直到文艺复兴以后，渐渐把思想界的健康恢复转来，所谓科学者，才种下根苗；讲到枝叶扶疏，华实烂漫，不过最近一百年内的事。一百年的先进后进，在历史上值得计较吗？只要我们不讳疾忌医，努力服这剂良药，只怕将来升天成佛未知谁先谁后哩！我祝祷科学社能做到被国民信任的一位医生；我祝祷中国文化添入这有力的新成分再放异彩！

什么是文化^①

　　"什么是文化?"这个定义真是不容易下。因为这类抽象名词,都是各家学者各从其所抽之象而异其概念,所以往往发生聚讼。何况"文化"这个概念,原是很晚出的,从翁特(Wundt)和立卡儿特(Rickert)以后,才算成立,他的定义,只怕还没有讨论到彻底哩。我现在也不必征引辨驳别家学说,径提出我的定义来。是:

　　"文化者,人类心能所开积出来之有价值的共业也。"

　　"共业"两个字,用的是佛家术语。"业"是什么呢? 我们所有一切身心活动,都是一刹那一刹那的飞奔过去,随起随灭,毫不停留。但是每活动一次,他的魂影便永远留在宇宙间,不能磨灭。勉强找个比方:就像一个老宜兴茶壶,多泡一次茶,那壶的内容便生一次变化。茶吃完了,茶叶倒去了,洗得干干净净,表面上看来什么也没有;然而茶的"精"渍在壶内,第二次再泡新茶,前次渍下的茶精便起一番作用,能令茶味更好。茶之随泡随倒随洗,便是活动的起灭;渍下的茶精便是业。茶精是日渍日多,永远不会消失的,除非将壶打碎。这叫做业力不灭的公例。

---

　　①　原载 1922 年 12 月 1 日《晨报副镌》。

在这种不灭的业力里头,有一部分我们叫他做"文化"。(这个比方,自然不能确切,因为拿死的茶壶比活的人,如何会对呢?不过为学者容易构成观念起见,找个近似的做引线罢了。)

茶壶是死的,呆的,各归各的,这个壶渍下的茶精,不能通到那个壶。人类不然,活的,整个的,相通的。一个人的活动,势必影响到人;而且跑得像电子一般快,立刻波荡到他所属的社会乃至人类全体。活动流下来的魂影,本人渍得最深,大部分遗传到他的今生、他生或他的子孙,永不磨灭,是之谓"别业"。还有一部分,像细雾一般,霏洒在他所属的社会乃至全宇宙,也是永不磨灭,是之谓"共业"。又叫做业力周遍的公例。文化是共业范围内的东西。因为通不到旁人的"别业",便与组织文化的网子无关了。但还有一点应当注意:共业是实在的,整个的。虽然可以说是由许多别业融化而成,但决不是把许多别业加起来凑成。

文化是共业之一部;但共业之全部并非都是文化。文化非文化,当以有无价值为断。然则价值又是什么呢?凡事物之"自然而然如此"或"不能不如此"者,则无价值之可评;即评,也是白评。可以如此可以不如此而我们认为应该如此,这是经我们评定选择之后才发生出来的价值;认为应该如此,就做到如此,便是我们得着的价值。由此言之,必须人类自由意志选择且创造出来的东西才算有价值。自由意志所无如之何的东西,我们便没有法子说出他的价值。我们拿价值有无做标准来看宇宙间事物,可以把他们划然分为两系;一是自然系,二是文化系。自然系是因果法则所支配的领土,文化系是自由意志所支配的领土。

人类活动,有一部分是与文化系无关的。依我的见解,人类活动之方式及其所属系统,应表示如下:

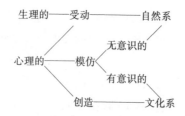

　　生理上的受动,如饥则食,渴则饮,疲倦则休息,乃至血管运行渣液排泄等等,心理上的受动,如五官接物则有感觉,有感觉则有印象有记忆等等;这都是不得不然的理法,与天体运行物质流转性质相同,全属自然界现象,其与文化系无关,自不待言。再进一步,则心理作用中之无意识的模仿,如衣服的款式常常变迁,如两个人相处日子久了,彼此的言语动作有一部分互相传染,这都是"自然而然如此",也与文化系无关。就全社会活动而论,也有属于这类的。例如社会在某种状态之下,人口当然会增殖;在某种状态之下,当然会斗争或战争;乃至在某种状态之下,当然发生某种特殊阶级;这都是拿因果法则推算得出来的。换一句话说,这是生物进化的通则,并非人类所独有,所以不能归入文化范围内。

　　人类所以独称为文化的动物者,全在其能创造且能为有意识的模仿。创造怎么解呢?

　　"创造者,人类以自己的自由意志选定一个自己所想要到达的地位,便用自己的'心能'闯进那地位去。"

　　假如人类没有了这种创造的意志和力量,那么,一部历史,将如河岸上沙痕,一层一层的堆积上去,经几千几万年都是一样;我们也可以算定他明年如何后年如何乃至百千万年后如何。然而人类决不如此,他的自由意志怎样的发动和发动方向如何,不惟旁人猜不着,乃至连他自己今天也猜不着明天怎么样,这一秒钟也猜不着后一秒钟怎么样。他是绝对不受任何因果律之束缚限制,时时刻刻可以为不断的发动,便时时刻刻可以为不断的创造。人类能对于自然界宣告独立开拓出所谓文化领域者,全靠这一点。创造的概念,大略如右。但仍须注意者四点:

(一)创造不必定在当时此地发生效果。所以有在此时创造,到几百年后才看见结果的。例如孔子的创造力,到汉以后才表见,或者从今日以后才表见。亦有在此处创造,结果不见于此处而见于彼处者。例如基督的创造力,在犹太看不出,在罗马才看得出。要之一切创造,都循"业力周遍不灭"的公例,超越时间空间,永远普遍的存在。

(二)创造的效果,不必定和创造人所期待者同其内容。例如清教徒到美洲,原只为保持信仰自由,结果会创建美国。汉武帝通西域,原只为防御匈奴,结果会促成中印交通。这是什么缘故呢?因为一个创造,常常引起第二第三个创造。所以也可以说创造能率是累进的。

(三)创造是永不会圆满的。这句话怎么讲呢?凡一件事物到完成的时候,便是创造力停止的时候。譬如这张桌子,完全造成后放在这里,还有什么创造?创造的工夫,一定要在未有桌子或未成桌子之时。(这些譬喻总不能贴切,万勿拘泥。)桌子是死的,有完成的那一天,所以经过一个期间,创造便停止。人类文化是活的,永远没有完成的那一天,所以永远容得我们创造,亦正惟因此之故,从事创造者,只能以"部分的""不圆满的"自甘。

(四)创造是不能和现境距离很远的。创造的动机,总是因为对于现在的环境不满意或不安心,想另外开拓出一种新环境来。所以创造必与现境生距离,其理易明。但这种距离,是不容太远而且不会太远的;太远便引不起创造或创造不成。创造者总是以他所处的现境为立脚点,前走一步或两步。换一句话说,是:在不圆满的宇宙中间，一寸二寸的向圆满理想路上挪去。

以上算把创造的性质大略解释明白了，跟着还要说说"模仿"的性质。我们既已晓得创造之可贵，提到模仿，便认为创造的反面，像是很不值钱的。这种见解却错了。模仿分为有意识无意识两种。无意识的模仿，自然没有什么价值，前文曾经说过。现在所讲，专指有意识的模仿。依我看：

"模仿是复性的创造。有模仿才有共业。"

"复"有两义：一是个体的复集，二是时间的复现。假如人类没有这两种性能，那么，虽然有很大的创造，也只是限于一时，连"业"也不能保持；或者限于一人，只能造成"别业"；如何会有文化呢？须知无论创造力若何伟大之人（例如孔子、释迦），总不能没有他所依的环境；既有所依的环境，自然对于环境（固有的文化）有所感受；感受即是模仿的资粮。所以严格说来，无论何种创造行为中，都不能绝对的不含有模仿的成分。这是说创造以前的事。创造以后呢？一方面自己将所创造者常常为心理的复现，令创造的内容越加丰富确实；一方面熏感到别人，被熏感的人，把那新创造的吸收到他的"识阈"中，形成他的"心能"之一部分，加工协造。这两种作用，都是模仿，内中第二种尤为重要。

凡有意识的模仿，都是经过自由意志选择才发生的，所以他的本质，已经是和创造同类。尤当注意者：凡模仿的活动，必不能与所模仿者丝毫都吻合。因为所模仿的对象经过能模仿者的"识阈"，当然起多少化学作用，当然有若干之修正或蜕变。所以严格说来，无论何种模仿行为中，又不能绝对的不含有创造的成分。因此也可以说："模仿是群众体的创造。"明白这种意味，方才知道所谓"民族心"所谓"时代精神"者作何解。

人类有创造模仿两种"心能"，都是本着他的自由意志，不断的自动互发。因以"开拓"其所欲得之价值，而"积厚"其所已得之价值。随开随积，随积随开，于是文化系统以成。所以说："文化者，人类心能所开积出来之有价值的共业也。"

以上所说，把"文化"的观念，略已确定；还要附带着一审查文化之内容。依我说：

"文化是包含人类物质精神两面的业种业果而言。"

文化是人类以自由意志选定价值凭自己的心能开积出来，以进到自己所想站的地位，既如前述。价值选定，当然要包含物质精神两面。人类欲望最低限度，至少也想到"利用厚生"；为满足这类欲望，所以要求物质的文化如衣食住及其他工具等之进步。但欲望决不是如此简单便了，人类还要求秩序，求愉乐，求安慰，求拓大；为满足这类欲望，所以要求精神的文化如言语、伦理、政治、学术、美感、宗教等。这两部分拢合起来，便是文化的总量。

说到这里，要把业种业果两语先为解释一下：这也是用的佛家术语。"种"即种子，"果"即果实。一棵树是由很微细的一粒种子发生出来，这粒种子，含有无限创造力，不断的长，长，长，开枝，发叶，放花，结果；到结成满树果实时，便是创造力成了结晶体，便算"一期的创造"暂作结束。但只要这棵树不死，他的创造力并不消灭，还跟着有第二第三乃至无数期的创造。一面那果实里头，又含有种子。碰着机会，又从新发出创造力来，也是一期二期……的不断。如是一个种生无数个果，果又生种，种又生果，一层一层的开积出去。人类活动所组成的文化之网，正是如此。

但此中有一点万不可以忘记：业果成熟时，便是一期创造的结束。现在请归到文化本题来说明此理：人类用创造或模仿的方式开积文化，那创造心模仿心及其表现出来的活动便是业种，也可以说是文化种。活动一定有产出来的东西，产出来的东西一定有实在体。换一句话说：创造力终须有一日变成"结晶"。这种结晶，便是业果，也可以说是文化果。文化种与文化果有很不同的性质：文化种是活的，文化果是呆的。试举其例：科学发明是业种，是活的；用那发明来造成的机器是业果，是呆的。人权运动是业种，是活的；运动产生出来的宪法是业果，是呆的。美感是业种，是活的；美感落到字句上成一首诗，落到颜色上成一幅画，是业果，是呆的。所以我说创造不会圆满，圆满时创造便停。业果成熟，便是活力变成结晶，便是一期的创造圆满而停息。就这一点论，很可以拿珊瑚岛作个譬喻：海底的珊瑚，刻刻不停地在那里活动，我们不知道他有目的没有；假使有目的，可以说他想创造珊瑚岛。但是到珊瑚岛造成时，他本身却变作灰石。文化到了结晶成果的时候，便有这种气象。所以已成的文化果是不容易改变的；停顿久了，那僵质也许成为活动的障碍物。但人类文化果，究竟不能拿珊瑚岛作比。因为珊瑚变成灰石之后，灰石里头，便一毫活力也没有。人类文化果不然，正如刚才说的树上果实，果中含有种子，所以能够从文化果中熏发文化种，从新创造起来。人性中不可思议的神秘，都在这一点。

今请将文化内容的总量列一张表作结：

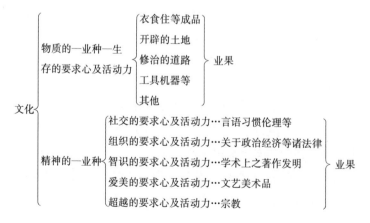

学与术①

　　吾国向以学术二字相连属为一名辞，《礼记·乡饮酒义》云"古之学术道者"，《庄子天下》篇云"天下之治方术者多矣"，又云"古之所谓道术者，恶乎在"②。凡此所谓"术"者即学也。)惟《汉书·霍光传赞》，称光"不学无术"，学与术对举始此。近世泰西，学问大盛，学者始将学与术之分野，厘然画出，各勤厥职以前民用。试语其概要，则学也者，观察事物而发明其真理者也；术也者，取所发明之真理而致诸用者也。例如以石投水则沉，投以木则浮。观察此事实，以证明水之有浮力，此物理学也；应用此真理以驾驶船舶，则航海术也。研究人体之组织，辨别各器官之机能，此生理学也；应用此真理以疗治疾病，则医术也。学与术之区分及其相关系，凡百皆准此。善夫生计学大家倭儿格之言也，曰："科学(英 Science 德 Wissenschaft)也者，以研索事物原因结果之关系为职志者也，事物之是非良否非所问；彼其所务者，则就一结果以探索其所由来，就一原因以推断其所究极而已。术(英 Art 德 Kunst)则反是。或有所欲焉者而欲致之，或有所恶焉者而欲避之，乃研究致之避之之策以何为适当，而利用科学上所发明之原理

---

① 原载 1911 年 6 月《国风报》第 2 卷第 15 期。
② "恶乎在"上原有"果"字。

原则以施之于实际者也。由此言之,学者术之体,术者学之用。二者如辅车相依而不可离。学而不足以应用于术者,无益之学也;术而不以科学上之真理为基础者,欺世误人之术也。"

倭氏之言如此,读此而中外得失之林可以见矣。我国之敝,其一则学与术相混,其二则学与术相离。学混于术,则往往为一时私见所蔽,不能忠实以考求原理原则;术混于学,则往往因一事偶然之成败,而胶柱以用诸他事。离术言学,故有如考据帖括之学,白首矻矻,而丝毫不能为世用也;离学言术,故有如今之言新政者,徒袭取他人之名称,朝颁一章程,暮设一局所,曾不知其所应用者为何原则,徒治丝而棼之也。知我国之受敝在是,则所以救敝者其必有道矣。

近十余年来,不悦学之风,中于全国,并前此所谓无用之学者,今且绝响,吾无取更为纠正矣。而当世名士之好谈时务者,往往轻视学问,见人有援据学理者,动斥为书生之见。此大不可也。夫学者之职,本在发明原理原则以待人用耳;而用之与否,与夫某项原则宜适用于某时某事,此则存乎操术之人。必责治学者以兼之,甚无理也。然而操术者视学为不足轻重,则其不智亦甚矣。今世各科学中,每科莫不各有其至精至确之原则若干条;而此种原则,大率皆经若干人之试验,累若干次之失败,然后有心人乃参伍错综以求其原因结果之关系,苦思力索而乃得之者也。故遵之者则必安荣,犯之者则必凋悴,盖有放诸四海而皆准,俟诸百世而不惑者。试举其一二。例如言货币者有所谓格里森原则,谓恶货币与良货币并行,则良者必为恶者所驱逐。此一定之理,凡稍治生计学者皆能知之。而各国之规定币制者,盖莫敢犯之也。而我国当局,徒以乏此学识,乃至滥铸铜元以痛毒至今矣。例如银行不能发无准备金之纸币,不能发无存款之空票,放款与人,最忌以不动产为抵押。

此亦稍习银行学者所能知而莫敢犯也。而我国以上下皆乏此学识，故大清银行及各私立银行纷纷不支矣。例如租税以负担公平为原则，苟税目选择不谨，或税率轻重失宜，则必涸竭全国税源，而国与民交受其敝。此亦凡稍治财政学者所能知而莫敢犯也。而我国当局徒以乏此学识，乃至杂税烦苛，民不聊生，而国库亦终不能得相当之收入矣。凡此不过略举数端，而其他措施，罔不例是。夫当局苟实心任事，则误之于始者，虽未尝不可以补救之于终，然及其经验失败而始谋补救，则中间之所损失，不已多乎！而况乎其一败涂地未从补救者，又往往而有也；又况乎其补救之策，亦未必遂得当，而或且累失败以失败也。实则此种失败之迹，他国前史，固已屡见。曾经无量数达人哲士，考求其因果关系，知现在造某因者，将来必产某果，为事万无可逃。见现在有某果，知其必为前此某因所演成，而欲补救之，则亦惟循一定之涂轨，丝毫不容假借。凡此者，在前人经几许之岁月，耗几许之精力，供几许之牺牲，乃始发明之以著为实论；后人则以极短之晷刻，读其书，受其说，而按诸本国时势，求用其所宜而避其所忌，则举而措之裕如矣。此以视冥行踯躅、再劳试验、再累挫败然后悟其得失者，岂止事半功倍之比例而已哉！夫空谈学理者，犹饱读兵书而不临阵，死守医书而不临症，其不足恃，固也；然坐是而谓兵书、医书之可废，得乎？故吾甚望中年以上之士大夫现正立于社会上而担任各要职者，稍分其繁忙之晷刻，以从事乎与职务有关系之学科。吾岂欲劝人作博士哉？以为非是则体用不备，而不学无术之讥，惧终不能免耳。

三十自述[①]

"风云入世多,日月掷人急。如何一少年,忽忽已三十。"此余今年正月二十六日在日本东海道汽车中所作《三十初度口占十首》之一也。人海奔走,年光蹉跎,所志所事,百未一就,揽镜据鞍,能无悲惭?擎一既结集其文,复欲为作小传。余谢之曰:"若某之行谊经历,曾何足有记载之一值。若必不获已者,则人之知我,何如我之自知?吾死友谭浏阳曾作《三十自述》,吾毋宁效颦焉。"作《三十自述》。

余乡人也。于赤县神州,有当秦汉之交,屹然独立群雄之表数十年,用其地与其人,称蛮夷大长,留英雄之名誉于历史上之一省;于其省也,有当宋元之交,我黄帝子孙与北狄异种血战不胜,君臣殉国,自沈崖山,留悲愤之记念于历史上之一县。是即余之故乡也。乡名熊子,距崖山七里强,当西江入南海交汇之冲。其江口列岛七,而熊子宅其中央,余实中国极南之一岛民也。先世自宋末由福州徙南雄,明末由南雄徙新会,定居焉,数百年栖于山谷。族之伯叔兄弟,且耕且读,不问世事,如桃源中人。顾闻父老口碑所述,吾大王父最富于阴德,力耕所获,一粟一帛,辄以分惠诸族党之无

---

① 原载《饮冰室文集》,何天柱编,广智书局1903年3月版。

告者。王父讳维清,字镜泉,为郡生员,例选广文,不就。王母氏黎。父名宝瑛,字莲涧,夙教授于乡里。母氏赵。

余生同治癸酉正月二十六日,实太平国亡于金陵后十年,清大学士曾国藩卒后一年,普法战争后三年,而意大利建国罗马之岁也。生一月而王母黎卒。逮事王父者十九年。王父及见之孙八人,而爱余尤甚。三岁仲弟启勋生,四五岁就王父及母膝下授四子书、《诗经》,夜则就睡王父榻,日与言古豪杰哲人嘉言懿行,而尤喜举亡宋、亡明国难之事,津津道之。六岁后,就父读,受中国略史,五经卒业。八岁学为文,九岁能缀千言。十二岁应试学院,补博士弟子员,日治帖括,虽心不慊之,然不知天地间于帖括外,更有所谓学也,辄埋头钻研。顾颇喜词章,王父、父母时授以唐人诗,嗜之过于八股。家贫无书可读,惟有《史记》一、《纲鉴易知录》一,王父、父日以课之,故至今《史记》之文,能成诵者八九。父执有爱其慧者,赠以《汉书》一、姚氏《古文辞类纂》一,则大喜,读之卒业焉。父慈而严,督课之外,使之劳作,言语举动稍不谨,辄呵斥不少假借,常训之曰:“汝自视乃如常儿乎?”至今诵此语不敢忘。十三岁始知有段、王训诂之学,大好之,渐有弃帖括之志。十五岁,母赵恭人见背,以四弟之产难也。余方游学省会,而时无轮舶,奔丧归乡,已不获亲含殓,终天之恨,莫此为甚。时肄业于省会之学海堂,堂为嘉庆间前总督阮元所立,以训诂词章课粤人者也。至是乃决舍帖括以从事于此,不知天地间于训诂、词章之外,更有所谓学也。己丑,年十七,举于乡,主考为李尚书端棻、王镇江仁堪。年十八计偕入京师,父以其稚也,挈与偕行,李公以其妹许字焉。下第归,道上海,从坊间购得《瀛环志略》,读之,始知有五大洲各国,且见上海制造局译出西书若干种,心好之,以无力不能购也。

其年秋,始交陈通甫。通甫时亦肄业学海堂,以高才生闻。既而通甫相语曰："吾闻南海康先生上书请变法，不达，新从京师归，吾往谒焉。其学乃为吾与子所未梦及，吾与子今得师矣。"于是乃因通甫修弟子礼，事南海先生。时余以少年科第，且于时流所推重之训诂、词章学，颇有所知，辄沾沾自喜。先生乃以大海潮音，作狮子吼，取其所挟持之数百年无用旧学更端驳诘，悉举而摧陷廓清之。自辰入见，及戌始退，冷水浇背，当头一棒，一旦尽失其故垒，惘惘然不知所从事，且惊且喜，且怨且艾，且疑且惧，与通甫联床竟夕不能寐。明日再谒，请为学方针，先生乃教以陆王心学，而并及史学、西学之梗概。自是决然舍去旧学，自退出学海堂，而间日请业南海之门。生平知有学自兹始。

辛卯，余年十九，南海先生始讲学于广东省城长兴里之万木草堂，徇通甫与余之请也。先生为讲中国数千年来学术源流，历史政治，沿革得失，取万国以比例推断之。余与诸同学日札记其讲义，一生学问之得力，皆在此年。先生又常为语佛学之精奥博大，余夙根浅薄，不能多所受。先生时方著《公理通》《大同学》等书，每与通甫商榷，辨析入微，余辄侍末席，有听受，无问难，盖知其美而不能通其故也。先生著《新学伪经考》，从事校勘；著《孔子改制考》，从事分纂。日课则《宋元明儒学案》、"二十四史"、《文献通考》等，而草堂颇有藏书，得恣涉猎，学稍进矣。其年始交康幼博。十月，入京师，结婚李氏。明年壬辰，年二十，王父弃养。自是学于草堂者凡三年。

甲午，年二十二，客京师，于京国所谓名士者多所往还。六月，日本战事起，惋愤时局，时有所吐露，人微言轻，莫之闻也。顾益读译书，治算学、地理、历史等。明年乙未，和议成，代表广东公车百九十人，上书陈时局。既而南海先生联公车三千人，上书请变法，余亦从其后奔走焉。其年七月，京师强学会开，发起之者，为南海先生，赞之者为郎中陈炽，郎中沈曾植，编修张孝谦，浙江温处道袁世凯等。余被委为会中书记员。不三月，为言官所劾，会封禁。而余居会所数月，会中于译出西书购置颇备，得以余日尽浏览之，尔后益斐然有述作之志。其年始交谭复生、杨叔峤、吴季清、铁樵、子发父子。

京师之开强学会也，上海亦踵起。京师会禁，上海会亦废。而黄公度倡议续其余绪，开一报馆，以书见招。三月去京师，至上海，始交公度。七月《时务报》开，余专任撰述之役，报馆生涯自兹始，著《变法通议》《西学书目表》等书。其冬，公度简出使德国大臣，奏请偕行，会公度使事辍，不果。出使美、日、秘大臣伍廷芳，复奏派为参赞，力辞之。伍固请，许以来年往，既而终辞，专任报事。丁酉四月，直隶总督王文韶，湖广总督张之洞，大理寺卿盛宣怀，连衔奏保，有旨交铁路大臣差遣，余不之知也。既而以札来，粘奏折上谕焉，以不愿被人差遣辞之。张之洞屡招邀，欲致之幕府，固辞。时谭复生宦隐金陵，间月至上海，相过从，连舆接席。复生著《仁学》，每成一篇，辄相商榷，相与治佛学，复生所以砥砺之者良厚。十月，湖南陈中丞宝箴，江督学标，聘主湖南时务学堂讲席，就之。时公度官湖南按察使，复生亦归湘助乡治，湘中同志称极盛。未几，德国割据胶州湾事起，瓜分之忧，震动全国，而湖南始创南学会，将以为地方自治之基础，余颇有所赞画。而时务学堂于精神教育，亦三致意焉。其年始交刘裴邨、林暾谷、唐绂丞，及时务学堂诸生李虎村、林述唐、田均一、蔡树珊等。

明年戊戌，年二十六。春，大病几死，出就医上海。既痊，乃入京师。南海先生方开保国会，余多所赞画奔走。四月，以徐侍郎致靖之荐，总理衙门再荐，被召见，命办大学堂译书局事务。时朝廷锐意变法，百度更新，南海先生深受主知，言听谏行，复生、暾谷、叔峤、裴邨，以京卿参预新政，余亦从诸君子之后，黾勉尽瘁。八月政变，六君子为国流血，南海以英人仗义出险，余遂乘日本大岛兵舰而东。去国以来，忽忽四年矣。

戊戌九月至日本，十月，与横滨商界诸同志谋设《清议报》。自此居日本东京者一年，稍能读东文，思想为之一变。己亥七月，复与滨人共设高等大同学校于东京，以为内地留学生预备科之用，即今之清华学校是也。其年，美洲商界同志始有中国维新会之设，由南海先生所鼓舞也。冬间，美洲人招往游，应之。以十一月首途，道出夏威夷岛。其地华商二万余人，相絷留，因暂住焉，创夏威夷维新会。适以治疫故，航路不通，遂居夏威夷半年。至庚子六月，方欲入美，而义和团变已大起，内地消息，风声鹤唳，一日百变。已而屡得内地函电，促归国，遂回马首而西。比及日本，已闻北京失守之报。七月急归沪，方思有所效，抵沪之翌日，而汉口难作，唐、林、李、蔡、黎、傅诸烈，先后就义，公私皆不获有所救。留沪十日，遂去，适香港。既而渡南洋，谒南海。遂道印度，游澳洲，应彼中维新会之招也。居澳半年，由西而东，环洲历一周而还。辛丑四月，复至日本。

尔来蛰居东国，忽又岁余矣。所志所事，百不一就，惟日日为文字之奴隶，空言喋喋，无补时艰，平旦自思，只有惭悚。顾自审我之才力，及我今日之地位，舍此更无术可以尽国民责任于万一，兹事虽小，亦安得已，一年以来，颇竭绵薄，欲草一中国通史，以助爱国思想之发达，然荏苒日月，至今犹未能成十之二。惟于今春为《新民丛报》，冬间复创刊《新小说》，述其所学所怀抱者，以质于当世达人志士，冀以为中国国民遒铎之一助。呜呼！国家多难，岁月如流，眇眇之身，力小任重。吾友韩孔广诗云："舌下无英雄，笔底无奇士。"呜呼，笔舌生涯，已催我中年矣！此后所以报国民之恩者，未知何如？每一念及，未尝不惊心动魄，抑塞而谁语也。

孔子纪年二千四百五十三年壬寅十一月，任公自述。